U0562681

教育部人文社会科学重点研究基地重大项目
《中日韩自由贸易区问题研究》
（项目批号：10JJDGJW001）结题成果

中日韩
自由贸易区问题研究

ZHONGRIHAN ZIYOU MAOYIQU WENTI YANJIU

张　彬　刘晨阳　◇等著

人民出版社

目　录

序

近年来，国际区域经济一体化浪潮席卷全球。尽管东亚经济发展成绩斐然，但是亚洲在区域经济一体化领域的进展落后于欧洲和美洲，尤其是欧洲进展很快。中国、日本、韩国是全球重要的经济体，2012 年三国 GDP 合计达到 15.3 万亿美元，约占当年全球 GDP 的 20%。三国也是全球贸易大国，其进出口总额在 2012 年占全球贸易的比重接近 20%。日本是发达国家，拥有资金、技术等优势；韩国是新兴工业化国家，也具有一定的资金及技术优势；而中国与日韩相比是一个资源大国，拥有劳动力和市场的巨大优势。这种经济结构使三国之间存在着很强的依赖关系。中国、日本和韩国不仅是东亚的近邻，在贸易和投资领域也有很强的依赖性。因此，通过经济一体化协定深化彼此之间的经贸关系成为三国的共同诉求。

2009 年 10 月 10 日，在北京举行的第二次中日韩领导人峰会上，三国领导人一致同意在已完成的三国联合可行性研究报告的基础上，启动中日韩自贸区官产学联合研究。2010 年 5 月，第三次中日韩领导人会议就加强三国在各领域的合作达成广泛共识，并于 2012 年完成了中日韩自贸区官产学联合研究。2013 年 3 月 26 日，中日韩自由贸易区谈判正式启动。一旦建成，中日韩 FTA 将成为亚太地区最重要和最具影响力的自由贸易协定之一。

2011年，南开大学APEC研究中心申报的研究项目“中日韩自由贸易区问题研究”获批为教育部人文社会科学重点研究基地重大项目（项目批号：10JJDGJW001）。在武汉大学张彬教授的主持下，课题组历经两年的努力，完成了项目研究。期间发表系列研究论文，并为我国领导人出席APEC会议提供咨询研究报告，得到我国外交部、商务部的肯定，颁发了研究成果证书。因此，我认为，作为该项目的最终成果《中日韩自由贸易区问题研究》专著的出版，应该是及时的，有助益的。

这本著作共六章，约25万字。该专著有以下几个突出的特点。

第一，全书深入分析了建立中日韩自由贸易区的国际和地区环境，以及基础条件，清晰地阐明了中日韩自由贸易区建立的客观现实，使读者能够全面了解中日韩自由贸易区建立的政治经济背景。

第二，书中系统阐述了FTA货物贸易自由化、投资效应、服务贸易自由化、贸易便利化合作的基本理论，这为全面考察中日韩自由贸易区建立的现实条件、经济影响、存在的障碍等增强了剖析的力度和研究的深度。

第三，书中系统和深入地分析了建立中日韩自由贸易区的重要领域，包括货物贸易自由化、投资自由化、服务贸易自由化、贸易便利化合作等领域，对中日韩三国已经达到的自由化水平和未来的开放压力进行了比较，对中日韩FTA建成后的自由化经济效应进行了展望，并提出了独到的见解。

第四，结合影响中日韩FTA建设的诸多因素，本书对推进中日韩FTA的总体战略、FTA框架下棘手议题的处理、具体领域合作的前景等问题进行了具有针对性的分析，提出的对策思考，对于中日韩 FTA 进程具有重要参考价值。

总体看来，本书结构完整，资料翔实，论据充分，论述系统全面，分析深入且富有新意。我认为，本书是国内公开出版的研究中日韩自由贸易区问题的第一部系统、篇幅较大、具有明显学术价值的专著，是我国学术界对中日韩自由贸易区问题研究所取得的一项可喜的成果。中日韩 FTA 既是我国缔结区域自由贸易协定的重大实践问题，同时也是学术界研究和关注的热点问题。这部专著不仅体现出学术研究的特点，而且密切结合 FTA 的具体实践，相信对于关注中日韩 FTA 的读者会有一定裨益。当然，学术研究是没有止境的。随着中日韩 FTA 谈判进程的不断推进，还会有一系列新的问题值得我们去分析。希望作者对这方面问题今后继续跟踪研究，从而取得进一步成果。

宫占奎

2013 年 5 月于南开园

第一章　中日韩 FTA 的背景

20 世纪 90 年代以来，由世界贸易组织（WTO）引领的全球多边贸易体制的发展进程趋缓。与此形成鲜明对比的是，各种双边或区域性的自由贸易协定（Free Trade Agreement，FTA）大量衍生，使区域经济一体化（Regional Economic Integration）成为全球经济发展的新热点。

与欧洲、北美等世界其他主要地区相比，东亚地区的经济一体化合作长期处于相对落后的状态。作为东亚地区的经济大国，中国、日本、韩国三国之间的经济贸易关系日益密切。因此，通过构建中日韩 FTA 加快东亚地区经济一体化进程的呼声不断高涨。

第一节　中日韩 FTA 的全球背景

自由贸易协定是指两个或多个经济体为消除它们之间现有的贸易壁垒，促进商品和服务的自由流动而缔结的协定。自由贸易协定可以采取多种形式，包括特惠贸易区、自由贸易区、关税同盟、共同市场、经济同盟等，它们依次构成区域经济一体化的不同阶段。在特惠贸易区中，成员之间实行部分特惠关税减让。在自由贸易区中，成员之间相互取消关税和非关税壁垒，但每个成员有权对非成员设定各自的关税税率。关税同盟在自由贸易区基础上对所有非成员采取共同对外关税。共同市场则是除了取消成员之间所有的贸易和投资障碍外，还允许资本、劳动力等生产要素的自由流动。经济同盟是区域经济一体化的高级形式，它包括各成员经济政策的一体化，如财政政策和货币政策的一体化，甚至可能实现政治一体化，形成经济政治同盟。①

目前，在向WTO通报的自由贸易协定中，主要包括自由贸易区、关税同盟和特惠贸易区三种形式，其中自由贸易区的数量最多。

一、全球范围内FTA浪潮的兴起

基于FTA的区域经济一体化合作并非新事物，早在20世纪50年代便已成为世界贸易体系的一个组成部分。半个多世纪以来，全球范围内兴起了三次FTA的发展浪潮。

第一次浪潮出现在20世纪50—60年代，它以1958年欧洲经济共同体（European Economic Community，EEC）的成立为标志。第二次世界大战后，由于国际关系新格局的形成，被战争削弱的欧洲国家为了抗衡美苏，开始走联合自保与自强的道路。1957年3月25日，法国、联邦德国、意大利、荷兰、比利时和卢森堡六国政府首脑和外长在罗马签订了《建立欧洲经济共同体条约》②，其目标是通过共同市场的建立和各成员国经济政策的逐步接近，在整个共同体内促进经济活动的和谐发展，增长的日益稳定，生活水平显著提高，进一步密切各成员国之间的关

① ［美］彼得·罗布森：《国际一体化经济学》，商务印书馆2001年版，第15—16页。

② 该条约和《建立欧洲原子能共同体条约》等文件统称为《罗马条约》。

系。为了使欧洲经济共同体有效地发挥作用，条约还规定在各成员国之间取消商品进出口的关税和定量限制，以及具有同等影响的一切其他措施。该条约经六国议会批准，于 1958 年 1 月 1 日生效，这标志着欧洲经济共同体的正式诞生。

在此次浪潮中建立的另一个重要的自由贸易安排是欧洲自由贸易联盟（European Free Trade Association，EFTA）。该联盟作为一个自由贸易区，是由英国联合瑞典、挪威、瑞士、奥地利、丹麦和葡萄牙于 1960 年成立的，其目标是逐步取消成员国之间工业品的关税和其他贸易壁垒，实现内部自由贸易，并与欧洲经济共同体抗衡。七国于 1960 年 1 月 4 日签订了《建立欧洲自由贸易公约》，同年 5 月 3 日，欧洲自由贸易联盟正式成立。此后，冰岛于 1970 年 3 月加入。芬兰于 1961 年 6 月成为准成员国，1986 年 1 月正式加入。列支敦士登于 1960 年 3 月成为准成员国，1991 年 5 月正式加入。但是，英国和丹麦于 1973 年 1 月，葡萄牙于 1986 年 1 月，奥地利、瑞典、芬兰于 1994 年 12 月，先后退出欧洲自由贸易联盟，加入欧洲经济共同体（后发展为欧洲联盟），从而使欧洲自由贸易联盟的成员减少到四个（挪威、瑞士、冰岛和列支敦士登）。1972 年 7 月，欧洲自由贸易联盟与欧洲经济共同体签订了建立“大自由贸易区”条约，决定从 1973 年 4 月 1 日开始，经过五年的过渡，完全取消相互关税。1992 年 5 月，欧洲自由贸易联盟又与欧洲经济共同体签订了《欧洲经济区条约》，规定从 1993 年起，在五年内分阶段逐步实现经济区内的商品（不包括农产品）、劳务、资本和人员的自由流动。

与欧洲地区自由贸易协定的顺利发展形成鲜明对比的是，同一时期在拉丁美洲出现的由发展中国家发起的自由贸易协定大部分以失败告终，其主要原因是美国的强烈反对。作为当时全球最大的贸易国，美国坚决反对任何形式的区域经济合作，而主张通过多边贸易谈判来实现自由贸易。

FTA 发展的第二次浪潮出现在 20 世纪 80 年代末到 90 年代初，以欧洲联盟（European Union，EU，简称欧盟）和北美自由贸易区（North American Free Trade Area，NAFTA）的建立为主要标志。1985 年 6 月在意大利米兰举行的首脑会议期间，欧洲共同体委员会正式发布了关于建设内部统一大市场的白皮书，目标是在欧洲建立"无国界"的统一大市场，真正实现人员、商品、资本、服务的自由流通。为推进白皮书的实施，欧洲共同体在 1986 年 2 月举行的首脑会议上签署了《单一欧洲文件》，提出了实施白皮书 282 项措施的具体计划和时间表，并明确最迟在 1993 年年初正式建立统一大市场。此外，《单一欧洲文件》还对《罗马条约》进行了第一次重要修改，以"有效多数"取代"一致同意"作为统一大市场有关事务的决策程序，有效地便利了欧共体建设统一大市场的努力。1993 年 1 月 1 日，欧洲统一大市场基本建成，并正式投入运作。1993 年 11 月 1 日，在获得欧洲共同体所有 12 个成员国批准之后，《欧洲联盟条约》（也被称为《马斯特里赫特条约》）开始生效，由此标志着欧盟的诞生。此后，经过不断完善，欧盟在公共市场开放、减少成员国税收差别、资本市场与金融服务自由化、成员国人员自由流动、协调成员国的技术法律法规和知识产权法律法规等方面取得了有效的成果。

北美自由贸易区于 1994 年 1 月 1 日宣告成立，成员包括美国、加拿大和墨西哥。在此之前，美国和加拿大于 1989 年 1 月签署了《美加自由贸易协定》。该协定的生效标志着美国对区域经济合作的态度发生了重要的转变，即放弃了反对区域经济合作的立场，转向参与和主导地区自由贸易协定，以获取更多的经济和政治利益。《美加自由贸易协定》签署之后，墨西哥开始把与美国缔结自由贸易区列入议事日程。1987 年 11 月，美墨两国领导人签订了一项有关磋商两国间贸易和投资的框架原则和程序的协议。在此基础上，两国进行多次谈判，于 1990 年 7 月正式达成了《美墨贸易与投资协定》。同年 9 月，加拿大宣布参与谈判。三国于 1991 年 6 月 12 日在加拿大的多伦多举行首轮谈判，经过 14 个月的磋商，终于在 1992 年 8 月 12 日达成了《北美自由贸易协定》。北美自由贸易区在成立之初就拥有 3.6 亿消费者，其国民生产总值超过 6 万亿美元。可以说，北美自由贸易区是一个雄心勃勃的计划，它力图以自由贸易区的形式来实现贸易、投资等方面的全面自由化，进而带动整个北美地区的经济贸易发展。

欧盟的建立和北美自由贸易区的成立也带动了拉美和非洲地区的区域经济合作发展，催生了多个自由贸易安排，如南锥体共同市场、安第斯共同体、西非经济和货币联盟等。在亚太地区，1989 年成立的亚太经济合作组织（Asia Pacific Economic Cooperation，APEC）在性质上虽然不是一个 FTA，但该组织的宗旨是通过开展贸易投资自由化和经济技术合作促进亚太地区的经济发展和共同繁荣，从而为此后该地区 FTA 的蓬勃发展创造了良好的基础条件。例如，东南亚国家联盟（Association of Southeast Asian Nations，ASEAN，简称东盟）成员在 1992 年签署相关协议，启动了东盟自由贸易区（ASEAN Free Trade Area，AFTA）的进程。

FTA 发展的第三次浪潮出现在 20 世纪 90 年代后期并延续至今。这次浪潮的主要特征表现为双边 FTA 在全球各地的大量涌现。双边 FTA 和多边贸易体制所追求的目标都是贸易自由化，但由于所推动的层面不同，所产生的影响也大不一样。从某个角度来说，双边 FTA 是追求贸易自由化的一个阶段性选择。世纪交替前后，世界上的很多贸易大国，如美国、日本、中国等，都适时地修正了自己的自由贸易战略，加大了自由贸易协定谈判的力度，由原来侧重多边调整为多边与双边并举。同时，很多中小发展中经济体也积极参与自由贸易谈判，力求构建以本国为中心的 FTA 网络。到 2011 年年底，全球范围内已生效的 FTA 已有近 400 个，还有为数众多的 FTA 正处在谈判和酝酿阶段。FTA 涵盖的内容也从传统的货物贸易自由化逐步扩展到服务贸易、投资、知识产权、政府采购、劳工、环境等诸多方面。

二、FTA 浪潮兴起的政治动因

FTA 本身虽然属于经济协定的范畴，但每一次 FTA 浪潮的兴起，各个国家和地区的积极参与绝不单纯出于经济方面的原因，还有基于安全和政治方面的考虑。不仅如此，一些 FTA 的内容本身就包含了一些政治性条款，如北美自由贸易区，以及美国与约旦、以色列、新加坡签订的双边 FTA 等。具体而言，FTA 浪潮兴起的政治动因体现在以下几个方面：

第一，通过 FTA 加强成员之间的政治联合。从 21 世纪初开始，随着地缘政治时代的格局演变，世界各国政府开始热衷于 FTA 的谈判，以扩展区域间的合作或加强国与国之间的政治联系。他们试图利用 FTA 来加强外交联系、建立盟友关系并达到其他地缘政治目的。经济外交和政治外交是各国外交的两大手段，一般都是双管齐下，配合使用，所以参与国在签订 FTA 时不仅重视其经济外交的作用，而且也重视其政治外交的作用。以新加坡为例，该国作为世界最开放的市场，几乎没有限制性的贸易措施，其参与 FTA 的重要目的之一是在世界范围内与众多国家建立更紧密的联系，消除政治上的不安全感，为本国的发展谋求更加稳定的政治环境。再比如，中国与东盟建立 FTA 之后，双方的政治友好关系得到了进一步的发展。双方不仅共同发表了《关于非传统安全领域合作联合宣言》和《南海各方行为宣言》，中国还正式参加了《东南亚友好条约》。以经济合作的进一步深入为基础，中国与东盟在政治、安全保障等领域的合作也将全面发展。另外，美国也常常与一些地理位置并不相邻的国家签订 FTA，在很大程度上就是出于全球战略和外交政策方面的考虑，例如美国—以色列 FTA 和美国—约旦 FTA。这两个自由贸易协定有效地加强了美国与以色列和约旦的政治关系，进而提高了美国在中东地区的发言权和影响力，有助于确保其在中东的地位和利益。

第二，通过 FTA 共同应对全球性和区域性问题。在全球化时代，经济因素与非经济因素越来越多地交织在一起，全球性和区域性问题越来越多，这些问题既超越了纯粹的贸易领域，也超越了整个经济领域。每个国家都不同程度地面临全球性问题和区域性问题的冲击。而单个国家的政府在应对这些问题时具有局限性。但是通过 FTA 的渠道开展合作，可以有效地协调各方立场，提出共同的应对方案。例如，FTA 中的环境条款促使各国来共同应对环境气候问题，安全领域的相关条款使各个国家能够联合行动打击恐怖主义活动。

第三，通过签订双边或区域性 FTA 增加参与多边谈判的筹码，影响国际经济规则的制定。无论大国与小国都希望在 FTA 内获得主导权或发挥重要作用。对于大国而言，获得 FTA 区域内的主导权不仅可以获得区域合作的内部收益，更重要的是可以获得区域合作的外部收益，即扩大其在多边贸易谈判中的筹码。在国际贸易中，一国对国际经济规则的影响力主要取决于该国能够向世界提供多大的出口市场。一国进口的规模越大，它对规则的影响力也越大，而 FTA 最直接的影响就是扩大了一国的市场规模。尽管 FTA 成员之间没有统一的对外贸易政策，但只要大国能够拥有 FTA 的主导权，FTA 就可能成为该国与其他大国博弈的筹码，最终把区域内规则转化为多边贸易规则，进而掌握国际经济规则制定过程中的主导权。而对于一些小国而言，其自身经济实力十分有限，单个小国很难有所作为，要想在多边贸易谈判中取得有利地位，一种方式是采取联合行动互相缔结 FTA，还有一种方式是与大国签订 FTA，以提升自身的谈判筹码。

第四，通过 FTA 推动国内改革，减少政治阻力。一国在 FTA 谈判时，往往会遭到国内某些特定产业部门利益集团的反对，这成为政府谈判中的一大障碍和棘手问题。以日本为例，农业部门一直是日本重点保护的部门。由于农业部门对外开放的国内阻力很大，日本选择几乎没有农业的新加坡作为第一个 FTA 的谈判对象，目的是回避农产品贸易的自由化。但是，在此后与墨西哥、澳大利亚、泰国和菲律宾等国的 FTA 谈判中，日本在开放农产品市场问题上面临的外部压力越来越大，这促使日本明确了利用 FTA 加快农业改革和结构调整的努力方向。事实上，FTA 中的例外条款可以使一国政府在缓冲期内逐步开放其保护产业，从而在较小的阻力和正当的名义下完成对这些产业部门的自由化改革。

第五，通过 FTA 推动世界政治以和平方式一体化。以欧盟为例，其发展路径是从部分产品贸易自由化开始，进一步扩展到全部产品贸易自由化与共同产品市场，再到关税同盟以及资本、劳动力流动自由化和共同要素市场，最后实现共同货币和成员国外交政策的相互协调。尽管面临诸多困难，国际社会还是普遍认为欧盟最终会向政治一体化迈出实质步伐。对照欧盟发展历程，我们看到在当今国际社会通过经济合作而不是战争来谋取利益的共识被越来越广泛地接受，由此推论全球 FTA 兴起会促使全球共同产品市场、共同要素市场、共同货币的形成，最终促成政治领域的高度协调。

三、FTA 浪潮兴起的经济动因

当然，FTA 作为一种区域自由贸易安排，可以在经济上给参与成员带来多种收益。具体而言，各国和地区积极参与 FTA 的经济动因体现在以下几个方面：

第一，FTA 可以有效降低其成员的交易成本和流通费用，促使国际贸易更加自由化和便利化。通过降低交易成本和流通费用，FTA 能够显著促进成员之间的贸易，即“贸易创造效应”。贸易创造主要指区域内成员之间由于交易成本下降和贸易限制取消，导致本国国内生产的高成本产品被区域内其他成员低成本产品所替代，以及过去受到双方数量和高关税限制的本国低成本商品出口扩大，从而给区域内进出口双方带来更多贸易机会和利益。以欧洲经济共同体为例，1959 年 1 月，欧洲经济共同体首次实现降低内部关税。1968 年 7 月，共同体内部关税完全取消。在 1958—1968 年期间，欧洲经济共同体成员国间的内部贸易额增至原来的 4 倍，年均增长 17%，大大高于当时各成员国的国际贸易总量的增长率。从北美自由贸易区的情况来看，1994 年前 9 个月与 1993 年同期相比，美国与加拿大、墨西哥之间的贸易增长率大约是与非成员国际贸易增长率的两倍。1980 年，北美货物和服务出口总额中区域内部出口占 34%，1996 年和 2002 年分别上升至 49%和 56%。①

需要指出的是，FTA 成员间贸易的增长可能会对成员与非成员间的贸易产生替代，在一定时期内造成 FTA 成员与非成员之间贸易量的降低，这就是所谓的“贸易转移效应”。尽管如此，全球贸易总成本仍会降低，而且这种贸易替代效应会促使非成员也积极参与 FTA，由此促进全球贸易总成本的进一步降低。事实上，如果受替代者应对积极，FTA 的贸易替代效应影响并不大。例如，有学者曾经对北美自由贸易区的建立在多大程度上影响欧盟对美国的出口作了深入研究。研究结果表明，受到较大影响的产品种类非常少，总体影响也有限。②

第二，FTA 可以促进其成员更加积极地开展跨国投资，进一步优化世界产业结构，在全球范围内实现更加有效的资源配置。首先，影响跨国公司直接投资（FDI）区位选择的一个重要因素是无关税市场规模的大小。与无 FTA 时由多个关税区组成的市场格局相比，FTA 会有效扩大自由市场规模，从而促进非成员的跨国公司对 FTA 成员的投资。其次，在 FTA 框架下，各成员将针对劳动力资源、自然资源和目标消费者的市场分布新格局重新配置资本，由此带动 FTA 区域内投资规模的增长。再者，很多 FTA 本身包括了投资自由化和便利化方面的内容，有利于区域内的资本要素流动。

---

① 徐强：《全球自由贸易协定发展与中国策略——兼论区域经济合作兴起对世界政治经济进程的影响》，《国际经济合作》2004 年第 12 期，第 5 页。

② 徐强：《全球自由贸易协定发展与中国策略——兼论区域经济合作兴起对世界政治经济进程的影响》，《国际经济合作》2004 年第 12 期，第 5 页。

以欧洲共同体和欧盟的情况为例，根据联合国贸发会议主编的各年《世界投资报告》提供的数据，1981—1987 年间，欧共体各国 FDI 流入占世界 FDI 流入量比率一直稳定在 28%左右。但在 1992 年形成统一市场的预期下，1987 年、1988 年、1989 年、1990 年、1991 年欧共体各国 FDI 流入占世界总流入比率分别为 28%、36%、41%、49%、50%，呈现持续、大幅增长态势。1992 年后，统一市场基本形成，加之其他因素对世界 FDI 流向的影响，欧盟 FDI 流入所占比重开始下降，1996 年后维持在 27%左右。① 需要强调的是，1987—1991 年期间欧共体 FDI 流入的大幅增长主要缘于成员国之间 FDI 的增长，原因在于各成员的企业纷纷按新的大市场要求进行产业组织优化，并由此引发了大规模的企业并购。再以北美自由贸易区的情况为例，由于美国是经济超级大国，北美自由贸易区对其 FDI 流入的影响难以分离和辨识，我们可从 1994 年前后流入墨西哥的 FDI 数量变化来考察 FTA 的作用。有关实证研究表明，墨西哥的人均 FDI 流入、FDI 与 GDP 比率在 1994 年前后均有大幅上升。其中，不仅来自美国的 FDI 出现了显著增长，来自北美自由贸易区以外经济体的 FDI 增长程度也非常可观。从 FDI 的具体流向来看，最明显地表现在美国棉纺产业大规模转移到要素成本相对低廉的墨西哥，以及美国和加拿大汽车产业整合程度的进一步深化。

第三，FTA 有助于推动世界范围内的生产过程和市场的一体化，以及产品贸易的自由化。FTA 由产生到兴起到朝向世界单一 FTA“目标”演变的过程尽管难以精确预测，但大致的推进路径

① 徐强：《全球自由贸易协定发展与中国策略——兼论区域经济合作兴起对世界政治经济进程的影响》，《国际经济合作》2004 年第 12 期，第 5 页。

已初露端倪。近年来，从地域来看，FTA在全球的发展已经大体形成了欧洲圈、亚洲圈、美洲圈三足鼎立的格局，三者之间已初步建立了整合或联络机制。例如，东盟已经提议与欧盟谈判建立自由贸易安排。就亚洲圈与美洲圈而言，亚太经合组织是推动亚太自由贸易区的良好架构机制。至于欧洲圈与美洲圈的联系，早在1998年3月，欧盟委员会就向欧盟部长理事会提交《新跨大西洋市场计划》，该计划提出最终形成囊括欧美两洲的“大西洋自由贸易区”。可以预见，当这几个地区被自由贸易安排连接起来后，实现全球范围内自由贸易的目标也就为时不远了。世界贸易自由化意味着全球产品市场完全一体化。欧盟和北美自由贸易区的经历表明，产品市场一体化还会促进跨国公司按照新的市场格局重新配置生产要素，从而实现生产过程一体化。

第四，在FTA框架下有利于解决贸易纠纷，避免贸易摩擦政治化。目前，国际贸易纠纷虽然可以按WTO的规则来解决，但对于WTO尚未达成协议的领域，特别是因当事国特殊的经济环境和市场条件所产生的纠纷，WTO规则就无能为力了。而通过双边或多边成员缔结的FTA，不仅能够顺利消除贸易自由化的障碍，而且根据当事国在广泛领域内制定的共同规则，还能及时、有效地化解贸易纠纷，最大限度地避免贸易摩擦政治化，减少外交方面的压力。另外，FTA伙伴之间的贸易关系有利于提高本国对外贸易的稳定性。例如，在20世纪末，东亚区域内贸易的比重只有30%左右，远远低于欧盟和北美自由贸易区50%—60%的水平。① 这也是东亚各国对区域外经济依赖程度居高不下，容易受到外部经济波动影响的重要原因之一。因此，FTA伙

① 张震：《FTA：东亚合作的新浪潮》，《东南亚》2004年第3期，第4页。

伴之间贸易关系的加强能够有效减轻各国受外部经济波动的影响，为各国经济的可持续发展创造更加良好的外部环境。

第二节　中日韩 FTA 的地区背景

从宏观视角对中日韩 FTA 发展的全球背景进行概述之后，我们有必要从中日韩三国自身战略和东亚区域经济一体化的进程入手，对其发展的深层次动因进行有针对性的分析。事实上，中日韩 FTA 不仅是东亚经济一体化进程的重要组成部分，也是中日韩三国实施各自 FTA 战略的关键步骤。

一、中日韩三国的 FTA 战略

总体而言，中日韩三国在参与 FTA 方面起步较晚，都是在 21 世纪初才缔结本国的第一个 FTA，但此后进展都很快。另一方面，由于中日韩三国在综合国力、国际地位、对外政治经济关系、国民经济结构等方面存在较大差异，因此三国的 FTA 战略也体现出各自的特征。

1. 中国的 FTA 战略

（1）中国 FTA 战略的演变

20 世纪 90 年代初以来，世界范围内，尤其是亚太地区 FTA 的迅速发展给中国适应区域经济一体化的新趋势带来了外部压力。但是，这并不是中国参与 FTA 的根本动因。事实上，积极参与 FTA 是中国实施新世纪的国际和地区战略、贸易战略，为自身发展谋求更多政治和经济利益所采取的重要举措，并且和其他多边及区域层次的国际合作起着相互补充、相互促进的作用。

改革开放标志着中国重返国际社会，并将国家视为国际关系的主要行为体，从国家政治和经济利益的双重角度审视和理解国际社会，处理国家关系。① 与此同时，不断发展和变化的内部和外部环境也促使中国制定新的国际和地区战略，为自身的发展谋求更加有利的安全、政治和经济条件。

中国国际和地区战略指导思想的转变既源于对自身实力和国际地位的认识，还基于对国家主权利益认识的深化。正是在这些思想观念的指导下，中国在世纪交替之际制定了新的国际和地区战略，并在外交、外贸政策中积极加以实施。具体而言，中国的国家和地区新战略是以“安全—经济—政治”为轴心制定的，其核心内容是以拓展国家利益、发挥地区大国责任为目标，以双边、多边和区域的经济合作为主要途径，积极参与国际事务，加强国际合作。事实上，参与 FTA 与中国国际和地区战略目标的实现有着密切的内在联系。

首先，FTA 是中国实施国际和地区新战略的重要途径。在参与国际和地区事务的过程中，一个国家可以采取挑战霸权势力、“搭便车”、消极参与和积极参与等不同的策略模式。就目前的国际环境和国际社会的发展趋势而言，中国采取挑战的姿态和“搭便车”战略都是不可行的。如果中国选择消极参与的方式，同样会在国家战略利益的争夺中处于劣势。这是因为现有国际游戏规则主要反映了西方主要发达国家的利益需求，其本身就存在种种局限和缺陷，对中国这一新崛起大国的利益存在严重制约。因此，中国只能采取积极参与的战略，一方面充分认识到自身实力和国际地位的提高，承担负责任大国的历史使命；另一方面认

① 门洪华：《中国国际战略理念的变革》，《理论前沿》2004 年第 12 期，第 13 页。

识到自身存在的问题及实力的有限，避免国际孤立和被包围局面的出现，以建设性的心态和实际行动积极参与国际事务的处理，力争“有所作为”。① 从这个意义上说，与更多的经济体建立 FTA 是中国积极拓展地区影响力，为自身发展谋求更广阔战略空间的重要途径。

其次，FTA 是中国与其他国家建立全方位合作关系的重要载体。如前文所述，目前在世界各地兴起的 FTA 不仅仅涉及贸易投资问题，还涵盖了知识产权、环境标准、政府采购、竞争政策等更为广泛的内容，从而有助于协议各方建立更加全面的经济合作关系。不仅如此，作为一种经济上的结盟，FTA 还有利于增强各缔约方在政治上的共识。因此，以 FTA 为载体，中国可以和更多的经济体建立全方位的合作关系，并以谋求共同利益为前提，努力创建平等合作、互利互助的地区秩序。

从国际和地区战略的视角为中国参与 FTA 的动因提供了一个注解之后，我们需要把视线集中到中国的贸易战略上来。贸易战略是指一国或地区根据经济发展的总体要求，针对国际贸易发展的目标及其实现手段所作的战略性决策。随着 2001 年正式加入 WTO，中国按照“入世”承诺大幅度削减关税和非关税壁垒，出口鼓励政策也大大减少，政府运用贸易政策干预经济的回旋余地十分有限，贸易奖励政策趋于中性化。因此，以国内市场为依托，积极主动地参与国际分工与合作，在世界经济的广阔背景下发掘并利用本国的比较优势，已成为中国加入 WTO 后对外经济贸易战略调整的核心内容。按照这一指导思想，通过 FTA 积极

① 门洪华:《中国和平崛起的国家战略框架》,《世界经济与政治》2004 年第 6 期，第 17 页。

融入区域经济一体化进程，进一步加强与周边地区的经贸交流和资源开发合作，无疑是中国实施对外经济贸易战略调整的重要举措，这主要体现在以下几个方面：

第一，FTA 能够为中国营造更为有利、稳定和有预见性的对外贸易环境。中国将从 FTA 的伙伴国获得更有利的市场准入，而这些国家数以亿计的消费者和强劲的经济增长为中国极具竞争力的出口产品提供了巨大的潜在市场。此外，随着中国企业进行对外直接投资和海外并购的不断加快，FTA 将成为吸引本土企业进行海外投资的重要渠道。中国可以将参与 FTA 与实施市场多元化战略和“走出去”战略结合起来，不断优化出口商品结构，或者将优势产品投资到 FTA 伙伴国的国内进行生产，绕开贸易壁垒，达到扩大市场占有率和降低生产成本的目的。

第二，FTA 是中国政府推动贸易自由化、放松国内管制以及促进产业结构调整不可或缺的手段。相比于 WTO 框架下的多边贸易谈判，中国在参与 FTA 过程中的政策灵活性和主动性更强，有助于易受冲击的相关产业部门进行结构调整，增强自身的竞争能力，从而为多边框架下更大范围、更深程度的市场开放奠定了基础。从长期来看，这无疑将有助于推进我国整体经济结构的战略调整，增强各个产业部门参与国际竞争的能力。

第三，FTA 有助于中国消除“入世”议定书中歧视性条款所遗留的不良影响。长期以来，议定书中的某些条款，特别是倾销裁定中的“非市场经济国家”条款对中国劳动密集型和低技术密集型产品的出口产生了巨大的负面影响。为此，中国政府始终在努力通过各种渠道，使更多的国家承认中国的完全市场经济地位。在这方面，FTA 发挥了积极有效的作用，因为中国与伙伴国开展 FTA 谈判的前提条件之一就是对方承认中国的完全市场经济地位。

（2）中国 FTA 战略的特点和内涵

作为发展中大国，中国在参与 FTA 的过程中，不仅会综合考虑政治、经济、外交和安全等各方面的利弊得失，而且会兼顾国际和地区政治经济形势的发展趋势，以及其他世界和地区大国的动态，力争使近期利益和长远利益、局部利益和全局利益相结合。

首先，中国非常注重在 FTA 框架下以政策性开放促进制度性开放。20 世纪 80 年代以来，中国的对外开放和不同层次的国际经济合作是根据自主需要制定的，所以在某些方面不可避免地与国际通行规则不一致，体制性的摩擦在改革开放的过程中一再出现。随着中国加入 WTO 和改革开放进程的深入，中国更需要一个稳定的、开放的外部环境。因此，中国有必要从政策性开放转向制度性开放，而与不同国家缔结 FTA 恰恰为推进中国的制度性开放提供了有利契机。在这一过程中，中国的外贸体制和经济管理体制将实现与国际规则的全面接轨，中国与世界的经贸关系将更加密切。政策性的开放将使中国的某些产业受到冲击，在一段时期内某些部门的失业会增加。不过，从长期来看，中国不仅可以获得更加稳定的国际市场，还将真正融入世界经济并获得经济全球化体制建设的决策参与权，从而在未来的国际分工中得到更大的收益，这无疑将为中国经济的改革与发展创造新的动力。

其次，中国在参与 FTA 的过程中对处理好政治利益与经济利益、互补性与竞争性的均衡关系给予高度重视。政治利益和经济利益都是国家利益的组成部分，两者在大多数情况下是统一的，或者可以相互转化，但有时也会有冲突。换言之，在不同的阶段，不同的场合，两者的关系是有主次之分的，这就需要一国政府统筹考虑，灵活选择。中国通过FTA发展与其他国家的经贸关系，扩大与它们的经济合作，其意义和影响不仅仅限于经济领域，同时也是中国外交政策不可或缺的组成部分。因此，中国推进FTA的具体步骤，如伙伴国的选择、市场开放的领域和程度等，始终与中国的外交战略和布局密切相关。

就互补性与竞争性而言，与互补性强的国家或地区发展经贸和合作关系比较容易，潜力也较大，而与竞争性强的国家或地区发展经贸合作关系则比较困难，潜力也较小。但这并不意味着中国在选择FTA伙伴时，把经济互补性的强弱作为唯一的参考标准。实际上，互补性与竞争性的强弱并非固定不变，而是动态发展的，并且在一定条件下可以相互转化。原来互补性较强的国家也会出现相反的变化。因此，中国在参与FTA的过程中，非常注重从动态角度综合考虑与FTA伙伴的经济互补性和竞争性关系，并对贸易资源及时进行调整，以获取最大利益。

再次，中国注重以参与FTA为契机加强政府的宏观经济调控能力。参加FTA促使中国进一步提高市场的开放程度，从而给国内相关产业带来了一定程度的冲击。同时，由于FTA框架下的贸易自由化进程要快于WTO，中国的关税减让和非关税壁垒削减行动需要执行不同的时间表，这无疑会进一步增加政府宏观经济管理工作的难度。因此，在参与FTA的同时，中国政府努力推进经济结构的战略性调整，根据中国的具体情况和比较优势，积极实施市场多元化战略，优化出口商品结构，改善投资环境，促进出口贸易和引进外资。同时，中国还积极实施“走出去”战略，将优势产品投资到FTA伙伴国/区内生产，绕开贸易壁垒，达到扩大市场占有率和减低生产成本的目的。

第四，中国往往从战略角度综合考虑 FTA 伙伴的选择。从地区分布角度而言，中国把亚太区域作为选择 FTA 伙伴的重点，其原因在于：亚太地区是中国开展对外政治、经济活动的核心区域，与这一地区的多个国家缔结 FTA 将有效地拓展中国的战略空间，提升中国地区大国的地位；以亚太经合组织为主导的亚太贸易投资自由化进程已经纳入了包括中国在内的众多经济体，其合作领域涉及贸易投资自由化、贸易投资便利化和经济技术合作，基本涵盖了双边 FTA 的内容框架。此外，中国还积极参与了“10+3”①、上海合作组织②（Shanghai Cooperation Organization，SCO）和《曼谷协定》③（Bangkok Agreement）等区域合作机制。上述实践不仅为中国在亚太地区选择 FTA 伙伴提供了重要参考，同时还为谈判的最终成功奠定了良好的基础。

从外贸市场多元化战略角度来考虑，中国在积极推动与亚太地区的国家缔结 FTA 的同时，还在中东、非洲、拉丁美洲等区域选择重点国家作为 FTA 的谈判对象。这些地区不仅是中国能源、矿产和经济作物等初级产品的主要进口来源，也是中国制造业产品出口的重要目标市场。如果中国能够尽快与这些地区的某些国家签署 FTA，不仅有条件获得较多的经济收益，还可以起到积极的示范作用，带动中国与上述地区其他国家经贸关系的发展。

---

① 即东盟与中、日、韩三国之间的合作。

② 上海合作组织成立于 2001 年 6 月 15 日，成员国包括中国、俄罗斯、哈萨克斯坦、吉尔吉斯斯坦、塔吉克斯坦、乌兹别克斯坦。

③ 《曼谷协定》于 1975 年签订，是亚太地区唯一由发展中国家组成的关税互惠组织，成员包括孟加拉国、中国、印度、老挝、韩国、斯里兰卡。中国于 2001 年加入《曼谷协定》。

最后，中国始终坚持以灵活渐进的方式推进 FTA 的发展。中国在参与 FTA 的过程中，从自身的国情出发，并兼顾伙伴国的利益，往往采取先达成全面协议，再循序渐进逐步落实的方式。比如先签订“早期收获计划”，减免部分商品的关税，再将合作不断深化，逐渐将投资、服务和贸易便利化等内容包括进来。同时，对于那些在短期内难以协调和处理的敏感领域，如环境和劳工标准、政府采购、竞争政策等，通常留待以后解决。这一方式明显增强了 FTA 的实效性，有助于签署协定的各方尽早获得更多收益。

（3）中国参与 FTA 的进展

中国—东盟 FTA 是中国缔结的第一个 FTA。从 2002 年开始，经过七年的共同努力，双方先后签署了《货物贸易协议》、《服务贸易协议》和《投资协议》，从而促进了全面建成自由贸易区目标的如期实现。从 2010 年 1 月 1 日起，中国和东盟六个老成员，即文莱、菲律宾、印尼、马来西亚、泰国和新加坡之间超过 90% 的产品实行零关税。中国对东盟平均关税从 9.8% 降到 0.1%，东盟六个老成员对中国的平均关税从 12.8% 降到 0.6%。东盟四个新成员，即越南、老挝、柬埔寨和缅甸，也将在 2015 年有 90% 的产品实现零关税的目标。除了货物贸易之外，双方服务部门的开放水平也有进一步的提升，投资政策和环境得到法律制度的保障，更加稳定和透明。

中国—智利 FTA 是中国与拉美国家签署的第一个 FTA，该协定于 2005 年 11 月签订，2006 年 10 月 1 日正式生效。根据协定，智利对原产于中国的 5891 种产品的关税立即取消，中国对原产于智利的 2806 种产品的关税降为零。另外，中国对原产于智利的 1947 种产品的关税自 2007 年 1 月 1 日起降为零。其他产品的关税将分别在 5 年和 10 年内分阶段降为零，最终涵盖两国 97%的产品。2008 年 4 月，中智双方又签署了双边 FTA 框架下的《服务贸易补充协定》。

中国—新西兰 FTA 是中国与发达国家签署的第一个自由贸易协定。该协定于 2008 年 4 月签署，2008 年 10 月 1 日起正式生效。协定涵盖了货物贸易、服务贸易、投资等诸多领域。其中，新西兰承诺将在 2016 年 1 月 1 日前取消全部自中国进口产品的关税，其中 63. 6%的产品从协定生效时起立即实现零关税；中方承诺将在 2019 年 1 月 1 日前取消 97. 2%自新西兰进口产品的关税，其中 24. 3%的产品从协定生效时起立即实现零关税。在服务贸易方面，新西兰在商业服务、建筑、教育、环境四大部门的 16 个分部门作出了高于 WTO 的承诺；中国在商业服务、环境、体育娱乐、运输四大部门的 15 个分部门作出了高于 WTO 的承诺。在投资方面，中新双方就投资促进和保护等问题作出了明确的规定，并为解决与投资相关的争端建立了有效的机制。

截至 2012 年年底，中国已签署并实施的 FTA 还包括内地和港、澳更紧密经贸关系安排，海峡两岸经济合作框架协议（ECFA），中国—巴基斯坦 FTA，中国—新加坡 FTA，亚太贸易协定，中国—秘鲁 FTA 和中国—哥斯达黎加 FTA。中国与澳大利亚、冰岛、挪威、海湾合作组织、南部非洲关税同盟、瑞士、韩国的 FTA 谈判仍在推进之中。此外，中国还在积极开展与印度、哈萨克斯坦、蒙古等国缔结 FTA 的可行性研究（见表 1-1）。

表 1-1　中国参与 FTA 概况（截至 2012 年年底）

已生效的 FTA	处于谈判阶段的 FTA	处于可行性研究阶段的 FTA
内地与香港更紧密经贸关系安排	中国—海湾合作组织	中国—印度
内地与澳门更紧密经贸关系安排	中国—澳大利亚	中国—哈萨克斯坦
海峡两岸经济合作框架协议	中国—冰岛	中国—蒙古
中国—东盟	中国—挪威	
中国—巴基斯坦	中国—南部非洲关税同盟	
中国—智利	中国—瑞士	
中国—新西兰	中国—韩国	
中国—新加坡		
中国—秘鲁		
亚太贸易协定		
中国—哥斯达黎加		

资料来源：根据中国自由贸易区服务网公布的信息整理而得。

2. 日本的 FTA 战略

（1）日本 FTA 战略的演变

日本是世界性的经济大国，同时还是亚洲的政治大国，拥有非常重要的地区影响力。因此，日本对于 FTA 的态度直接关系到中日韩 FTA 的前景，乃至整个东亚区域合作的质量。

第二次世界大战结束后，得益于贸易立国的基本国策，日本经济迅速腾飞。1955 年，日本成为 GATT 的正式成员，这标志着日本加入了世界自由贸易体制。在此后几十年中，多边主义引导下的贸易自由化政策对提高日本企业的国际竞争力、促进日本产业结构的升级起到了积极的作用。因此，日本政府一向认为战后世界贸易的增长是在以 GATT/WTO 为中心的多边贸易秩序框架下实现的，日本是这种贸易秩序的最大受惠者之一。基于这一立场，日本长期对地区和双边 FTA 持消极态度。

但是，从 20 世纪 90 年代末开始，全球范围内掀起了新一轮 FTA 浪潮。韩国、新加坡、墨西哥等国相继向日本提出开展双边 FTA 可行性联合研究。从 1999 年开始，日本陆续接受了这些国家的提议，这成为日本 FTA 政策转换的契机。在 1999 年的《通商白皮书》中，日本首次改变以往对 FTA 的消极看法，提出有必要采取更灵活、更具建设性的措施。而 2000 年的《通商白皮书》中又进一步指出日本需要采取以 WTO 为中心，以双边及区域合作为补充的贸易政策，这标志着日本对 FTA 态度的实质性转变。

除国际层面的因素之外，日本国内经济形势的变化也使日本进一步加深了对参与 FTA 的必要性和紧迫性的认识。从 20 世纪 90 年代初期开始，由于日本泡沫经济的破灭，整个 90 年代日本经济的年平均增长率只有 1.3%，在世界出口中所占的比重从 1990 年的 8.6%下降到 2000 年的 7.6%。① 日本经济发展失去了宝贵的 10 年，国际上对日本经济的评价不断降低。然而，面对经济社会各种深层次的矛盾，日本政府的经济干预却无济于事。这一事实说明，日本原有的经济体制虽然适应内部性、封闭性的市场经济，但却不适应开放性、竞争性的市场经济。为了适应经济社会环境的变化，构建新的经济体制，日本必须大力推进经济结构改革。具体而言，农业、流通业和中小服务业一直是日本经济效率最低的部门。由于这些部门受到各种规制和价格补贴、税收优惠和进口限制政策的保护，多年来也没有摆脱低效率的恶性

① 赵雪燕、郭世信：《90 年代以来日本经济萧条的原因分析》，《现代日本经济》2004 年第 1 期，第 6 页。

循环。在这种情况下，通过缔结 FTA 推动双边或区域内自由贸易，使国内的商品市场和要素市场进一步对外开放，并最大限度地引进现代市场制度和市场竞争机制，就成为日本促进经济复苏和发展的重要途径之一。

此外，应对“雁行模式”的失效，争取东亚区域经济一体化进程发展的主动权，是日本近年来积极参与 FTA 的另一动因。从 20 世纪 80 年代开始，日本通过技术和产业的梯度转移方式引导亚洲“四小龙”、东盟和中国大陆经济的发展。日本不仅把“雁行模式”视为东亚经济发展的一种现实，而且日益把这一模式作为一种刻意追求和精心维护的地区经济秩序，从而在东亚确立自己的主导地位。但是，20 世纪 90 年代中后期以来，东亚经济结构发生了显著的变化。在日本经济陷入衰退的同时，东亚各国却凭借丰富的劳动力资源和低工资的优势，积极引进发达国家的资金、技术和先进管理经验，使国际竞争力有了很大的提高，并在家用电器、纺织、造船、钢铁等制造业领域对日本构成了越来越大的挑战。这些国家希望日本能够进一步开放市场，在彼此间建立更加平等的经济关系。针对这一现实情况，日本经济产业省在 2001 年发表的《通商白皮书》中明确指出：“以日本为领头雁的东亚经济‘雁行形态发展’时代业已结束，代之而起的是以东亚为舞台的大竞争时代。”因此，通过缔结 FTA 的方式加强日本与东亚各国的经济关系，从战略高度构筑互利互惠的关系，就成为日本的理性选择。

综上所述，国际、地区和国内层面的综合因素促使日本转变了对区域贸易安排的消极态度，开始积极参与 FTA。2002 年 11 月，日本外务省专门成立了自由贸易区及经济伙伴关系协定（Economic Partner Agreement，EPA）总部（FTA/EPA Headquarter），并在经济司内增设了自由贸易区及经济伙伴关系处，具体负责双边 FTA 或 EPA 的谈判和规划。

（2）日本 FTA 战略的主要内容

2002 年 10 月，日本外务省发表了《日本的 FTA 战略》报告。该报告指出，缔结 FTA 将加强日本与相关国家的关系，在经济与对外贸易、政治、外交与安全保障等方面对日本都具有重要意义。从国际上看，各国为争夺未来贸易秩序的主导权不断扩大缔结 FTA 的范围，日本在继续坚持多边贸易自由化谈判的基础上，把对外经贸战略的重心转向促进区域和双边贸易自由化进程。该报告还制定了比较详细的 FTA 战略规划，全面阐述了日本推进 FTA 战略的目标、原则、模式，以及 FTA 对象国的选择标准等。

①日本参与 FTA 的目标和原则

根据《日本的 FTA 战略》，日本参与 FTA 的战略目标主要包括以下三个方面：一是通过建立 FTA 使伙伴国降低贸易壁垒，提高贸易政策的可预见性和透明度，为日本企业的经营创造更加良好的国际环境；二是通过 FTA 促进国内农业政策、行政体制等结构性改革的进程；三是将 FTA 作为经济、外交和安全保障的综合体，全面拓展日本的国家利益。

基于以上目标，日本还明确了缔结 FTA 的原则：第一，在坚持维护多边自由贸易体制的基础上参与 FTA，把 FTA 作为贸易政策新的支柱加以积极利用。第二，在获取贸易利益的同时，注重 FTA 在促进产业结构调整、提高竞争力、加强政治外交关系、维护安全等方面的动态收益。第三，在缔结 FTA 的过程中坚持灵活性，尽可能避免日本国内竞争力弱的产业（主要是农林渔业）受到过大的冲击。

②日本推进 FTA 的模式选择

按照《日本的 FTA 战略》，FTA 和 EPA 是日本推进自由贸易安排的两种主要模式。FTA 是以废除货物贸易的关税以及其他限制性措施为主要内容的协定。EPA 在包含 FTA 要素的同时，还包括服务贸易、投资、竞争政策、标准一致化、政府采购、商务人员流动、争端解决等广泛的自由化内容，而且还可以根据缔约方的贸易和经济发展状况，选择特定领域采取过渡性措施。

在 EPA 模式下，货物贸易自由化的程度可能低于 WTO 规则的要求，同时，为取得缔约方和国际社会的认同，在其他方面的自由化程度则会有所扩展，比如服务贸易自由化、投资自由化等。由于日本在农产品贸易、外籍劳工就业、技术资格认定等诸多领域一贯实行保护主义，短期内这些领域对外开放的难度较大，因此日本政府主要采取 EPA 模式建立双边自由贸易区。此外，由于 EPA 中通常包括取消投资限制和保护知识产权等内容，对于强调“投资立国”和“知识立国”的日本来说更为有利。

③日本选择 FTA 对象的标准

《日本的 FTA 战略》确定了四项标准来优先选择 FTA 对象：第一，经济标准。所签署的 FTA/EPA 应有利于促进双方的经济发展，有利于推进日本国内结构改革，并有效抵消其他国家构筑 FTA 对日本企业的不利影响。第二，地理标准。FTA/EPA 应有利于加强亚洲区域内部关系，促进地域经济整合和地区稳定，强化日本与其他地区、国家的战略关系。第三，政治外交标准。FTA/EPA 应有助于强化日本与对象国的友好关系，为日本的外交创造更加有利的条件。同时，对象国应具有较高的政治稳定性和民主化程度。第四，现实可能性标准。所考虑的因素包括敏感商品在贸易中所占比例、对象国的诚意、日本国内各方的态度，以及是否对 FTA/EPA 的可行性进行了充分的研究。

（3）日本参与 FTA 的进展

在确立了 FTA 战略之后，日本开始以东亚地区为重点，在全球范围内积极加以实施。日本选择的第一个突破口是新加坡。2002 年 1 月，日本与新加坡签署了 EPA。新加坡是一个贸易投资自由化程度很高的城市国家，对从日本进口的货物实行 100% 的零关税。显然，日本与新加坡缔结 EPA 并不是以经济效果最大化为目标，其主要原因是新加坡几乎没有农业，农渔业产值仅占其 GDP 总额的 0.1%左右，不会对日本农业构成威胁，也使日本没有开放农产品市场的后顾之忧。在与新加坡签订 EPA 之后，日本参与 FTA 的步伐不断加快。截至 2012 年年底，日本已经签署了 13 个 FTA/EPA 协议，此外还与多个国家或地区启动了 FTA/EPA 谈判或可行性研究（见表 1-2）。

表 1-2　日本参与 FTA/EPA 概况（截至 2012 年年底）

已签订的 FTA/EPA	处于谈判阶段的 FTA/EPA	处于可行性研究阶段的 FTA/EPA
日本—新加坡	日本—韩国	日本—加拿大
日本—墨西哥	日本—澳大利亚	日本—美国
日本—马来西亚	日本—海湾合作组织	日本—欧盟
日本—菲律宾		日本—南非
日本—智利		日本—南美南部共同市场
日本—泰国		日本—蒙古
日本—文莱		
日本—印度尼西亚		
日本—东盟		
日本—越南		
日本—瑞士		
日本—印度		
日本—秘鲁		

资料来源：根据日本经济产业省公布的信息整理而得。

3. 韩国的 FTA 战略

（1）韩国 FTA 战略的演变

韩国与日本一样是“贸易立国”战略的受益者，所以一直积极倡导 WTO 框架下的多边贸易制度，在开始阶段对 FTA 并不感兴趣。但是，随着国际和国内形势的发展，韩国对 FTA 的态度开始转变，并逐渐成为 FTA 的积极参与者。以 1997 年的亚洲金融危机为分水岭，韩国 FTA 战略的演变过程基本上可以分为两个阶段。

1997 年亚洲金融危机以前，韩国作为一个外向型的发展中国家，积极利用 GATT/WTO 框架发展对外贸易，在经济上取得了飞速发展。自 20 世纪 60 年代中期提出“出口第一主义”方针以来，韩国一直奉行以对外贸易促进国民经济发展的政策，根据国际经济分工的格局确定本国产业部门的经营方向，积极参与国际竞争。“贸易立国”战略的实施有效促进了韩国产业结构的升级，使其迅速完成了由农业社会向现代工业社会的转变。有鉴于此，韩国在亚洲金融危机之前对区域经济一体化表现得比较冷淡。

但是，在 1997 年亚洲金融危机的冲击之下，韩国开始认识到对欧美市场过度依赖所带来的问题，这些问题主要表现在以下两个方面：第一，金融危机暴露了东亚经济的脆弱性，造成这种脆弱性的重要原因之一是东亚国家之间的经济合作严重滞后，缺乏有效的危机防御机制，这无疑凸显了加强该地区经济合作的重要性和紧迫性；第二，在韩国经济受困于金融危机之际，美国趁机要求韩国进一步开放金融市场，以此换来美国的援助，这使韩国意识到单纯依靠美国也存在巨大风险。因此，在金大中总统执政期间，韩国开始顺应世界范围内区域经济一体化发展的浪潮，着手实施 FTA 战略。

需要指出的是，金大中执政时期的 FTA 政策虽然同以前相比变得更为积极，但总体来说仍是一种偏重“防御性”的 FTA 战略，遵循“最小化费用”原则，即力争使 FTA 对国内劣势部门，尤其是农业、渔业等部门的负面影响最小化。

相比之下，韩国的 FTA 战略在卢武铉执政期间发生了更为积极的转变。卢武铉自 2003 年成为韩国总统之后，进一步推动了韩国 FTA 战略的发展，改变了金大中政府时代的“费用最小化”原则，代之以“利益最大化”原则，并公布了比较详尽的 FTA 总体战略，力争签订“全面的、高水准的”FTA。根据既定的总体战略，韩国把 FTA 对象分为三类：第一类是应该立即签署 FTA 的对象，包括智利、新加坡、EFTA 和日本等；第二类是中期 FTA 对象，如墨西哥、加拿大和东盟等；第三类是长期 FTA 对象，如欧盟、美国和印度等。

李明博从 2008 年 2 月开始执政以后，基本上按照卢武铉政府制定的路线图推进韩国的 FTA 战略。韩国外交通商部于 2010 年发表了《韩国的 FTA 策略》，其核心策略仍是以 WTO 多边框架和 FTA 体系为依托，双轨推进对外通商战略，在全球范围内为本国谋取政治经济利益。

（2）韩国 FTA 战略的主要内容

①韩国参与 FTA 的战略目标

韩国参与 FTA 的首要目标是实现国民经济的长期稳定发展。2006 年 8 月 30 日，韩国宣布了一项名为“展望 2030 年”的促进国家经济与社会福利增长的中长期目标计划。根据该计划，到 2030 年，韩国在经济增长与社会保障体系等方面都将成为世界先进的国家，国内生产总值（GDP）将达到 2.4 万亿美元，与

2005 年的 7880 亿美元相比将大幅增长达 300%。韩国的人均 GDP 在 1995 年首次突破 1 万美元大关，2006 年增加到 1.8 万美元，2007 年达到 21695 美元的历史峰值。此后，由于受到国际金融危机的影响，韩国经济严重受挫，2009 年的 GDP 下降到 8003 亿美元，位列世界第 15 位。2010 年，韩国经济开始复苏，GDP 再次突破 1 万亿美元，人均 GDP 重新站上 2 万美元台阶。韩国的阶段性目标是在 2020 年成为 GDP 位列世界第 10 的经济大国。① 为此，作为实行外向型经济的韩国，力图通过与众多国家签订 FTA，为国民经济的长期稳定增长提供动力。

其次，韩国将参与 FTA 作为促进对外贸易增长的重要途径。和日本一样，韩国的对外贸易依存度也很高。2009 年，韩国的贸易依存度为 82.4%，2010 年更是高达 87.9%。② 因此，韩国要想在竞争激烈的全球环境中生存，就必须顺应区域经济一体化的潮流，积极投身 FTA 的建设，从而更加有效地规避贸易壁垒，扩大本国在世界上的贸易份额。

再次，韩国将参与 FTA 视为增加国内就业机会和实现产业升级的有效举措。韩国近年来的就业形势不容乐观，尤其是 2008 年年底以来，由于大量韩国公司担心经济会迅速恶化而大规模裁员，使韩国的失业率达到了两位数。与此同时，韩国近期的经常项目逆差不断扩大，外汇形势严重恶化，信贷困难愈演愈烈，进而造成韩元汇率急剧贬值，民众实际购买力严重缩水，民间消费下滑日趋严重。在这种情况下，韩国政府寄希望通过签署

① 王喜文：《韩国经济国际地位快速提升的原因分析》，《当代韩国》2011 年第 2 期，第 29 页。

② 数据来源：中国商务部网站，http：//www. mofcom. gov. cn/aarticle/i/jyjl/j/201006/20100606974356. html。

FTA 扩大贸易规模和吸引海外投资，为韩国创造更多的就业岗位，提高就业率。此外，由于缔结 FTA 后取消了关税保护，将促使本国企业在产品市场、生产要素资源等方面重新布局，努力提高自身的竞争力，从而为实现韩国的产业结构优化和升级创造良好的条件。

最后，韩国还希望通过参与 FTA 扩大地区影响力，为解决朝鲜半岛问题提供可能性。韩国认为经济外交是实现国家政治目标的有效手段，对于提高其综合国力和国际影响力具有重要意义。为此，韩国非常希望能够发挥本国在地缘政治上的优势，积极与东亚乃至亚太地区的众多国家签署 FTA，借此强化韩国在国际和地区政治舞台上的角色，维护地区政治稳定，为解决朝鲜半岛问题提供可能性。

②韩国 FTA 战略的特点

由于韩国在参与 FTA 方面起步较晚，为了实现雄心勃勃的战略目标，韩国采取了“多方出击，并行推进”的方式，在全球范围内实施其 FTA 战略，并体现出几个比较突出的特点。

第一，先易后难。为了尽快取得实质性的进展，韩国在选择 FTA 伙伴时，将那些在产业结构和贸易结构上和韩国存在比较显著的互补性、谈判障碍较小的国家或地区列为优先对象，这不仅有利于在短期内达成协议，也容易得到国内各界的认同。遵循这个原则，韩国在实施 FTA 战略的初期，很快就与智利、新加坡和东盟等国家和地区组织签署了 FTA。

第二，以点带面，形成全球性的网络。韩国始终坚持从全球层面推动其 FTA 整体战略的实施，其具体措施是力图在世界各主要地区都率先建立一个 FTA 作为“样板”和“桥头堡”，例如北美洲的美国和加拿大，南美洲的智利，东南亚地区的新加坡，欧洲地区的欧洲自由贸易联盟，以及东北亚地区的日本等，并在此基础上不断拓展 FTA 的数量，进而形成一个以本国为轴心的全球性 FTA 网络。

第三，从内容来看，韩国签订的大多数 FTA 涵盖内容广泛，不仅包括货物贸易章节，还涉及服务贸易、投资、政府采购、知识产权和技术标准等领域。

第四，韩国非常注重在国民共识的基础上推进 FTA。为了提高国内民众对 FTA 的认知程度，加强 FTA 签订过程的透明度，韩国政府于 2004 年 5 月制定了《自由贸易协定缔结程序规定》。根据该规定，FTA 推进程序要在广大范围内征集社会各界的意见，并扩大民间专家的参与，最大限度地保证推进过程的透明度。

第五，与 FTA 有关的机构设置和配套政策比较完善。2004 年 3 月，韩国全国经济人联合会、大韩商工会议所等 4 个经济团体在汉城成立了 FTA 民间促进委员会。该委员会是推进韩国与其他国家 FTA 协商工作的核心支援机构，在和政府进行沟通、听取并转达产业界的意见、促进 FTA 的实施等方面发挥了积极作用。在官方机构设置方面，韩国政府于 2004 年 12 月在外交通商部设立了 FTA 局，专门负责 FTA 的协商谈判和相关事务，其工作人员从民间专家、其他部门职员、行政和司法考试合格者中聘用。此外，韩国一些产业部门还成立了"专利联盟"，以应对 FTA 引发的相关法律问题。其主要职能与措施是通过聘用企业、研究机构的专利专家和律师，制定应对专利纠纷的对策和战略，确保对本国核心关键技术的保护。

（3）韩国参与 FTA 的进展

在确立了 FTA 战略后，韩国全力加以实施，并取得了非常显著的进展。2003 年 2 月，韩国与智利签订了首个 FTA。在此后短短几年中，韩国又陆续与新加坡、欧洲自由贸易联盟、东盟、印度、欧盟和秘鲁等多个国家和区域合作组织签订了 FTA 并生效（见表 1-3）。

在上述已生效的 FTA 中，韩国—欧盟 FTA 的经济效应和影响力最大。韩国与欧盟的 FTA 谈判于 2007 年启动，2009 年 10 月 15 日签署 FTA 协定，并在 2011 年 7 月 1 日正式生效。自协定生效之日起，韩国自欧盟进口产品种类的 80. 33%和欧盟自韩国进口产品种类的 93. 94%立即取消关税。在协定生效 5 年后，即 2016 年 1 月 1 日前，韩国自欧盟进口产品种类的 93. 45%和欧盟自韩国进口产品种类的 99. 6%将取消关税。需要指出的是，欧盟的平均关税率为 5. 3%，对自韩国进口的汽车、电视、纤维、皮鞋等重要制造业产品征收的关税也比较高。因此，随着韩国—欧盟 FTA 的生效，欧盟市场上韩国商品的价格竞争力大幅增强，有助于促进韩国对欧盟的出口。

此外，与美国签订 FTA 也是韩国推进实施其 FTA 战略的重中之重。在韩国看来，通过与美国签订 FTA，不仅能够进一步密切韩美经贸关系，还可以牵制逐渐由中国主导的东亚政治经济结构，进而形成韩美经济同盟，给韩国带来全面的政治经济效益。2006 年 6 月至 2007 年 4 月，韩国政府与美国政府经过 10 个月的艰苦谈判后，终于达成了一致，并于 2007 年 6 月 30 日正式签署了 FTA 协定。但是，该协定在提交美国国会之后迟迟没有得到批准，致使韩美 FTA 难以生效。奥巴马上台之后，对小布什时期签署的美—韩 FTA 也提出了质疑，认为该协定在农产品保护和汽车贸易条款方面对韩国让步过多，而对美国强势的服务业进入韩国市场保留了很多限制。与此同时，韩美双方在贸易方面也产生了不少摩擦，比如2008年发生的韩国抵制美国进口牛肉事件等。鉴于以上情况，美方提出针对有关条款重新谈判。迫于美国的压力，韩国在汽车贸易条款方面作出了重大让步。2011年10月12日，韩—美FTA履行法案最终获得了美国国会通过。2012年3月15日，韩—美FTA正式生效。据估算，韩—美FTA将在今后10年期间为韩国增加35万个工作岗位，使其国内生产总值增长5.6%。

目前，韩国正在积极推进与海湾合作组织、澳大利亚、新西兰、哥伦比亚、加拿大和墨西哥等国家和地区组织的FTA谈判，处于可行性研究阶段的FTA有9个（见表1-3）。

表1-3 韩国参与FTA概况（截至2012年年底）

已生效的FTA	处于谈判阶段的FTA	处于可行性研究阶段的FTA
韩国—智利	韩国—加拿大	韩国—南方共同市场
韩国—新加坡	韩国—墨西哥	韩国—俄罗斯
韩国—欧洲自由贸易区	韩国—海湾合作组织	韩国—以色列
韩国—东盟	韩国—澳大利亚	韩国—南部非洲关税同盟
韩国—印度	韩国—新西兰	韩国—蒙古
韩国—秘鲁	韩国—哥伦比亚	韩国—越南
韩国—欧盟	韩国—土耳其	韩国—中美洲
韩国—美国	韩国—日本	韩国—印度尼西亚
	韩国—中国	韩国—马来西亚

资料来源：根据韩国外交通商部公布的信息整理而得。

二、东亚区域经济一体化的发展

东亚地区包括了中国、日本、韩国、东盟等重要经济体，其对外贸易和投资在亚太地区占有很高的比重。因此，东亚经济一体化进程不仅关系到本地区经济的增长和繁荣，对中日韩FTA

这一区域内自由贸易安排的发展趋势也将产生重要影响。因此，我们有必要回顾东亚经济一体化进程，从不同角度对东亚经济一体化的背景和动因进行深入的剖析。

1. 东亚经济一体化的背景和动因

20 世纪 80 年代以来，随着世界各国经济联系的加强和市场竞争的加剧，世界经济出现了全球经济一体化与区域经济集团化并行发展的局面，这构成了东亚经济一体化的宏观背景和基础。同时，各种政治和经济因素、内部和外部因素交织在一起，形成了东亚经济一体化发展的直接动因。

首先，世界和亚太地区战略格局的演变构成了东亚经济一体化的政治动因。随着冷战结束，美国成为唯一的超级大国。苏联解体后的俄罗斯整体实力大减，难与美国抗衡，但它是联合国安理会常任理事国之一，军事和科技实力雄厚，加上近年来经济实力得到一定程度的提升，能源外交活跃，在国际上仍然保持着较大的影响力。日本虽然是世界经济大国，但始终受到战后特殊的国际政治框架的束缚和限制，因此近年来力图通过加入联合国安理会常任理事国等途径实现其“政治大国化”战略目标。欧盟为在国际事务中寻求自己独立的发言空间而自觉走向联合，是当代世界政治经济格局中重要一极。中国坚持和平发展战略，综合实力不断增强。东盟由于内外部因素的推动，近年来以多种积极方式和各政治大国寻求更多的合作空间。由此可见，世界政治格局正在由目前的“一超多强”向着“多极化”方向发展。东亚作为一个整体，如果想在世界政治、经济和安全等领域拥有很多的发言权，就必须加强自身的联合，而经济走向联合是最基本的先决条件。因此，加快东亚经济一体化进程，提高东亚地区的整体实力和国际竞争力，就成为一种必然的战略选择。

其次，近年来区域经济一体化已成为世界经济发展的主流，使得国家间的竞争逐渐让位于区域组织间的竞争，从而给亚太区域经济一体化带来了直接的推动力。20 世纪中后期以来，东亚成为世界范围内经济增长最具活力的地区，各国相互依存关系加强，人员流动频繁，使东亚经济规模达到了与北美、欧洲三分天下的程度。然而，东亚地区经济的繁荣并不稳固，1997 年东南亚金融危机的爆发使东亚各国深刻意识到只有联合才能自强，才能促进东亚经济的长期可持续发展，迎接经济全球化和区域集团化的挑战。从这个角度说，东南亚金融危机也产生了一定的积极意义，它促使东亚各国重新思考，把加强东亚经济合作，启动东亚经济一体化进程的设想提上了议事日程。

最后，其他区域经济一体化组织带来的示范效应和竞争也构成了东亚区域经济一体化发展的外部动因。区域经济一体化的核心目标是应对经济全球化的机遇和挑战，为区域内各成员赢得更多的经济利益。因此，无论以何种形式出现的区域经济一体化组织，都将或多或少地对区外成员构成歧视。为应对这种歧视，区外成员要么组建新的区域经济一体化组织，要么加入现有的区域经济一体化组织中去。在东亚与北美和欧洲形成鼎足之势的情况下，欧盟和北美自由贸易区的成立使东亚国家面临的不再是与单个国家的竞争，而是与两大区域经济一体化组织的竞争。因此，东亚国家必须加强区域间的合作，加快东亚经济一体化进程，提高整个东亚地区在国际上的地位，以应对欧盟、北美自由贸易区发展的强劲势头。具体而言，最行之有效的策略就是建立与之类似的区域经济一体化组织，利用区域内资源、产品的互补性，提高区域内整体经济运行的效率，进而提高区域竞争力。同时，东亚区域经济一体化组织的成立能够有效地促进区域内的贸易和投资自由化，降低关税和非关税壁垒，在整个区域内实现资源的优化配置。不仅如此，东亚区域经济一体化组织的建立还可以增加本地区在国际上的话语权和影响力，使东亚在各种场合的国际谈判中占据更加有利的位置。

2. 东亚经济一体化进程回顾

20 世纪 80 年代以后，东亚地区成为世界范围内经济发展最快的地区，创造了举世瞩目的“亚洲经济奇迹”。随着经济的发展，东亚国家之间的经济联系也越来越紧密，相互依存度越来越高。在国际多边谈判中，东亚单个国家缺乏集体的支持，往往处于不利的地位。为了提高自身在国际谈判中的地位和竞争力，突出“亚洲的力量和声音”，东亚国家开始酝酿成立本地区的经济一体化组织。

（1）“10+3”合作的进展

1990 年，马来西亚首相马哈蒂尔提出了建立“东亚经济共同体”的倡议（后改称“东亚经济论坛”，EAEC），倡导东盟、中国、日本、韩国等国家形成可以同欧美抗衡的经济合作组织。虽然东亚国家最初对这一倡议表示支持，但因为该构想将美国、澳大利亚等国家排除在外，因此遭到美国的强烈反对，最终被束之高阁。1995 年，东盟再次提出与中日韩三国首脑举行会晤的倡议，这是继 EAEC 遭冷遇之后东盟推动东亚区域合作的又一次尝试。令人遗憾的是，此倡议仍然没有得到日本的响应，再次搁浅。

1996 年 3 月，第一届亚欧首脑会议在泰国首都曼谷举行，中国、日本、韩国和东盟成员国在形式上成为一个地区集团，这与马哈蒂尔所提出的“东亚经济论坛”在成员组成方面是一致的。由此，人们认为一个真正意义上的“东亚”出现了。

1997年，在东亚金融危机爆发后，由于东亚地区缺乏一个区域经济合作组织，东亚各国没有能够联合起来应对危机，有的成员甚至采取竞相贬值的“以邻为壑”的政策，使东亚金融危机进一步加剧。在这种情况下，东亚各国意识到建立本地区经济合作组织的必要性，从而为促进东亚经济一体化的发展提供了一个契机。1997年12月15日，第一次东盟与中日韩领导人会议在马来西亚首都吉隆坡举行，“10+3”合作机制由此产生①。会议的主要议题包括21世纪东亚的发展前景、加强亚欧合作、克服亚洲金融危机影响、深化地区经济联系，以及在国际经济问题上进行协调与合作等，从而正式启动了东亚经济合作进程。

此后，东盟和中日韩领导人每年都举行会晤，就东亚地区和国际范围内的经济热点问题展开深入的讨论，并取得一些阶段性的重要成果。例如，2003年10月，在印度尼西亚巴厘岛召开的第七次东盟与中日韩领导人会议上，中国正式加入了《东南亚友好合作条约》，并与东盟签署了《面向和平与繁荣的战略伙伴关系联合宣言》。此外，东盟与日本也在此次会议上签署了《东盟与日本全面经济伙伴关系框架协议》，确定了建立东盟—日本FTA的时间表，并在技术援助、人员交流等其他领域制定了一系列合作计划。2004年11月，在老挝首都万象举行的第八次东盟与中日韩领导人会议上，不仅通过和签署了30多个重要文件，而且还讨论了在“10+3”基础上推进建立“东亚自由贸易区”的可能性，从而为东亚区域经济一体化的进一步发展提供了可选

① 当时是“9+3”领导人会议，柬埔寨加入东盟后改称“10+3”领导人会议。

路径。

在“10+3”框架下开展的各项合作中，金融合作是成果比较突出的领域之一。2000年5月，第九次“10+3”财长会议在泰国清迈签署了建立区域性货币互换网络的协议，即《清迈协议》(Chiang Mai Initiative)。《清迈协议》主要包括两部分：首先，扩大了东盟互换协议（ASA）的数量与金额；其次，建立了中日韩与东盟国家的双边互换协议。之后，东亚“10+3”货币互换机制取得了实质性进展，截至2003年12月底，中日韩三国与东盟10国共签署16个双边货币互换协议，累积金额达440亿美元。此后，如何将诸多双边货币互换协议多边化成为东亚金融合作的重点推进领域。2008年5月，“10+3”财政部长发表声明，宣布出资800亿美元建立共同外汇储备基金，用于维持本地区货币稳定。随着“10+3”共同外汇储备基金的建立，各国之间已有的双边货币互换就扩大为多边机制。如果爆发金融危机，该基金可以注资维持本地区货币稳定，减小地区内各国对国际货币基金组织贷款的依赖。2009年，“10+3”外汇储备基金的规模进一步扩大到1200亿美元。其中，中国、日本各出资384亿美元①，韩国出资192亿美元，分别占储备库总额的32%、32%和16%，总计80%；东盟10国出资240亿美元，占20%。共同外汇储备基金的运作由各国共同签署具有法律效力的合约进行约束，以此合约为前提，各国仍有权管理基金中各自名下的外汇储备。客观而言，虽然“10+3”共同外汇储备基金的各项机制还有待进一步完善，但该基金的建立为促进东亚地区的金融稳定提供了一条有效的渠道。

---

① 中国的出资中包含中国香港特别行政区出资的42亿美元。

（2）“10+1”合作的进展

“10+3”合作为东亚区域经济合作开创了新局面，并明确了建立东亚自由贸易区的长期目标。但是，东盟和中日韩在参与“10+3”合作的同时也分别有着各自的战略考虑。考虑到与中日韩三国在综合经济实力上的差距，东盟深知依靠自身的力量无法主导东亚经济合作进程，如果同时与东亚三国展开自由贸易谈判，东盟将处于弱势地位。在这种情况下，东盟一方面着力加强自身的一体化水平，确立了 2015 年建成东盟经济共同体（ASEAN Economic Community，AEC）的目标；另一方面采取了“大国平衡”战略，积极推进与中日韩三国分别建立一体化合作机制，以此实现东盟在东亚经济合作中的轴心地位。对于中日韩三国而言，由于其中任何一方在短期之内都难以在东亚区域经济合作中获得主导地位，因此与东盟开展更加深入的双边合作也不失为一条良策。由此，东盟与中日韩之间的三个“10+1”合作应运而生，并与“10+3”合作呈现出并行发展的态势。

在中日韩三国中，中国最先启动了与东盟的自由贸易协定谈判。2001 年，第五次东盟与中国首脑会议决定到 2010 年建立中国—东盟 FTA。在 2002 年举行的第六次东盟与中国首脑会议上，双方签署了《中国与东盟全面经济合作框架协议》，正式启动了中国—东盟 FTA 的进程。2004 年 1 月 1 日，中国—东盟 FTA 的先期成果——“早期收获计划”顺利实施。此后，双方在 2004 年签署了《中国与东盟全面经济合作框架协议货物贸易协议》，并于 2005 年 7 月开始相互实施全面降税。2007 年 1 月和 2009 年 8 月，双方又分别签署了中国—东盟 FTA《服务贸易协议》和《投资协议》。从 2010 年 1 月 1 日起，中国—东盟 FTA 正式全面启动。

继中国之后，东盟启动了与日本的 FTA 谈判。2002 年 10 月

8 日，日本和东盟签署了《东盟与日本全面经济伙伴关系框架协议》，双方同意从 2004 年起就商品贸易、服务贸易及投资自由化问题开始进行磋商。2002 年 11 月 5 日，东盟与日本发表了《关于框架性经济连携构想的共同宣言》，宣布在 10 年内，即 2012 年前建立日本—东盟自由贸易区。2003 年 12 月，日本与东盟 10 国在东京举行了特别首脑会议，发表了推进双方合作的《日本—东盟战略协作伙伴关系东京宣言》和《东盟—日本行动计划》，并明确表示尽最大努力促进日本与东盟的双边自由贸易区谈判。2005 年 4 月，日本与东盟启动了首轮自由贸易区谈判。经过两年多的谈判，双方于 2007 年 11 月达成了《东盟—日本全面经济伙伴协定》，并于 2008 年 4 月正式完成了协定签署工作。该协定包括货物贸易、服务贸易、投资和经济合作等广泛领域。该协定生效后，日本立即对从东盟进口的按价值计算 90%的产品实行零关税，并在 10 年内逐步取消另外 3%的产品的关税，同时降低另外 6%的产品的关税。但是，大米、糖以及一些奶制品作为“特例商品”未被列入协定。在东盟方面，六个老成员将在协议生效后 10 年内逐步取消按价值和种类计算 90%的从日本进口产品的关税，越南将在 15 年内逐步取消 90%的从日本进口产品的关税，其余成员国将在 18 年内逐步取消 85%的从日本进口产品的关税。东盟大多数国家从日本进口的电器产品、汽车配件和钢材等也在协定的减税范围之内。

与中、日两国相比，东盟与韩国的 FTA 谈判启动较晚，但进展更快。2005 年 4 月 21 日，韩国与东盟就双方拟签的 FTA 框架协定达成原则协议，为框架协定的签订铺平道路。2005 年 12 月 13 日，东盟与韩国在吉隆坡签订了《韩国与东盟自由贸易协定框架协议》，该协议包括商品、服务、投资和争端解决机制四个方面。2006 年 3 月，东盟九国与韩国达成货物自由贸易协议（泰国因大米贸易未达共识而暂未参加），具体落实了框架协议的货物贸易部分。2007 年 11 月，东盟和韩国签订了 FTA 框架下的服务贸易协定。此后，只经过一年半的谈判，东盟又与韩国在 2009 年 6 月签订了 FTA 框架下的投资协定。至此，韩国领先于中国和日本，成为首个与东盟完成 FTA 货物贸易协定、服务贸易协定、投资协定及争端解决机制协定的东亚国家。

3. 东亚经济一体化的特点

东亚各国的政治体制、社会文化和经济发展水平差异较大，所以东亚经济一体化除了具有区域经济一体化的一般属性之外，也体现出自身的特点。

（1）市场驱动的功能性一体化和政府主导的制度性安排并行发展

从 20 世纪中后期开始，东亚各国之间的贸易投资活动越来越活跃，产业转移与经济整合不断发展，在客观上形成了由市场机制驱动的区域经济一体化进程。至 21 世纪初，东亚地区的贸易与生产网络化程度不仅高于拉丁美洲的区域一体化组织，与北美自由贸易区相比也毫不逊色。从前景来看，市场力量在促进东亚区域经济一体化过程中还将长期发挥重要的作用。

与此同时，东亚区域经济一体化进程中的制度性安排也在各国政府推动下取得了显著进展。除了东盟与中日韩三国在“10+1”框架下达成的制度性协定之外，“10+3”框架下的各种协商对话机制也越来越完善，所涉及的领域也越来越广泛，为东亚各国开展全方面的合作提供了多种有效的渠道和平台。

（2）多样性和灵活性兼具

东亚地区各国政治、经济和社会发展的多元性决定了东亚经济一体化的多样性。目前，东盟和中日韩三国之间不仅同时存在着双边、三边和诸边等不同层次的合作，而且还在亚太经合组织、亚欧会议框架下与东亚地区以外的国家开展多领域、多方式的合作，具备了“开放的地区主义”① 的显著特征。

此外，相对于欧盟和北美自由贸易区一体化安排的同一性而言，东亚地区的一体化安排更为灵活，这主要体现在以下两个方面：一是各成员在贸易自由化的进度上可以有所差别，对减免关税的产品范围，降低关税的幅度等，通常会根据各成员的经济发展水平和承受能力制定不同的时间表；二是对各成员在统一市场建设、生产要素自由流动方面不强求一致，各成员可以在资本市场、货币市场、劳动力市场的开放时间和程度方面实行一定的自主安排。实践表明，认可、兼顾各成员利益的灵活性，既可以使东亚经济一体化进程早日起步，又能够循序渐进地推进本地区经济一体化程度的不断提高。

4. 东亚经济一体化进程与中日韩 FTA 的关系

尽管近年来东亚经济一体化进程已经取得了可喜的进展，但在两个方面仍然存在明显的缺陷，一是没有明确的主导力量，二是没有形成涵盖整个地区的经济一体化组织。目前，在东亚地区各国中，无论是中国、日本，还是韩国、东盟，没有任何一方的实力和地位能够得到各方的一致认可，担当起领导和推进东亚经济一体化的重任。虽然一些学者将东亚经济一体化进程形容为“小马拉大车”，即东盟主导，中日韩三国共同参与，但实际上

① “开放的地区主义”具备以下几个特征：第一，成员之间多样化的经济、文化和社会差异并未成为制约区域合作的障碍；第二，以经济活动为中心，注重成员之间的平衡利益；第三，坚持贸易投资自由化的非歧视性；第四，在实现区域利益的同时支持多边自由化进程。

东盟只是利用“大国平衡”战略暂时处于有利位置而已，不可能真正长期主导东亚经济一体化进程。也正是基于这一原因，诸如建设东亚自由贸易区、东亚共同体等涵盖整个地区的一体化组织的设想始终难以付诸实施。

事实上，中日韩三国的经济实力远超东盟。2010 年，中日韩三国的 GDP 总量约占全球的 20%，东盟只占 2.3%左右。如果中日韩 FTA 得以建成，将成为仅次于北美自由贸易区和欧盟的世界第三大自由贸易区，不仅给中日韩三国的经济带来新的发展机遇，而且还会对亚太乃至世界经济贸易格局产生显著的影响。此外，中日韩 FTA 还将有助于加强东亚地区的政治稳定，减少区域外国家对这一地区的地缘政治影响。更为重要的是，中日韩 FTA 的建设一旦正式启动，将对东盟形成很强的示范效应和外部压力，迫使东盟放弃以我为中心的想法，以更加积极的姿态参加到东亚经济整合的进程中来。由此可见，中日韩 FTA 和东亚经济一体化进程之间有着相辅相成、相互促进的关系。

第三节　中日韩 FTA 建立的基础与进展

中国、日本和韩国是东亚地区经济实力最强的国家，在世界经济体系中所占的地位不断提高。加强中日韩三国之间的区域合作，既有利于开辟市场，又有利于产业的整合，增强各国的竞争力。因此，尽快建立中日韩 FTA，既是顺应区域经济一体化发展潮流的理性选择，也是中日韩三国互利共赢之举。

一、中日韩 FTA 建立的基础条件

1. 临近的地理位置与相容的文化传统

纵观世界上合作成效比较显著的区域经济一体化组织，其成员的地理位置往往相邻或相近，例如欧盟、东盟和北美自由贸易区等。中日韩三国隔海相望，在地理位置方面有着得天独厚的优势。多年来，三国一直在积极探索能够适应并充分发挥地理位置优势的多种合作途径，如环海经济合作区、沿海国际经济开发区和众多“姐妹城市”等等。这些合作实践先于 FTA，可以为 FTA 的实现发挥良好的引导作用。此外，从历史和文化方面来说，三国有着很深的渊源。以儒家文化为内核的中国传统文化早在秦汉时期就传播到了日本和朝鲜半岛，伴随着文化的传播，经济交流与人员往来也非常频繁。这种长达两千年之久的关系使三国的文化传统有很多相似之处，从而成为缔造东北亚地区凝聚力的重要纽带之一。

2. 中日韩经济的互补性

在经济一体化的大背景下，中日韩三国的经贸联系越来越密切。在未来的 FTA 框架下，如何进一步深化互利合作是三国关注的首要目标，而经济上的互补则是互利的前提。总体而言，中日韩三国在资源禀赋、产业结构和出口结构方面都具有较高程度的互补性。

（1）资源的互补性

就自然资源而言，中国的自然资源在三国中相对比较丰富，尤其是农业资源和矿物资源十分丰富。日本除了渔业、森林和水力资源比较丰富以外，其他资源都非常贫乏。从韩国的情况来看，自然资源也十分匮乏。因此，日韩两国均奉行“贸易立国”战略，能源和工业原料自给率很低，主要依赖进口。从劳动力资

源方面来看，中国人口众多，劳动力成本相对较低。与本国经济发展水平所需要的劳动力相比，日本和韩国的人口总量偏少，加之20世纪90年代以后又出现人口老龄化趋势，因而目前两国劳动力资源均显不足，劳动力成本高。由此可见，无论是在自然资源还是在劳动力资源方面，中日韩三国之间都存在着互补性。

（2）产业结构的互补性

从中日韩三国的经济发展水平和产业结构来看，目前处于三个不同的层次。日本的经济已经步入后工业化阶段，经济高度发达，在技术和资本密集型产业方面具有非常强的优势，目前正在重点发展信息工程、生物工程和多媒体等高科技产业。韩国属于20世纪80年代新兴的工业化国家，其电子、电器、造船等技术密集型产业比较发达。中国作为一个正在实现工业化的国家，目前与日韩两国相比还处于较低的层次。但是中国也具有自己的优势，尤其是劳动密集型的制造业比较发达。由此可见，中日韩三国在产业结构和技术水平上具有比较显著的互补性和传递性，这对于中日韩FTA的建立将会起到积极的促进作用。

（3）出口商品的互补性

按照国际贸易要素禀赋理论，一国应该生产并出口密集使用本国丰裕要素的产品。具体而言，中国属于劳动密集型和土地密集型国家，而日本和韩国属于资本和技术密集型国家，因此，三国之间的要素禀赋差异使其出口产品也具有互补性。在中日韩三国产业间贸易迅速发展的同时，产业内贸易也与日俱增，其中以垂直型产业贸易为主。在国际产业分工中，日本在资本品和中间产品部门竞争力最强，中国在最终消费品领域显示一定的竞争力，而韩国在部分资本品和中间产品具有独特的比较优势。

3. 中日韩贸易投资的发展

近 30 年来，中日韩三国的经贸关系一直保持着良好的发展势头，相互之间的贸易和投资规模不断扩大，贸易依存度不断提高，从而为中日韩 FTA 的建立奠定了良好的基础。

（1）中日韩三国的货物贸易状况

中日贸易从 20 世纪 80 年代开始进入快速发展阶段，双边贸易呈波浪式增长。2002 年，中日贸易首次突破千亿美元，达到 1019 亿美元。此后，中日两国逐渐成为彼此最重要的贸易伙伴之一。2011 年，中日贸易额达到 3428.37 亿美元，与 2000 年相比增长了 3.12 倍，年均增长率达到 13.74%。中韩两国自 1992 年建交以来，双边贸易也呈现出快速增长的态势。2005 年，中韩双边贸易额达到 1119.28 亿美元，使韩国成为第六个与中国贸易总额超千亿的国家。2011 年，中韩双边贸易额达到 2466.37 亿美元，与 2000 年相比增长了 6.15 倍，年均增长率为 19.58%。此外，日韩两国也互为重要的贸易伙伴，2011 年的双边贸易额为 1059.65 亿美元（见表 1-4）。

表 1-4　2000—2011 年中日韩货物贸易概况　（单位：亿美元）

年份	中日贸易			中韩贸易			日韩贸易		
	贸易总额	出口	进口	贸易总额	出口	进口	贸易总额	出口	进口
2000	831.64	416.54	415.10	345.00	112.92	232.07	511.49	307.00	204.49
2001	877.28	449.41	427.87	358.96	125.19	233.77	424.96	252.98	171.98
2002	1019.00	484.34	534.66	441.03	155.35	285.68	440.54	285.69	154.85
2003	1335.57	594.09	741.48	632.23	200.95	431.28	527.09	348.06	179.03
2004	1678.36	735.09	943.27	900.46	278.12	622.34	663.03	442.57	220.46
2005	1843.94	839.86	1004.08	1119.28	351.08	768.20	710.45	466.30	244.15

续表

年份	中日贸易			中韩贸易			日韩贸易		
	贸易总额	出口	进口	贸易总额	出口	进口	贸易总额	出口	进口
2006	2072.95	916.23	1156.73	1342.46	445.22	897.24	775.98	502.70	273.28
2007	2359.51	1020.09	1339.42	1598.51	560.99	1037.52	816.40	543.33	273.07
2008	2667.33	1161.32	1506.00	1860.70	739.32	1121.38	889.69	594.93	294.76
2009	2287.83	978.68	1309.15	1562.15	536.70	1025.45	692.57	472.73	219.84
2010	2977.70	1210.60	1767.10	2071.70	687.70	1384.00	909.50	623.69	285.81
2011	3428.37	1482.69	1945.68	2466.37	839.20	1627.17	1059.65	661.67	397.98

资料来源：联合国商品贸易统计数据库（UN Comtrade），http：//comtrade. un. org/db。

（2）中日韩三国的服务贸易状况

中日韩三国的服务贸易规模虽然远低于货物贸易，但近年来同样保持了较快的增长速度。其中，中韩双边服务贸易表现最为突出，从2004年的99.87亿美元迅速增长到2008年的225.47亿美元，年均增长率达到了22.58%。同期，日韩双边服务贸易也取得较快发展，年均增长率约为10.25%。相比之下，中日双边服务贸易的增长幅度较小，年均增长率约为7.69%。2009年，由于受到全球金融危机的影响，中日韩三国之间的服务贸易额有所下降，但2010年出现了显著的反弹回升（见表1–5）。

表1–5　2004—2010年中日韩服务贸易概况　（单位：亿美元）

年份	中日服务贸易			中韩服务贸易			日韩服务贸易		
	贸易总额	进口	出口	贸易总额	进口	出口	贸易总额	进口	出口
2004	130.69	64.40	66.29	99.87	50.28	49.59	125.30	75.02	50.18
2005	150.69	70.65	80.04	121.27	57.25	64.02	138.29	74.55	63.74

续表

年份	中日服务贸易			中韩服务贸易			日韩服务贸易		
	贸易总额	进口	出口	贸易总额	进口	出口	贸易总额	进口	出口
2006	146.85	75.77	71.08	143.02	67.25	75.77	124.06	66.24	57.82
2007	163.22	81.68	81.54	179.26	89.74	89.52	148.23	71.90	76.33
2008	180.06	90.82	89.24	225.47	122.69	102.78	184.99	91.63	93.36
2009	167.13	78.94	88.19	184.65	97.96	86.69	125.52	85.26	40.26
2010	191.36	101.75	89.61	196.72	129.82	66.90	136.72	99.63	37.09

资料来源：联合国服务贸易统计数据库，http：//unstats. un. org/unsd/ServiceTrade，基于扩大的国际收支服务分类（EBOPS）的统计。

（3）中日韩三国的投资状况

中日韩之间的直接投资作为三国相互贸易的支柱和补充，也占有相当重要的位置。日本及韩国的对华直接投资从 20 世纪 90 年代中期开始迅速增长，2004—2005 年达到历史最高水平，其后出现了下降趋势（见表 1-6）。2010 年，日本位列中国香港和英属维尔京群岛之后为中国第三大直接投资来源国（地区），其在华直接投资约占当年度中国实际利用外国直接投资总额的 4.6%。韩国则位居新加坡之后为中国第五大直接投资来源国（地区），约占中国实际利用外国直接投资总额的 3%。中国对日韩的直接投资仍然处于起步阶段，规模较小。在 2010 年中国对外直接投资目的国（地区）中，日本和韩国分列第 17 和第 10 位。从日韩之间的投资关系来看，日本一直是韩国主要的投资来源国之一，而韩国对日本的投资始终处于较低水平。

表 1-6　2000—2010 年中日韩直接投资概况

年份	日本对华直接投资		韩国对华直接投资		中国对日直接投资净额		中国对韩直接投资净额	
	金额（万美元）	年增长率（%）	金额（万美元）	年增长率（%）	金额（万美元）	年增长率（%）	金额（万美元）	年增长率（%）
2000	291585	—	148961	—	n. a.	n. a.	n. a.	n. a.
2001	434842	49. 13	215178	44. 45	n. a.	n. a.	n. a.	n. a.
2002	419009	-3. 64	272073	26. 44	n. a.	n. a.	n. a.	n. a.
2003	505419	20. 62	448854	64. 98	737	n. a.	15392	n. a.
2004	545157	7. 86	624786	39. 20	1530	107. 60	4023	-73. 86
2005	652977	19. 78	516834	-17. 28	1717	12. 22	58882	1363. 63
2006	459806	-29. 58	389487	-24. 64	3949	129. 99	2732	-95. 36
2007	358922	-21. 94	367831	-5. 56	3903	-1. 16	5667	107. 43
2008	365235	1. 76	313532	-14. 76	5862	50. 19	9691	71. 01
2009	410497	12. 39	270007	-13. 88	8410	43. 47	26512	173. 57
2010	408400	-0. 51	269200	-0. 30	33799	301. 89	72168	172. 21

注：2003 年之前中国对外直接投资的国别官方统计数据缺失。

资料来源：2000—2011 年《中国统计年鉴》、《中国商务年鉴》。

与三国的总体经济规模及贸易往来相比，中日、中韩间的投资规模相对较小，存在着巨大的发展潜力。为了促进投资活动的顺利开展，三国已作出了积极的努力。其中，中国分别在 1988 年和 2007 年与日本和韩国签署了《投资保护协定》，日本与韩国也在 2003 年签署了投资协定。从 2007 年起，中日韩三国政府启动了三方投资协定谈判。2012 年 5 月，历经 5 年共 13 轮正式谈判之后，三国在北京正式签署了《中日韩关于促进、便利和保护投资的协定》。

（4）中日韩三国的金融合作状况

1997 年亚洲金融危机之后，中日韩三国和东盟各国开始着手加强区域金融合作。随着 2000 年《清迈协议》的签订，中日韩和东盟国家建立了东亚区域货币互换机制。2001 年 7 月，日本与韩国达成了东亚地区第一个货币互换协定。2002 年 3 月和 6 月，中国分别与日本和韩国签署了双边货币互换协议。此外，以中日韩为核心的东北亚各国还在 2003 年 6 月成立了亚洲债券基金，从而为建立地区性货币基金奠定了基础。上述合作成果为中日韩三国在 FTA 框架下进一步加强金融领域的合作提供了有利因素。

4. 中日韩已建立的合作机制

除了贸易、投资和金融领域的合作之外，中日韩三国在其他领域也保持着长期密切的联系，建立起了相应的合作及协调机制。尤为值得一提的是，从 2008 年之后独立于“10+3”框架之外的中日韩领导人会议机制在多个领域取得了引人注目的成果（见表 1-7）。同时，中日韩三国还在外交、科技、信息通信、财政、人力资源、环保、运输及物流、经贸、文化、卫生、央行、海关、知识产权、旅游、地震、灾害管理等众多领域建立了 16 个部长级会议机制①，并已签署了多项合作协定及谅解备忘录。

表 1-7　2008 年以来中日韩领导人会议的主要成果

	主要成果
第一次 2008 年 12 月 13 日 日本福冈	发布了《中日韩合作行动计划》，提出了三国在各领域合作的具体计划。同时，还发布了《国际金融和经济问题的联合声明》及《三国伙伴关系联合声明》

① 中国外交部：《中日韩合作》，www. mfa. gov. cn。

续表

	主要成果
第二次 2009年10月10日 中国北京	发布了《中日韩合作十周年联合声明》，回顾总结了中日韩合作10年历程，展望规划了三国合作的未来。强调应充分利用三国经济互补性强、合作潜力大的优越条件，在经贸、金融、投资、物流、知识产权、海关、信息、科技、节能、环保、循环经济等重点领域开展更高水平的合作，大力发展绿色经济，提高三国经济发展质量。同时，发布了《中日韩可持续发展联合声明》
第三次 2010年5月29日 韩国济州岛	发布了《2020中日韩合作展望》，确定了未来十年将稳步推进五大领域重点合作内容，包括倡导发展可持续经济合作，实现共同繁荣。三方就贸易、便利化、海关合作、投资、金融合作、科技创新、反对贸易保护主义以及加强工业、能源、能效、资源等领域的政策合作等问题达成广泛共识。三国同时发布了《中日韩标准化合作联合声明》及《中日韩加强科技与创新合作联合声明》
第四次 2011年5月21—22日 日本东京	发布了《第四次中日韩领导人会议宣言》，以及加强灾害管理合作、核安全合作、可再生能源和能效合作等成果文件
第五次 2012年5月13—14日 中国北京	发布了《提升全方位合作伙伴关系宣言》，以及关于加强农业合作、荒漠化防治合作的联合声明。三国还正式签署了《中日韩关于促进、便利和保护投资的协定》

资料来源：根据中国外交部网站相关文件整理，www. mfa. gov. cn。

综上所述，中日韩三国作为一衣带水的邻国，不仅长期保持着密切的经贸往来，在政治、外交、社会、文化等广泛领域也开展了形式多样的合作，从而为中日韩FTA的建立奠定了基础。

二、中日韩为建立FTA所做的努力与进展

虽然中日韩FTA的建立在客观上已经具备了一系列必要条件，但远远没有达到水到渠成的程度，各种复杂的内部和外部因素拖慢了其前进的步伐。事实上，在中日韩FTA正式提上议事日程之前，三国之间已经分别就建立双边FTA问题进行了各种努力和尝试，迄今为止均未达成协定，这也从一个侧面说明建立

中日韩 FTA 对三国而言都将是一个重大的战略决策，其实现过程也将是复杂而艰巨的，绝不会一蹴而就。

1. 中日韩为建立双边 FTA 所作的努力

（1）日—韩 FTA

1998 年 10 月，韩国总统金大中访日时提出了建立日—韩双边 FTA 的建议。1999 年，日本和韩国共同发表了以“通向 21 世纪更紧密的日韩经济关系”为题的研究报告。此后，在韩日两国政府多次针对建立 FTA 问题进行磋商的同时，两国的产业界和学术界也通过举办论坛和研讨会的形式开展了自发的交流与探讨。

从 1998 年 12 月起，日韩两国有政府背景的智库进行了合作研究，并于 2000 年 5 月发表了研究报告。报告对日—韩 FTA 的经济效应进行了分析和预测，认为日—韩 FTA 将给两国带来显著的短期静态效应和长期动态效应。与此同时，日本和韩国的民间力量也在大力推动两国建立双边 FTA。例如，日本的经济团体联合会与韩国全国经济人联合会共同组建了韩日产业合作研究会，并在 2001 年 11 月发表了《面向日—韩 FTA 的共同声明》。声明指出，日韩两国作为引领亚洲经济的重要力量，应尽早缔结双边 FTA，为本地区经济的发展作出更多的贡献。此外，由两国产业界代表组成的日韩 FTA 商务论坛于 2001 年 3 月成立，并于 2002 年 1 月发表了支持日韩早日签署双边 FTA 的共同宣言。

2003 年 10 月，日本首相小泉纯一郎和韩国总统卢武铉举行会晤，决定年内启动日韩 FTA 谈判，并争取在两年内达成最终协议。同年 12 月，日—韩 FTA 第一轮谈判在韩国首都汉城正式启动，双方确定了谈判的基本原则、内容和方式。其中，谈判的基本原则是以全面经济合作为目标，在与 WTO 规则保持一致的前提下，努力实现高水平的贸易投资自由化，使两国共同获益。谈判内容涉及商品贸易的关税及非关税壁垒的消减、服务贸易自由化、投资自由化和便利化、知识产权、卫生植物检疫、技术性贸易壁垒，以及科学技术合作等广泛领域。

日—韩 FTA 谈判在开始阶段进行得比较顺利。但是，2004 年 11 月在东京举行了第六次谈判之后，由于日韩之间的领土争端使两国关系迅速冷却，从而导致谈判被迫搁置。2008 年以来，日韩两国都为恢复 FTA 谈判作出了一些努力，双方多次进行会谈和磋商，并不断提高会谈级别。但是，日—韩 FTA 何时能得以重启还是未知数。

（2）中—韩 FTA

2004 年 11 月，在智利首都圣地亚哥举行的 APEC 领导人非正式会议期间，中国国家主席胡锦涛和韩国总统卢武铉共同宣布了建立中—韩双边 FTA 的构想，并建议就 FTA 的可行性进行民间联合研究。

为落实两国领导人的指示，中国国务院发展研究中心和韩国对外经济政策研究院于 2005 年 3 月在北京签订了可行性研究备忘录，并组成联合课题组，正式展开为期两年的研究。此后，课题组针对中—韩 FTA 的经济效果、产业影响、敏感领域及突出问题进行了深入研究，并于 2006 年 11 月完成了研究工作。研究结果表明，中—韩 FTA 可以产生显著的经济效应，对两国是互利共赢的。

以民间研究的成果为基础，中韩双方于 2007 年年初启动了官产学联合可行性研究，以更加全面深入地分析中—韩 FTA 的效应。从 2007 年 3 月到 2008 年 6 月，中韩双方共进行了五轮官产学联合研究会议，具体就原产地规则、贸易救济措施、农林渔业、服务贸易、投资、竞争政策、知识产权、政府采购等议题深入交换了意见。但值得注意的是，在 2008 年 2 月举行的第四次会议上，韩国外交通商部的谈判代表曾强调："共同研究并非以启动 FTA 谈判为前提，而是计划通过商讨共同研究结果和征集舆论的过程，慎重决定是否启动中—韩 FTA。"这表明韩国在是否启动以及何时启动中—韩 FTA 谈判等问题上仍然没有明确的态度。

2010 年 5 月，正在韩国访问的温家宝总理与韩国总统李明博举行会谈。双方宣布结束中—韩 FTA 官产学联合研究，并由两国经贸部长签署了谅解备忘录。2012 年 5 月，中—韩 FTA 谈判正式启动。从前景来看，中—韩 FTA 的启动将对日本造成较大的压力，从而对中日韩 FTA 的发展起到显著的杠杆作用。

（3）中—日 FTA

对于中日缔结 FTA 问题，中国方面的态度相对更为积极。2005 年 1 月，时任中国驻日大使王毅在早稻田大学发表演讲时，就呼吁建立中—日 FTA。同年 5 月 18 日，中国国务院副总理吴仪访日时也正式提出尽快启动中—日 FTA 进程的建议。

需要指出的是，在 2002 年由日本政府审议通过的《日本 FTA 战略》中，与中国缔结 FTA 就被放到了中长期考虑的位置，甚至次于日本—印度 FTA 的位置。因此，对于中国政府的积极态度，日本政府一直表现得比较冷淡。在 2005 年 5 月吴仪副总理提出推进中—日 FTA 建议的第二天，虽然日本有关官员曾表态说与中国谈判 FTA 能够实现两国贸易和投资关系的实质性发展，必须认真对待，但此后终因一些政治原因致使两国领导人的几次会谈取消。因此，在小泉下台之前，日本政府对中日 FTA

的建议没有任何公开表态。

2006年11月，日本时任首相安倍晋三在会见《华尔街日报》的记者时说，希望将来能与中国缔结EPA，这是日本官方第一次在公开场合对中日之间建立自由贸易安排作出较为积极的表态。但时至今日，由于一些复杂的政治经济原因，中—日FTA始终没有取得实质性的进展。

2. 中日韩FTA的提出与进展

中日韩FTA的设想由来已久。早在20世纪90年代中期，日本和韩国的一些学者相继提出创建中日韩共同体的主张。日本学者认为，推进中日韩三国为核心的亚太合作是日本今后的优先选择。韩国学者认为，东北亚地区合作应由经济具有互补关系并具备文化同质性的中日韩为轴。近年来，中国学者也开始深入探讨推进中日韩经济一体化的现实性和重要性。

1999年11月末，韩国总统金大中在菲律宾首都马尼拉举行的“10+3”领导人会议期间，向中国总理和日本首相提出了建立“东北亚经济合作体”的设想，从而使中日韩三国的经济一体化进程正式提上议事日程。2000年11月，中日韩三国首脑借在新加坡参加“10+3”领导人会议之机再次举行会晤，金大中总统建议将正在研究中的日—韩FTA扩展到中日韩三国。但是，由于中国当时正在为加入WTO进行最后冲刺，日本也从本国的实际利益出发而有所保留，因此两国都没有对该提议作出积极的响应。最终，三国仅就在贸易和投资领域进一步加强合作达成了一致意见。

进入21世纪以来，东亚地区日益密切的政治经济联系以及全球范围内区域经济合作浪潮的兴起促使中日韩经济一体化的呼声不断提高。2002年11月4日，在柬埔寨首都金边举行的中日韩领导人会晤中，中国总理朱镕基向日韩两国提出了建立中日韩 FTA 的构想，并建议先行开展民间联合研究，得到了日韩两国领导人的积极回应和支持。此后，中日韩三国的研究机构对建立中日韩 FTA 的可行性进行了大量的分析和研究。

2003 年 10 月，在印度尼西亚巴厘岛举行的中日韩领导人会晤期间，中国总理温家宝与日本首相小泉纯一郎、韩国总统卢武铉共同签署了《中日韩推进三方合作联合宣言》。该宣言强调中日韩合作是东亚合作的重要组成部分，三国政府是促进合作的主导力量，同时也鼓励工商界、学术界和民间团体的共同参与，从而为三国之间进一步加强经济一体化合作指明了方向。该宣言还对三国学术机构对中日韩 FTA 的经济影响所取得的研究成果给予了充分肯定，但并没有就何时启动官方研究和正式会谈作出明确安排。因此，在此后的几年中，中日韩 FTA 仍然仅限于民间研究，没有取得突破性的进展。

2007 年 1 月，中国、日本和韩国决定启动三国投资协定的正式谈判，以进一步促进三国之间的相互投资和经贸关系，并于同年 3 月举行了首轮谈判。在未来的 FTA 框架下，投资将是一个非常重要的领域，尤其受到日韩两国的高度关注。因此，三国投资协定谈判的启动为沉寂了几年的中日韩 FTA 进程注入了新的活力。

2008 年 12 月 13 日，在日本福冈举行的首次中日韩领导人峰会上，三国领导人共同签署了《中日韩合作行动计划》，明确了三国进一步开展合作的领域和优先措施。2009 年 10 月 10 日，在北京举行的第二次中日韩领导人峰会上，时任日本首相鸠山由纪夫在发言中再次提出了建立东亚共同体问题，并强调建立东亚共同体的关键是中日韩之间应首先加强经济一体化合作。三国领导人一致同意尽快启动中日韩 FTA 官产学联合研究，并就成立中日韩 FTA 联合可行性研究委员会作出了指示。2009 年 10 月 25 日，第六次中日韩经贸部长会议在泰国华欣举行，并在会后发表了《第六次中日韩经贸部长会议联合声明》，决定尽快落实三国领导人的指示，在 2010 年上半年启动中日韩 FTA 官产学联合研究。

2010 年 5 月 6—7 日，中日韩 FTA 官产学联合研究第一次会议在韩国首尔举行。三国代表团通过了联合研究职责范围文件，决定每三个月举行一次会议，由三国轮流主办，并努力在 2012 年三国领导人峰会之前结束全部研究工作，为进一步深化三国经济利益，实现未来本地区经济一体化的目标作出贡献。① 至此，中日韩 FTA 可行性研究从民间研究形式正式升级为政府参与和主导形式，进展速度显著加快，自由贸易区的构想也开始由概念逐步走向现实。2010 年 9 月和 12 月，中日韩 FTA 官产学联合研究第二次和第三次会议分别在日本东京和中国威海市举行，三国分别就关税、非关税措施、原产地规则、贸易救济、卫生与植物卫生措施、技术性贸易壁垒等涉及货物贸易的问题，以及服务贸易、投资和经济合作领域的有关议题充分交换了意见。

2011 年 3 月 11 日，日本发生了严重的地震和海啸灾害，但中日韩 FTA 官产学联合研究并没有因此而停滞。2011 年 4 月，中日韩 FTA 官产学联合研究第四次会议如期在韩国济州岛举行。三国代表团开始针对研究报告各章节的案文进行实质性的磋商。

---

① 中国商务部：《中日韩关于启动中日韩自贸区官产学联合研究的联合声明》，中国自由贸易区服务网，www. fta. mofcom. gov. cn。

2011 年 5 月 22 日，第四次中日韩领导人峰会在东京召开，三国宣布将加快中日韩 FTA 官产学联合研究的进度，定于年内完成全部可行性研究工作，并力争在 2012 年正式启动 FTA 谈判。① 此后，中日韩 FTA 官产学联合研究第五次、第六次会议分别于 2011 年 6 月和 9 月在日本北九州市和中国长春市举行，三国代表团就研究报告中的货物贸易、服务贸易、投资和经济合作等各主要章节的案文基本达成了一致意见。

2011 年 12 月，中日韩 FTA 官产学联合研究第七次会议在韩国江原道平昌郡举行。三国代表团对联合研究报告的具体细节进行了讨论和最后修订，并最终通过了联合研究报告。会后，三方签署联合声明，宣布从 2010 年 5 月开始的中日韩 FTA 官产学联合研究正式结束，最终的研究报告将经过三国经济通商部长会议讨论后，于 2012 年 5 月提交在中国北京举行的三国领导人会议。此外，联合声明还为未来的中日韩 FTA 谈判提出了四点具体建议：第一，应努力建设成为涵盖广泛领域的高水平 FTA；第二，应与 WTO 相关规则保持一致；第三，应本着互惠、均衡的原则，追求三方共赢；第四，应考虑各国的敏感产业和领域，并采取建设性和积极的方式进行谈判。

2012 年 5 月 13 日，第五次中日韩领导人会议在北京举行。在会议发表的联合宣言中，三国领导人对中日韩 FTA 官产学联合研究的结论和建议表示欢迎，并支持三国经贸部长提出的年内启动中日韩 FTA 谈判的建议。为此，三国立即开始准备工作，包括启动国内程序和工作层磋商。

---

① 中国外交部：《温家宝在第三届中日韩工商峰会午餐会上的讲话》，www. mfa. gov. cn。

综上所述，在中日韩 FTA 的设想提出之后，经历了理论研讨、民间研究和官方主导的复杂推进过程。官产学联合研究的结束标志着中日韩 FTA 漫长的酝酿阶段正式告一段落，三国即将展开实质性的谈判，东亚区域经济一体化进程也将迎来崭新格局。

第二章　中日韩 FTA 的货物贸易自由化

货物贸易自由化是区域贸易自由化的基石，货物贸易自由化收益是推动区域内贸易自由化前进的基本动力。对于中日韩 FTA 谈判，货物贸易自由化协议是自贸区协议的重要组成部分，它直接决定中日韩 FTA 的福利大小和协议的自由化水平。本章将在阐述自由贸易区货物贸易自由化经济效应的基础上，对中日韩 FTA 货物贸易自由化的整体效应和重点部门效应进行分析，并对中日韩 FTA 的发展前景进行判断。

第一节　中日韩 FTA 货物贸易自由化的理论基础

FTA 货物贸易自由化的研究基础主要是区域经济一体化的贸易效应，它源自 Viner（1950）的关税同盟理论，是以 H-O-S 理论为基础，研究 FTA 的建立对伙伴方的对外贸易流量、方向及贸易条件等产生的影响。20 世纪 50 年代以来，国际经济一体化运动经历了区域主义和新区域主义两个发展阶段。在这两个阶段，全球范围内的国际经济一体化格局不同，一体化协议的内容不同，经济体参与国际经济一体化的收益目标也不相同，因此贸易效应的重点也不相同。具体而言，传统区域主义环境下的贸易效应更多关注贸易流效应和贸易条件效应；而在新区域主义条件下，国际经济一体化的贸易效应还包括轮轴—辐条效应和公共产品效应等。

一、FTA 的贸易流效应

20 世纪 80 年代中期以前，经济体参与区域经济一体化时受传统区域主义的影响，主要意图是获得区域内自由贸易所带来的贸易收益。因此，对贸易收益的研究主要体现在成员国参加区域经济一体化组织后贸易流的改变，即贸易流量和方向的改变，这源自于 Viner 开创性的研究。Viner 在《关税同盟问题》中首先考察了关税同盟对成员方贸易流的影响，认为关税同盟的福利效应是贸易创造和贸易转移共同作用的结果。这一理论作为研究区域经济一体化福利效应的核心内容，拉开了区域经济一体化理论发展的序幕。

Viner 的关税同盟理论提出后，区域经济一体化理论才开始成为国际经济学理论体系中一个独立分支。有关国际经济一体化对贸易流影响的研究成果开始大量出现，国际经济领域对区域经济一体化贸易效应的研究已经形成了比较成熟与完善的模式。根据其研究成果，学者们主要将成员方加入 FTA 后的贸易流效应概括为贸易创造效应、贸易转移效应、贸易偏转效应。

除了对关税同盟的经济效应进行分析外，很多学者还把对经济一体化的分析扩展到自由贸易区。自由贸易区理论是在关税同盟理论的框架基础上，结合自由贸易区不同于关税同盟的基本特征发展而来的。自由贸易区与关税同盟相比，具有两个显著的特征：一是对来自区外的进口产品，区内成员国保留其各自原有的独立征收关税和决定关税率的权力；二是需要采用原产地规则来防止出现贸易偏转（Trade Deflection）现象的产生，即防止有国家利用成员国之间的关税差异，从关税最低的国家进口商品以便在其他成员国销售来获利，使自由贸易的优惠仅限于在区内或主要在区内生产的产品。FTA 的贸易创造效应和贸易转移效应如图 2-1 所示。

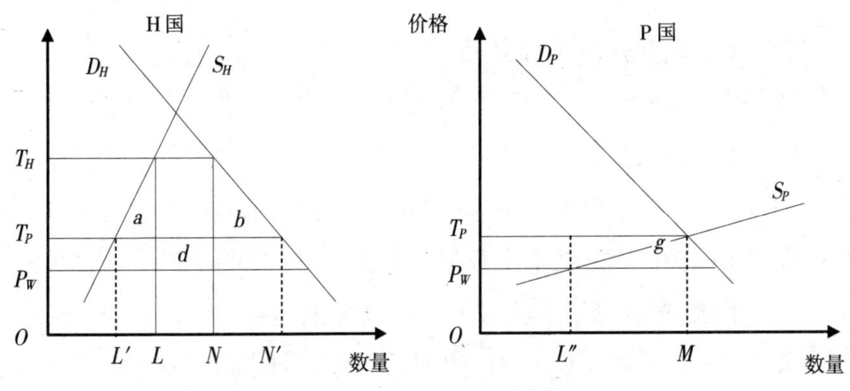

图 2-1　FTA 的贸易流效应

资料来源：彼得·罗布森：《国际一体化经济学》，戴炳然译，上海译文出版社 2001 年版。

图 2-1 描绘了一种给定产品在 H 国与 P 国的供给曲线（S_H、S_P）和需求曲线（D_H、D_P）。且 H 国相对于 P 国效率较低，经济一体化以前 P 国关税相对较低为 P_wT_P，H 国的关税是 P_wT_H，其中 P_w是世界市场的供给价格。当 H 国与 P 国组成自由贸易区以后，两国之间免除关税，但他们对世界其他国家关税维持各自的水平。此时，H 国国内的价格为 T_P，就如同图 2-1 所描述的那样，a 为生产效应，b 为消费效应，d 为贸易转移效应。在 T_P 价格下，H 国需求大于供给，差额为 $L'N'$。这一差额需要由自由贸易区的成员国 P 国来弥补。P 国在 T_p价格水平下供给和需求平衡，其供给量为 OM，并且会把 OM 中相当于 $L'N'$（假定$L'N'=L''M$）的部分出口给 H 国，而自己再以 P_w的价格从世界市场进口相当于 $L'N'$或者 $L''M$ 的数量来满足国内的需求。这就是自由

贸易区产生的间接贸易偏转效应。自由贸易区的“原产地规则”不能限制P国向H国出口由P国生产的产品和P国从世界市场进口的产品。这一贸易偏转效应给P国带来的收益由矩形g的面积表示。

二、FTA的贸易条件效应

贸易条件是指一国的出口商品价格指数与进口商品价格指数之比值。该比值越大，表明贸易条件改善，反之表明贸易条件恶化。FTA的成立会影响各成员国以及一体化组织的整体贸易条件，而贸易条件的变化基本反映着经济一体化静态福利分配格局的变化，因此贸易条件效应是FTA贸易效应研究的基本内容。

如图2-2所示，O_H、O_P和O_W分别为H国、P国和W国的提供曲线。假设H国是商品Y最有效率的生产国。自由贸易情况下，贸易条件由OT_0表示，H国出口q_6h_1的Y商品，与W国换取Oq_6的X商品，P国出口q_1p_1的Y商品，与W国换取Oq_1的X商品，H国和P国出口Y商品的总量正好等于Ox_3。当H国征收从价关税之后，它的提供曲线变为O_H'，贸易条件也随之变为OT_1。在新的贸易条件下，H国的进口缩减为Oq_4，出口也随之降至q_4h_2。尽管此时P国的出口额和进口额有所增加，但是W国出口X商品的数量和进口Y商品的数量均出现减少。H国征收关税后，其贸易均衡点由h_1移动到h_2，虽然进出口额减少，但是它的福利水平得到提高（h_2处的福利水平高于h_1处的福利水平）。这主要是因为H国是商品Y最有生产效率的国家（大国），它出口商品Y的数量和进口X商品的数量下降，使得商品Y与商品X的价格比变大，其贸易条件得到改善，从而通过贸易条件的改善提高福利水平。同时，P国的贸易均衡点由p_1移动

到 p_2，P 国的福利水平随着贸易条件的改善和进出口额的增加而得到提高（p_2处的福利水平高于 p_1处的福利水平）。如要进一步通过改善贸易条件提高福利水平，H 国可以和 P 国建立一个区域性贸易组织，那么两国的贸易条件将得到进一步改善。H 国和 P 国建立一体化组织后，贸易条件变为 OT_t。H 国的贸易均衡点由 h_2移动到 h_3，其福利水平得到进一步提高（h_3处的福利水平高于 h_2处的福利水平）。但是，P 国的贸易均衡点由 p_2移动到 p_3后福利水平出现了下降。

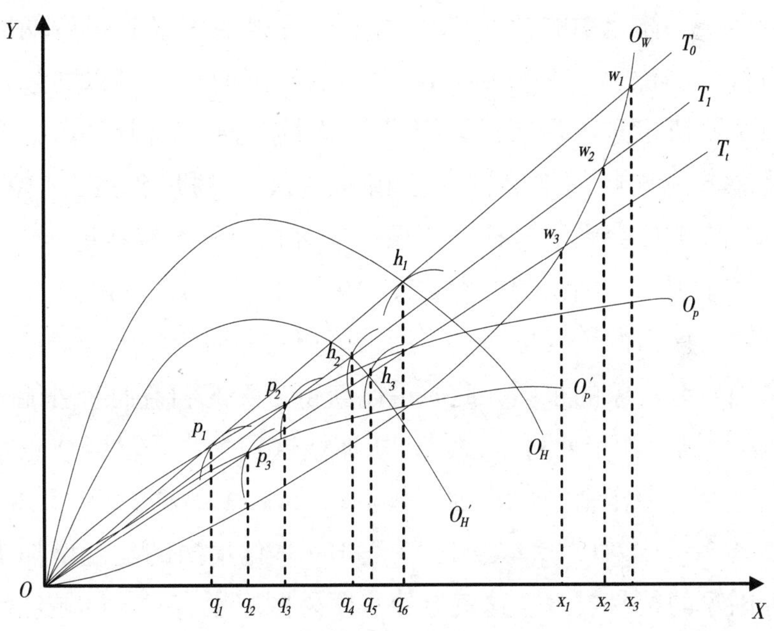

图 2-2　自由贸易区的贸易条件效应

资料来源：Ali M. El-Agraa：*Regional Integration*：*Experience*，*Theory and Measurement*，Div of Rowman & Littlefield Pubs.，Inc.，1999，p. 126。

三、FTA 的轮轴—辐条效应

进入 21 世纪以来，国际经济一体化快速发展，小国对大国的单方面让步以及大国不遗余力地推动国际经济一体化发展，使得很多国家相互签署了自由贸易协定。由于不同自由贸易区的成员方相互交叉与重叠，在全球范围内形成了自由贸易区的网络结构。对于这种现象的解释以“轮轴—辐条”理论影响最大。

Ashizawa 和 Kuniko（2003）指出，当一国与多个国家分别缔结区域贸易协定时，该国就像一个“轮轴”，而与其缔结协定的各国就像“辐条”，因为它们之间没有相互的区域贸易协定。区域经济一体化中的“轮轴”国至少可以在贸易和投资两方面获得特殊的优惠。在贸易方面“轮轴”国的产品可以通过双边自由贸易协定进入所有“辐条”国市场，而“辐条”国的产品因受原产地规则的限制则无法相互进入；在投资方面“轮轴”国的特殊地位会吸引包括“辐条”国在内的外部资本进入。

在小国与大国谈判的现实过程中，由于大国之间的竞争，小国有时会成为两个或更多大国缔结区域贸易协定的争夺对象。作为大国争夺对象的小国，此时可以获得特殊的利益而有可能成为“轮轴”国，如墨西哥、智利和新加坡这三个小国已经或正在成为区域经济合作中的“轮轴”国。Baldwin（1993，1997，2004）提出“多米诺效应”，认为区域经济一体化集团的建立增加了集团外国家的贸易成本。这就导致集团外国家也有参与区域经济一体化的动力，或者组建新的一体化组织，最典型的表现就是欧盟的扩大及其他一体化组织的建立，这就产生了第二轮效应。由此推动更多的集团外国家参加区域贸易安排，最终形成了“多米诺效应”。Baldwin 认为新一轮的区域经济一体化的推动力量在于“多米诺效应”和“轮轴—辐条”效应的联合作用。

Baldwin（2004）在古典的非完全竞争与规模收益不变假设前提下，对“轮轴—辐条”效应以及“多米诺效应”中的不同国家的福利效应进行了分析。设有三个国家，轮轴国 H、辐条国 S_1 首先签署自由贸易协定，然后辐条国 S_2 也与 H 国签署自由贸易协定。对于轮轴国而言，它可以享受自由贸易，对于辐条国而言，进出口签署的是单边的优惠贸易协定。现在考察三个国家在此过程中的贸易及福利变化情况，如图 2-3。

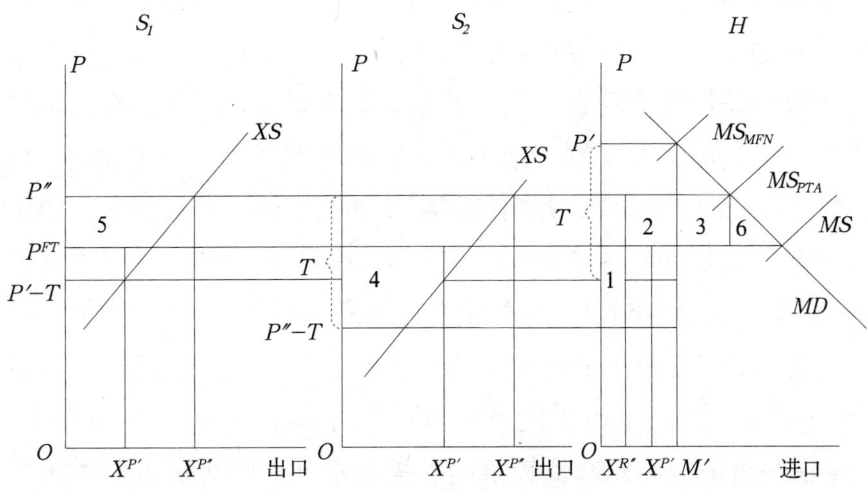

图 2-3 FTA 的轮轴—辐条效应

资料来源：Richard E. Baldwin：“*The Spoke Trap：Hub and Spoke Bilateralism in East Asia*”，*CNAEC Research Series*，2004。

图 2-3 中，*XS* 为辐条国的出口供给曲线，*MD* 为轮轴国的进口需求曲线，*MS* 为轮轴国在自由贸易条件下的进口供给曲线，MS_{PTA} 和 MS_{MFN} 分别为轮轴国在区域贸易协定和多边贸易体系下的进口供给曲线，与进口需求曲线的交点分别为自由贸易条件下的边境价格、区域贸易协定以及多边贸易体系下的边境价格。

在原来的轮轴—辐条体系中增加了新的辐条国 S_2 后，辐条国 S_1 对于轮轴国 H 的出口数量与价格都下降了，出口价格由 P'' 下降到 P^{FT}，出口数量由 $X^{P''}$ 减少到 $X^{P'}$，相应的福利减少为梯形面积 5。辐条国 S_2 的出口价格和出口量增加，福利水平的增加为梯形面积 4。

对于辐条国而言：与轮轴国签订双边贸易协定可以提高辐条国企业对轮轴国的出口量，但其增加幅度小于轮轴国企业在辐条国企业出口的增加量。随着辐条国数量的增加，每个辐条国企业对轮轴国企业的出口量下降，辐条国企业在所有市场的总产量水平下降。轮轴国企业在辐条国的出口量大于辐条国企业在轮轴国的出口量，因为每个辐条国市场只向轮轴国开放，而轮轴国市场却向多个辐条国开放，各辐条国在轮轴国市场上形成竞争。辐条国数量的增加使每个辐条国企业对轮轴国的出口减少，当更多的国家加入时，会出现轮轴国对所有国家的优惠等于无优惠的结果，这也说明先进入的辐条国获得的出口增量大于后进入者，更多国家急于加入该体系使已进入的辐条国日益处于不利地位。“轮轴—辐条”体系降低辐条国的福利水平。因为随着辐条国数量的增加，在轮轴国取得的利润下降，每个辐条国的生产者剩余降低，福利水平因而下降。另外，每个辐条国对其他辐条国的出口小于对外部国家的出口，更多的外部国家成为新的辐条国也降低了原有辐条国在这些市场的利润。辐条国的消费者剩余和关税收入不随辐条国数量增加而改变。随辐条国数量增加，每个辐条国的总体福利水平下降。

对于轮轴国来说，在进口方面由于世界其他国家的贸易价格下降，导致福利损失为矩形面积 1，由于对伙伴国的进口价格上升而获得福利增加为矩形面积 2 与 3，由于贸易量扩大而获得的福利增加为三角形面积 6。辐条国数量的增加可以增加轮轴国的消费者剩余，主要原因是随 H 国市场开放程度增强，其市场的总产量增加，价格水平降低。H 国生产者剩余包括 H 国企业在所有市场的利润总和；辐条国数量的增加虽然降低了轮轴国在本国市场的利润，但由于辐条国市场扩张，提高了轮轴国的生产者剩余；辐条国数量的增加意味着轮轴国取消关税的范围增加，关税收入减少。如果不考虑签订及管理区域贸易协定的成本，轮轴国有无限扩张辐条国数量的动力。

从政治经济学的角度出发，增加新的辐条国导致原有辐条国的福利水平恶化。所以，已经与轮轴国建立自由贸易关系的辐条国不希望轮轴国再与其他国家签署新的自由贸易协定，这就产生了所谓的“辐条国妒忌”现象。由此可见，“轮轴—辐条”体系外的国家在轮轴国市场上处于不利的地位，因此外部国家急于加入该体系充当新的辐条，这就使“轮轴—辐条”体系具有内在的自我扩张动力。随着新的辐条国加入，利益发生转移。伴随着辐条国数量的不断增加，“轮轴—辐条”体系的利益分配不均衡性加剧。

以上分析表明，“轮轴—辐条”模式的利益分配有明显的不均衡性，轮轴国处于优势地位，新加入的辐条国通过向轮轴国开放本国市场来获取越来越低的轮轴国的市场准入门槛。轮轴国无限扩张的动力与外部国家加入该体系的动力，促使这种不均衡性加剧，新加入的辐条国损害了原辐条国的利益。

四、公共产品效应

Cooper 和 Massell（1965）首先提出公共产品的集体性消费带来的福利，利用一种公共产品对关税同盟理论进行了扩充。他们认为，政府可能出于非经济因素考虑而保护国内市场，这种保护会付出代价。

在20世纪80年代末期兴起的新区域主义浪潮中，获得FTA提供的区域性公共产品是很多经济体参与区域经济一体化组织的重要原因。这种公共物品可能是区域性的公共物品，即对区域内的成员的消费没有排他性，但是对区域外的成员的消费则具备排他性；也有可能是全球性的公共物品，即对区域内和区域外的成员的消费均不排斥。在封闭式的区域主义中产生的公共物品较多地属于前者，例如欧盟的共同农业政策；而在开放式的区域主义中产生的公共物品较多地属于后者，例如APEC中的贸易和投资自由化。

假定国家通过征收关税来保护国内市场，私人消费因商品价格高于世界价格而受损，但是由于国内工业生产活动的扩大，将给国家整体带来可能超过消费者损失的正效应。如果政府的决策是理性的，那么政府确定的关税保护将保持在生产扩大带来的集体效应等于因保护而带来的消费者损失的水平。如果一国是工业品净出口国，必然会试图通过提高出口补贴和高额进口关税来促进出口和限制进口，但是在GATT禁止出口补贴的情况下，工业品出口国难以满足扩大国内工业生产的集体偏好。假设工业生产是由不同的产品组成的，其中不同的国家具有不同的比较优势，而且不同的国家在工业生产中也具有不同的总体比较优势，在没有最优关税和不允许有出口补贴的条件下，通过建立FTA可以有效地达到“奖出限入”的政策目标。出于政治或其他的理由，政府无法对公共产品使用直接生产补贴时，建立自贸区后产生的歧视性的互惠关税削减对每一个伙伴国所造成的损失较小，国内工业生产的削减会使伙伴国单位工业生产的增长高于非歧视性互惠关税削减引起的伙伴国单位工业生产的增长。贸易转移将使伙伴国都扩大向外国市场的出口，而不降低各自的生产水平。所以，贸易转移虽然使削减关税的国家付出一定的成本，但这种代价可能要小于因生产扩大带来的集体效应的提高。总之，贸易创造和贸易转移都会由于规模经济而可能给伙伴国带来福利提高；歧视性关税削减可能优于非歧视性关税，即使关税削减产生了贸易转移，获利的仍然是伙伴国。

所以，由于公共产品的存在，建立 FTA 可能比个别最优的非歧视性关税保护措施更能有效地满足对公共产品的偏好。此时，FTA 产生的福利不仅仅局限于一般贸易品的贸易创造与贸易转移的大小，还来源于一体化组织订立公共产品的理想条款，来满足成员方对公共产品的共同偏好。

第二节　FTA 框架下的货物贸易自由化：中日韩比较分析

进入 21 世纪以后，区域经济一体化趋势不断加强。中日韩是东亚地区的主要经济体，三国虽然参与区域经济一体化起步较晚，但都高度重视区域经济一体化建设。目前，中日韩三国积极推动自由贸易区的谈判，并取得进展。由于区域经济一体化协定是以货物贸易自由化为基础，再向服务贸易等领域拓展，因此，本章首先对中日韩三国货物贸易自由化的进展进行分析。

一、中日韩货物贸易发展现状比较

20 世纪 90 年代以来，中日韩三国之间的商品贸易快速大幅增长。目前，三国彼此都成为最重要的贸易伙伴。到 2011 年，中国已经是日本和韩国最大的贸易伙伴；日本是中国的第三大贸易伙伴，韩国的第二大贸易伙伴；韩国是中国的第四大贸易伙伴，日本的第三大贸易伙伴。

如表 2-1 所示，自 2006 年以来，中国对日本和韩国的贸易量增长迅速。到 2011 年，中日贸易量相对于 2006 年增长超过 50%，中韩贸易量相对于 2006 年增幅接近 100%。同期，日韩贸易量虽然有所起伏，但是总体上也保持着增长势头。

表 2-1　中日韩货物进出口贸易状况　（单位：亿美元）

年份	2006	2007	2008	2009	2010	2011
中日	2100.8	2371.2	2686.3	2320.9	3030.6	3461.1
中韩	1180.2	1450.2	1683.2	1409.5	2071.7	2206.3
日韩	784.6	826.2	892.1	712.0	908.7	1059.7

资料来源：根据中国商务部统计数据整理，www. mofcom. gov. cn/article/tongjiziliao。

（1）中韩货物贸易

1978 年中国改革开放之后中韩双方之间贸易恢复，1992 年中韩建交以来，两国贸易呈现持续增长的势头。韩国对中国存在大幅度的贸易收支顺差，除了 1992 年之外所有年份韩国对中国贸易一直处于顺差状态。中韩两国贸易存在很大的互补性，韩国对中国主要出口零部件等高端产品，而进口低端劳动力密集型制成品。据中华人民共和国商务部统计，1992 年中韩货物贸易额为 63.7 亿美元，2011 年两国货物贸易额为 2206.3 亿美元，与建交时相比，中韩货物贸易规模增加了 30 多倍，平均每年增长了大约 22%。在整个韩国对外出口中，对中国出口的比重从 1992 年的 3.5%增加到 2011 年的 24%。2003 年中韩两国进出口贸易规模首次超过韩美贸易规模，中国成为韩国最大的贸易对象国；

2007 年中国超越日本而成为韩国的第一进口对象国。2011 年中国为韩国第一大贸易伙伴、第一大出口目的地和最大的进口来源地。

机电产品、光学医疗设备和化工产品是韩国对中国出口的主要产品，2011 年出口额分别为 500.6 亿美元、229.9 亿美元和 164.6 亿美元，增长 5.7%、8.3%和 35.3%，合计占韩国对中国出口总额的 66.7%。韩国自中国进口排名前三位商品为机电产品、贱金属及制品和化工产品，2011 年进口额为 356.5 亿美元、150.7 亿美元和 68.5 亿美元，增长 17%、32.2%和 34.7%，占韩国自中国进口总额的 41.3%、17.4%和 7.9%。

（2）中日货物贸易

如表 2-1 所示，2011 年日本与中国的双边贸易额为 3461.1 亿美元，较上年增长 14.2%。其中，日本对中国出口 1620.4 亿美元，增长 8.3%；自中国进口 1840.6 亿美元，增长 20%。日本与中国的贸易逆差 220.2 亿美元。中国为日本的第一大贸易伙伴、最大出口和进口国。

2011 年日本对中国出口的主要产品是机电产品、贱金属及制品和运输设备，出口额分别为 724.6 亿美元、181 亿美元和 159.3 亿美元，增长 10.3%、5.3%和 3.6%，占日本对中国出口总额的 44.7%、11.2%和 9.8%。在所有出口商品中，家具、玩具的增幅最大，为 25.8%。日本自中国进口的主要商品为机电产品、纺织品及原料和化工产品，2011 年进口额分别为 747.5 亿美元、306.5 亿美元和 119.6 亿美元，增长 15.2%、20.4%和 54%，占日本自中国进口总额的 40.6%、16.7%和 6.5%。在日本市场上，中国的劳动密集型产品依然占有较大优势，如纺织品及原料、鞋靴伞和箱包等轻工产品，这些产品在日本进口市场的占有率均在50%以上。①

（3）韩日货物贸易

据联合国贸易统计数据，2009年、2010年、2011年韩国和日本的双边贸易额分别为712亿美元、908.7亿美元、1059.7亿美元。其中，2011年日本对韩国出口661.6亿美元，自韩国进口397.9亿美元，日本对韩国的贸易顺差为263.6亿美元。2011年韩国为日本第三大贸易伙伴、第三大出口目的地和第六大进口来源地。

2011年日本对韩国出口的主要产品为机械、钢铁、电子产品、塑料制品，出口额分别为129.9亿美元、97.7亿美元、78.2亿美元、53.1亿美元。2011年日本从韩国进口的主要商品为矿物燃料、电子产品、钢铁、机械，进口额分别为87.1亿美元、80.1亿美元、40.9亿美元、37.3亿美元。相较而言，日韩两国贸易中产业内贸易比重较大，比如两国在电子、机械、钢铁领域互为主要进出口贸易伙伴。

二、中日韩参与FTA货物贸易自由化比较

对于中日韩参与FTA的货物贸易自由化的水平而言，由于三国各自缔结了诸多区域自由贸易协定且伙伴方差异很大，这就给比较三国的FTA协议贸易自由化程度带来不便。不过由于中日韩三国都与东盟签订了自由贸易协定，我们将通过对比三国与东盟签订的自由贸易协定中的有关内容，对中日韩三国贸易自由化水平进行比较与分析。其中，货物贸易自由化协议将所有商品分为

① 数据来源：中华人民共和国商务部网站，http：//countryreport. mofcom. gov. cn/record/view110209. asp? news_ id=22845。

正常类和敏感类两类，分别对这两类商品进行不同的削减或取消关税。FTA 货物贸易协议的附件会提供正常类和敏感类商品目录表，本部分将从这两个方面对比三国货物贸易自由化的水平。

1. 正常类商品

(1) 中国的正常类商品规定

中国与东盟签订的《中国—东盟全面经济合作框架协议货物贸易协议》包括 23 个条款和 3 个附件。其中规定，中国和东盟六国（即文莱、印度尼西亚、马来西亚、菲律宾、新加坡和泰国）从 2005 年起按照时间表，于 2010 年 1 月 1 日逐步将正常类税目中的关税取消（不得超过 150 个六位税目享有不迟于 2010 年 1 月 1 日取消关税的灵活性）。这使得东盟六国对中国的平均关税从 12.8%降至 0.6%，中国对东盟的平均关税从 9.8%降至 0.1%。考虑到东盟新成员国的特殊情况，将柬埔寨、缅甸、老挝、越南（越南的时间表与三国有所不同）的正常类税目的关税取消时间延至 2015 年。中国—东盟列入正常类科目的关税削减时间表见表 2-2。

表 2-2　中国—东盟列入正常类税目的关税削减时间表

运用最惠国待遇的现有税率	自贸区优惠税率上限（不迟于 2010 年 1 月 1 日）			
	2005 年	2007 年	2009 年	2010 年
大于等于 20%	20%	12%	5%	0
15%—20%	15%	8%	5%	0
10%—15%	10%	8%	5%	0
5%—10%	5%	5%	0	0
小于等于 5%	不变		0	0

资料来源：根据东盟秘书处提供的《中国—东盟全面经济合作框架协议货物贸易协议》内容整理。

（2）韩国的正常类商品规定

韩国与东盟货物贸易协议的结构与中国—东盟自由贸易区（China-ASEAN Free Trade Area，CAFTA）的货物贸易协议比较相似。《东盟—韩国货物贸易协议》包括21个条款及2个附件。文件的绝大部分内容都是类似的，协议的核心内容在于第3条的“关税削减和取消”，是相互间开放市场的体现。《东盟—韩国货物贸易协议》虽然签署的较晚，但从韩国和东盟六国在正常类税目中的关税减让时间表（见表2-3）可以看出，韩国希望最终能和中国同时实现自由贸易区。而越南的正常类税目的关税将于2016年之前取消，其余三国将在2018年取消。

表2-3　韩国—东盟列入正常类税目的关税削减时间表

运用最惠国待遇的现有税率	自贸区优惠税率上限（不迟于2010年1月1日）				
	2006年	2007年	2008年	2009年	2010年
大于等于20%	20%	13%	10%	5%	0
15%—20%	15%	10%	8%	5%	0
10%—15%	10%	8%	5%	3%	0
5%—10%	5%	5%	3%	0	0
小于等于5%	不变			0	0

资料来源：根据东盟秘书处提供的《东盟—韩国货物贸易协议》内容整理。

（3）日本的正常类商品规定

日本同东盟的正常类商品规定包含在《日本—东盟全面经济伙伴关系协定》中，并采取了首先决定各国的撤销关税框架，各国据此提出自由化提案的方式。日本及东盟六国将本国进口的所有商品按照税目分为：A组、B组、C组、R组、X组5组，并分别制定减让程序。可以总结为：A组在协议生效后立即取消关税，B组在协议生效后用5至15年时间平均削减关税至0，C

组分别制定新的税率，R 组在若干年后将税率降至某一水平，X 组不用减让。因此，日本在从东盟各国的进口（以金额计算）中，90%（A 组）在协议生效时即刻取消关税，93%（A 组及 B 组）要在协议公布后 10 年内撤销关税。东盟六国在从日本的进口中无论是金额还是品种（六位税目），90%（A 组及 B 组）要在协议公布后 10 年以内撤销关税。越南 90%的品种在 15 年以内，其余三国 85%的品种在 18 年以内撤销关税。

2. 敏感类商品

（1）中国的敏感类商品规定

《中国—东盟全面经济合作框架协议货物贸易协议》中规定，东盟六国与中国可以有 400 个六位税目，但必须占进口总额的 10%以内（2001 年统计数据），越南、柬埔寨、老挝和缅甸拥有 500 个税目。其中有 40%或 100 个税目（新 4 国是 150 个）可被列为高度敏感税目。敏感清单税目在不迟于 2012 年（新 4 国为 2015 年）1 月 1 日前削减至 20%，不迟于 2018 年（新 4 国为 2020 年）1 月 1 日进一步削减至 0—5%。高度敏感清单税目应于 2015 年减到 50%以下。中国—东盟列入敏感类科目的数量及主要内容见表 2-4。

表 2-4　中国—东盟列入敏感类税目的数量及主要内容

国家	敏感商品	高度敏感商品
中国	178 项，包括胶片、木材、纸张、车辆	101 项，包括木材、纸张、车辆
文莱	70 项，包括机电产品、电器、车辆	46 项，全是车辆
新加坡	1 项，一种啤酒	啤酒
菲律宾	270 项，包括肉类、化工产品、服装、纺织品、鞋类、车辆	77 项，包括肉类、化工产品

续表

国家	敏感商品	高度敏感商品
印度尼西亚	304 项，包括橡胶、化工产品、服装、纺织品、钢铁制品、机电产品、车辆	47 项，主要是车辆
马来西亚	281 项，包括化工产品、橡胶制品、棉花、机电产品、钢板、车辆	95 项，包括钢板、车辆
泰国	251 项，包括鞋类、钢铁制品、机电产品、电器、香料、车辆	100 项，包括香料、车辆
柬埔寨	350 项，包括棉花、化工产品、机电产品、电器、纸制品	150 项，包括化工产品、纸制品
老挝	88 项，包括农产品、车辆、玩具、饮料	30 项，包括饮料和车辆
缅甸	271 项，包括肉类、水果、饮料、化工产品、木材、车辆	无
越南	280 项，包括棉花、机电产品、电器、车辆	无

资料来源：根据东盟秘书处提供的《中国—东盟全面经济合作框架协议货物贸易协议》内容整理。

（2）韩国的敏感类商品规定

《韩国—东盟货物贸易协议》中规定，敏感商品占所有六位税目的10%以内，但东盟六国及韩国的敏感商品最多不能超过进口总额的10%（2004年统计数据），越南最多不能超过进口总额的25%（2004年统计数据）。敏感税目中，各国有200个税目在不迟于2012年（越南为2017年，其他三国为2020年）1月1日前削减至20%，不迟于2016年（越南为2021年，其他三国为2024年）1月1日进一步削减至0—5%。高敏感清单税目虽然也进行了关税减让，但规定复杂，且留有一些例外。

（3）日本的敏感类商品规定

在《日本—东盟全面经济伙伴关系协定》中所规定的A组、B组、C组、R组、X组5组商品中，A组商品可以等同于中韩的正常类商品，B、C两组商品可以等同于一般敏感商品。因此日本和东盟在关税减让方面的程度基本与中国相当。而且，同韩国一样，日本认为大米、糖及一些奶制品等农产品由于“在政治上较为敏感”，因此作为 X 组商品，未被列入日本与东盟的贸易优惠安排，这使得东盟各国均比较失望。日本在农产品上的不让步使得 FTA 的成色大减，但也为国内的农业争取了利益。

第三节　中日韩 FTA 货物贸易自由化的效应分析

中日韩 FTA 货物贸易自由化的效应，主要受三国间的贸易量和贸易保护程度的影响。如果贸易量足够大，而且能最大限度提高贸易自由化水平，才能扩大区域贸易协议的福利水平，才能确保区域贸易协定持续发展。因此，本节以三国此前参与 FTA 的货物贸易自由化为基础，结合三国当前的贸易保护水平及贸易流量，分析三国成立 FTA 后贸易领域的效应。

一、中日韩 FTA 货物贸易自由化的整体效应分析

1. 中日韩三国的贸易保护程度

中日韩三方均为 WTO 成员方，目前三国的贸易政策均按照 WTO 的要求制定。为了在对外开放市场的同时实现对国内市场的保护，三国均实施了一定程度的关税和非关税措施。

从总体的关税水平看，2010 年中日韩三国的简单平均最惠国实施税率分别为 9.6%、4.4%和 12.1%，而 2009 年中日韩三国的加权平均最惠国实施税率分别为 4.1%、2.7%和 7.9%。2010 年，中日韩三国农产品的简单平均最惠国实施税率分别为 15.6%、17.3%和 48.5%，而 2009 年中日韩三国农产品的加权平均最惠国实施税率分别为 8.0%、15.8%和 99.8%。2010 年，

中日韩三国非农产品的简单平均最惠国实施税率分别为8.7%、2.5%和6.6%，而2009年中日韩三国非农产品的加权平均最惠国实施税率分别为3.8%、1.4%和3.5%，见表2-5。

表2-5　中日韩的最惠国实施关税税率　（单位:%）

		中国	日本	韩国
简单平均（2010）	总体	9.6	4.4	12.1
	农产品	15.6	17.3	48.5
	非农产品	8.7	2.5	6.6
加权平均（2009）	总体	4.1	2.7	7.9
	农产品	8.0	15.8	99.8
	非农产品	3.8	1.4	3.5

注：根据WTO在世界关税数据中对产品的分类，非农产品包括渔业产品、木材、金属和矿产品、工业制品。

资料来源：WTO世界关税数据，http://www.wto.org/english/tratop_e/schedules_e/goods_schedules_table_e.htm。

中日韩三国在实施最惠国关税税率之外，还均实施有暂定或临时关税。中国对特定货物在特定时期内征收临时关税。适用最惠国税率的进口货物有暂定税率的适用暂定税率；适用协定税率、特惠税率的进口货物有暂定税率的选择低的适用税率；适用普通税率的进口货物不适用暂定税率。2010年，中国对619种HS8位税号下的税目实施了较低的暂定最惠国税率。日本除WTO约束税率外，其《临时关税措施法》还制定了一套名为"临时关税税率"的国内关税体系。在EPA/FTA生效后，当相关产品的临时关税税率不高于EPA/FTA税率，或者相关产品不属于EPA/FTA关税减让范围时，该产品适用临时关税税率。2010年，日本对HS9位税号下474个税目（包括农产品和非农产品）设立了临时关税税率。韩国也有自主关税配额和调整关税表，由于这两项措施是在最惠国待遇基础上在韩国的 WTO 约束税率范围内实施，因此符合 WTO 协定。自主关税配额用以提高或降低特定产品的关税税率。2010 年，共有 231 个 HS10 位税号实施了自主关税配额，上述税号产品的税率全部降低。

除关税外，中日韩三国都实行了非关税措施。虽然非关税措施难以准确界定，但通常认为，主要的非关税措施应包括数量限制、技术壁垒（TBT）、卫生和植物检疫（SPS）、分销壁垒等。

2. 货物贸易自由化的整体效应

就中日韩三国间的贸易总量来看，2011 年中日韩三国之间的贸易量已经超过 6600 亿美元，其中中国与日韩的贸易量达到 5600 亿美元。就三国的贸易保护程度而言，2010 年加权平均最惠国实施税率中日韩三国分别为 4.1%、2.7%和 7.9%，考虑到还存在的临时关税和非关税壁垒，三国之间的关税水平在 FTA 协议框架内还有不少的下降空间。

如果中日韩三国能在货物贸易自由化方面形成高水平的协议，那么贸易壁垒的完全消除将直接给消费者带来数百亿美元的利益，而自由贸易区的贸易创造和贸易转移效应还将为三国消费者创造更多的福利效应。如果中日韩自贸易区协议中的货物贸易自由化水平不高，即使总体关税水平仅下降 2%，并在一定程度内某些敏感商品有数量限制，给消费者带来的利益也将非常可观。

二、中日韩 FTA 货物贸易自由化的重点部门分析

区域贸易自由化将产生贸易创造效应和贸易转移效应。一方面，关税减让导致交易成本降低，各国将进口更加便宜的产品，对本国和区域外不具竞争力和价格优势的产品将产生替代效应，

资源向具有比较优势的部门集中；另一方面，竞争力的提高将促进区域内相互投资，进一步吸引区域外投资，制造业整体受益显著。但在优化资源配置、促进产业结构调整的同时，中日韩不具竞争力的部门将面临产出下降、出口减少等压力。由于互免关税以及消除非关税措施通常是 FTA 的主要内容，对于一国不具有优势以及适用较高关税税率或是较多非关税措施敏感产业，在 FTA 签订之后的一定时期内会受到较大影响。

利用显性比较优势指数（RCA）可以比较中日韩三国各产业的竞争力。RCA 指数是指一国 K 商品在全部出口中的占比与全球该商品在出口总额中占比的比率。按照日本贸易振兴会（JERTO）提出的标准，当 RCA 数值大于 2.50 时该产业具有极强比较优势；当 RCA 在 0.80—1.25 之间该产业具有中等比较优势；当 RCA 在 0.8 以下则处于比较劣势。RCA 指数的具体计算公式为：

$$RCA_j^k = (X_j^k / X_j) / (X_w^k / X_w)$$

其中 X 代表出口，k 代表出口商品种类，j 代表单个国家，w 代表全球。在 *HS* 协调编码分类中，农业（含林业）包括第 1—2 章、4—15 章、17—24 章，渔业包括第 3 章、16 章，纺织业包括第 50—63 章；石化包括第 28—40 章，钢铁包括第 72—73 章，机械为第 84 章，电子产品为第 85 章，汽车为第 87 章。中日韩三国各产业的 *RCA* 指数见表 2-6。

表 2-6　中日韩主要产业的国际竞争力

	中国			日本			韩国		
	2002 年	2005 年	2011 年	2002 年	2005 年	2011 年	2002 年	2005 年	2011 年
农业	0.46	0.38	0.32	0.05	0.05	0.08	0.15	0.13	0.17

续表

	中国			日本			韩国		
	2002 年	2005 年	2011 年	2002 年	2005 年	2011 年	2002 年	2005 年	2011 年
渔业	1.42	1.44	1.59	0.19	0.26	0.46	0.66	0.47	0.74
石化	0.50	0.52	0.67	0.76	0.83	1.30	0.74	0.84	1.30
纺织	3.05	3.09	3.32	0.31	0.30	0.40	1.72	1.05	0.94
钢铁	0.85	1.03	1.17	1.33	1.31	2.13	1.35	1.40	2.20
机械	1.27	1.38	1.59	1.35	1.41	2.21	1.14	0.95	1.17
电子	1.41	1.59	1.90	1.50	1.45	1.64	1.88	1.99	2.20
汽车	0.18	0.23	0.35	2.16	2.26	3.10	1.02	1.42	2.08

资料来源：COMTRADE 联合国数据库，HS2002 版分类数据。

如表 2-6 所示，相对中国而言，日本、韩国在农业、渔业、纺织业的竞争力相对较弱。以 2011 年为例，中国、日本、韩国的农业 RCA 指数分别为 0.32、0.08、0.17，渔业 RCA 指数分别为 1.59、0.46、0.74，纺织业 RCA 指数分别为 3.32、0.4、0.94。而对于中国而言，相较日本、韩国，产业竞争力最弱的是汽车产业。2011 年中国汽车产业 RCA 指数为 0.35，而同期日本、韩国汽车产业的 RCA 指数分别为 3.10、2.08。故本部分选取三国在实施货物贸易自由化进程中，各自的敏感部门来分析。

1. 农业部门

（1）中日韩农业产量与三边贸易

中日韩三国农产品的产量巨大，如表 2-7 所示：2008 年三国的大米和猪肉产量分别占世界的 30.8%和 47.6%。在 2000 年和 2008 年之间，表中所列的中国农产品种类产量均实现了增长；日本则除小麦、大豆和大麦外，其他列示品种 2008 年的产量均低于 2000 年；韩国则除小麦、大豆、玉米和猪肉外，其他列示品种 2008 年的产量均低于 2000 年。中日韩三国在世界农业生产中占有很大比重，主要原因是中国是全球最大的农产品生产国和消费国之一，大米、小麦、棉花、猪肉、家禽等很多初级农产品的产量排名世界第一。

表 2-7　中日韩三国的农产品生产情况

产品	年份	世界	中国		日本		韩国	
		产量（千公吨）	产量（千公吨）	占比（%）	产量（千公吨）	占比（%）	产量（千公吨）	占比（%）
大米	2000	599355	189814	31.7	11863	2.0	7197	1.2
	2008	685875	193354	28.2	11029	1.6	6919	1.0
大麦	2000	133116	2646	2.0	214	0.2	227	0.2
	2008	155054	3100	2.0	217	0.1	170	0.1
小麦	2000	585691	99636	17.0	688	0.1	2	0.0
	2008	683407	112463	16.5	881	0.1	10	0.0
大豆	2000	161291	15411	9.6	235	0.1	113	0.1
	2008	230581	15545	6.7	262	0.1	133	0.1
玉米	2000	592475	106178	17.9	0.2	0.0	64	0.0
	2008	826224	166032	20.1	0.2	0.0	93	0.0
畜肉	2000	56266	4795	8.5	530	0.9	306	0.5
	2008	61670	5841	9.5	520	0.8	246	0.4
猪肉	2000	89787	40752	45.4	1256	1.4	916	1.0
	2008	103983	47190	45.4	1249	1.2	1056	1.0

资料来源：联合国粮农组织统计数据，http：//www. fao. org/economic/ess - capacity/countrystathome/en/。

从产值和在国民经济中的比重看，2009 年中国农业总产值为 5.008 万亿元人民币，比 2000 年增长了 135%，但同期农业在 GDP 总额中的比重却从 15.1%下降至 10.3%。日本的农业总产值从 1984 年顶峰时的 11.7 万亿日元下降到 2008 年的 8.5 万亿日元，下降了约 30%，同时比 2000 年的 9.1 万亿日元下降了 7%。韩国 2009 年的农业总产值为 41.4 万亿韩元，比 2000 年增长了 29%，但同期农业占 GDP 的比重从 5.3%降至 3.9%。

在农产品三边贸易方面，中国对日本和韩国均保持了贸易顺差，而韩国对日本贸易也呈顺差。根据 WTO 按照 HS2007 所定义的农产品，2009 年中国对日本和韩国的出口分别为 50.2 亿美元和 18.2 亿美元，而进口则分别为 2.5 亿美元和 1.9 亿美元；韩国对日农产品出口为 9 亿美元，进口为 3 亿美元。从种类上看，中国自日本进口的农产品主要包括水果、蔬菜、植物（48.3%），油料、油脂（32.2%），糖及糖果（18.5%），以及动物产品（1.03%）；中国从韩国进口的主要农产品种类为糖及糖果（34.2%），谷物及其制品（21.2%），水果、蔬菜、植物（16.7%），饮料和烟草（15.1%）。日本从中国进口的农产品主要包括水果、蔬菜、植物（42.8%），其他农产品（15.8%），动物产品（15.6%），油料、油脂（9.0%）；日本自韩国进口的主要农产品包括：水果、蔬菜、植物（37.3%），谷物及其制品（36.5%），其他农产品（14.8%）。韩国自中国进口的主要农产品主要为水果、蔬菜、植物（30.8%），谷物及其制品（22.0%），其他农产品（20.0%），油料、油脂（18.1%）；韩国自日本进口的主要农产品则包括：谷物及其制品（39.5%），饮料和烟草（16.5%），其他农产品（16.0%），油料、油脂（13.1%）。

（2）贸易保护程度

在农产品方面，由于日本和韩国耕地面积不足和自然条件限制，农产品的国际竞争力和自给率都很低。为了保护国内农业生产者的利益，这两国尽管加入 GATT/WTO 的时间很早，但农业的开放步伐相当缓慢，是世界上少数对本国农业保护程度最深和保护时间最长的国家。表 2-8 给出了 2010 年中日韩三国主要类别农产品的关税，2010 年三国最高的最惠国实施税率分别为 65%、640%和 887%。中日韩主要农产品的关税见表 2-8。

表 2-8　2010 年中日韩主要农产品的关税　（单位:%）

	产品种类	最终约束税率				最惠国税率		
		平均	零关税比例	最高	约束关税比例	平均	零关税比例	最高
中国	动物产品	14.9	10.4	25	100	14.8	10.1	25
	乳制品	12.2	0	20	100	12	0	20
	水果、蔬菜、植物	14.9	4.9	30	100	14.8	5.9	30
	咖啡、茶	14.9	0	32	100	14.7	0	32
	谷物及其制品	23.7	3.3	65	100	24.2	3.4	65
	油料、油脂	11.1	7.1	30	100	11.0	5.3	30
	糖及糖果	27.4	0	50	100	27.4	0	50
	饮料及烟草	23.2	2.1	65	100	22.3	2.2	65
	棉花	22	0	40	100	15.2	0	40
	其他农产品	12.1	9.2	38	100	11.4	9.4	38
日本	动物产品	14.3	45.7	271	100	18.9	43.8	271
	乳制品	118.1	0	660	100	93.3	9.5	640
	水果、蔬菜、植物	10.2	19.6	394	100	10.6	19.7	394
	咖啡、茶	14.3	22.2	184	100	15.3	22.7	184
	谷物及其制品	69.7	8.2	618	100	42.0	16.3	618
	油料、油脂	10.0	46.2	613	100	9.0	41.9	613
	糖及糖果	44.7	7.3	225	100	27.2	12.7	94
	饮料及烟草	16.4	19.1	54	100	14.6	32.3	54
	棉花	0	100	0	100	0	100	0
	其他农产品	5.3	66.6	562	100	4.4	70.6	562

续表

	产品种类	最终约束税率				最惠国税率		
		平均	零关税比例	最高	约束关税比例	平均	零关税比例	最高
韩国	动物产品	26.1	0.4	89	100	22.1	2.4	89
	乳制品	69.8	0	176	100	67.5	0	176
	水果、蔬菜、植物	63.6	0	887	100	57.4	0.2	887
	咖啡、茶	74.1	0	514	100	53.9	0	514
	谷物及其制品	161.1	0	800	100	134.5	0.3	800
	油料、油脂	44.1	2.6	630	100	37.0	4.1	630
	糖及糖果	32.2	0	243	100	16.8	12.5	243
	饮料及烟草	42.5	0	270	100	31.7	0	270
	棉花	2	0	2	100	0	100	0
	其他农产品	20.8	9.3	754	100	16.1	18.3	754

资料来源：WTO 世界关税统计数据，http：//www. wto. org/english/tratop_ e/schedules_ e/goods_ schedules_ table_ e. htm。

在数量限制方面，中国对适用于受关税配额行政法规管理的进口货物实行关税配额管理。2010 年中国对 HS8 位税号 42 个税目的农产品实行关税配额管理，包括小麦、玉米、大米、糖、羊毛、毛条和棉花。上述商品配额内的适用税率为 1%—15%，配额外的适用税率为 10%—65%。日本对 HS9 位税号 175 个税目的产品实施关税配额管理，包括奶制品、精炼可食用油脂、干豆类蔬菜、小麦、大麦、大米、淀粉、碎干果、魔芋块茎以及蚕、蚕茧和生丝，上述产品配额内税率为 0—40%。韩国对 HS10 位税号 203 个税目共 63 种产品实施关税配额管理，主要包括大米、大麦、胡椒、大蒜、洋葱。上述产品的配额内税率为 0—50%，配额外税率为 9%—887.4%。

（3）中日韩 FTA 对三国农业市场开放的影响

农业保护问题是困扰中日韩经济合作的主要因素之一。尽管日本早在 1955 年就加入了关贸总协定，但其农业的开放步伐是相当缓慢的，以至于战后日本成为世界少数对本国农业保护程度最深、保护时间最长的国家之一。日本对农业实施的保护措施主要包括：其一，采取财政补贴的办法支持农业生产。除了“休耕补助”、单项农产品年度补助外，每年还向农户支付一定金额的“稳定农家经营补助金”。其二，加强对国内农产品市场的保护。日本政府对大米等 200 多种农产品征收进口高关税（其中大米 490%，花生 500%），每年的保护额高达 5 万亿日元以上。韩国的情况也是如此。回顾已生效的日本—新加坡贸易协定（JSEPA），以及进行当中的日—韩自由贸易谈判，都有一个共同特点，就是基本上都不过多涉及农产品市场的开放问题。在日本—墨西哥双边贸易框架协议中，虽已触及农产品市场问题，但身为“玉米之乡”的墨西哥对日本农业最敏感的水稻生产与进口的影响仍很有限。在日韩与中国的 FTA 谈判中，农产品问题仍是难以绕过的一大障碍。在某种意义上讲，它将成为谈判顺利与否的关键所在。在中日韩自由贸易区构建过程中，如果日本和韩国始终不愿对中国开放其农产品市场，使中国的比较优势无法发挥，而只想促其工业品大量进入中国市场，那么三国间签订自由贸易协定谈判的难度就会大大增加。

2. 渔业部门

（1）中日韩渔业产量与三边贸易

中日韩三国的渔业生产和贸易均在世界占有重要地位。2009 年三国渔业产量分别达到 6047.5 万吨、519.6 万吨和 319.9 万吨，分别占世界总产量的 37.1%、3.2%和 2.0%，合计份额达

42.3%。具体的中日韩的渔业产量见表 2-9。

表 2-9　中日韩的渔业产量

年份	世界	中国		日本		韩国	
	产量（千公吨）	产量（千公吨）	比重（%）	产量（千公吨）	比重（%）	产量（千公吨）	比重（%）
2000	136255	43284	31.8	6485	4.8	2506	1.8
2001	136045	44273	32.5	6419	4.7	2677	2.0
2002	139229	46289	33.2	5888	4.2	2498	1.8
2003	139516	48263	34.6	6095	4.4	2502	1.8
2004	148148	50728	34.2	5707	3.9	2543	1.7
2005	151102	52466	34.7	5672	3.8	2719	1.8
2006	152224	54265	35.6	5657	3.7	3050	2.0
2007	156018	56161	36.0	5688	3.6	3287	2.1
2008	159406	57827	36.3	5616	3.5	3359	2.1
2009	162821	60475	37.1	5196	3.2	3199	2.0

资料来源：联合国粮农组织统计数据，http://www.fao.org/economic/ess/ess-capacity/countrystathome/en/。

从国内生产看，渔业部门在三国非制造业部门中占有重要地位。2009 年中国渔业产值达到 5626 亿元人民币，总产量达到 6047.5 万吨，其中包括水产养殖产品 3620 万吨和捕捞产品 1490 万吨。尽管中国的渔业产出规模很大，但渔业部门的发展仍然依赖于生产规模的扩大和自然资源投入的增加。2008 年日本的鱼类和水产品产值比 1982 年峰值时的 3 万亿日元下降了 40%，跌至 1.6 万亿日元，同时比 2000 年的 1.9 万亿日元下跌了 10%。在日本周围海域，40%的鱼类物种在资源数量上处于较低水平。2009 年，韩国渔业总产值为 6.9 万亿韩元（沿海及近海 52.6%、水产养殖 26.7%、远洋 16.8%、内陆 3.9%），与 2005 年相比增长了 5.9%。但是，同期渔业占 GDP 的比重则从 0.3% 下降至 0.2%。

从三边贸易看，2009 年三国水产品出口额合计达到 132.19 亿美元，进口达到 210.04 亿美元，分别占世界总出口额和总进口额的 18.3% 和 25.0%。中日韩三国互为重要的水产品贸易伙伴。2009 年中国对日本和韩国的水产品出口额合计占其总出口额的 34.9%，日本对中国和韩国的出口则占其总出口额的 27.8%，而韩国对中国和日本的出口则占其总出口额的 58.0%；中国从日本和韩国的进口的水产品额占其进口总额的 6.23%，日本从中国和韩国的进口额占其进口总额的 22.09%，韩国从中国和日本的进口额占其进口总额的 37.43%。中国的渔业产品贸易对日本和韩国都存在顺差，而韩国对日本保持贸易盈余。根据按照 WTO 产品分类而统计的数据，2009 年中国对日本和韩国的渔业产品出口分别达到 26.8 亿美元和 10 亿美元，而进口则分别为 2.2 亿美元和 1.2 亿美元。2009 年，韩国对日本的渔业产品出口为 6.5 亿美元，进口为 1.9 亿美元。①

（2）贸易保护程度

相对于其他非制造业产品，中日韩三国的渔业产品贸易保护程度处于较高水平。从关税方面看，2010 年中日韩三国渔业产品的简单平均最惠国实施关税税率分别为 10.9%、5.5% 和 16.1%，三国渔业产品的最惠国实施税率最高分别为 23%、15% 和 50%，见表 2-10。

① 数据来源于联合国贸易统计数据库数据（Un Comtrade）。

表 2-10 2010 年中日韩渔业产品关税 （单位:%）

	最终约束税率				最惠国税率		
	平均	零关税比例	最高	约束关税比例	平均	零关税比例	最高
中国	11.0	6.2	23	100	10.9	6.3	23
日本	4.9	3.5	12	91.2	5.5	3.3	15
韩国	14.9	0	32	53.1	16.1	0.7	50

资料来源：WTO 世界关税统计数据，http：//www. wto. org/english/tratop_ e/schedules_ e/goods_ schedules_ table_ e. htm。

非关税措施方面，中国没有对渔产品使用诸如配额等其他进口数量限制措施，但是日本和韩国均对水产品进口采取了大量的限制措施。日本对水产品进口分别采取配额管理、进口许可管理等限制措施。日本对许多水产品的进口设定了配额。截至 2009 年 12 月，日本水产品进口配额仍涵盖海带、乌贼、鲭鱼、沙丁鱼、鳕鱼、扇贝等 19 类品种。针对食品中的农业化学品残留，日本规定有严苛的《肯定列表制度》。在技术性贸易措施方面，日本对包括水产品在内的食品进口规定有食品质量标签制度和食品原产地标注制度。从 2006 年起，日本开始施行以全部水产食品加工设施为对象的水产食品加工设施危害分析与关键控制点 HACCP 认证制度。在通关环节方面，日本也规定有许多严苛、繁琐的程序，例如规定对来自中国的双壳贝类产品采取严格的腹泻性贝类霉素和麻痹性贝类毒素到港检验。韩国所实行的非关税措施包括卫生标准、先检验后通关，以及金属异物监测等制度。2006 年 6 月，韩国又出台了关于水产品新增萘啶酮酸等药物残留监测规定。在通关程序方面，韩国自 2007 年 9 月 12 日起大幅延长了进口养殖水产品的通关时间，所有养殖水产品的检测周期由原来的 4 天改为 8 天。此举导致出口商的通关费用大幅上升，尤其是养殖活水生动物的暂养费用成倍增加，并使出口商品尤其是养殖冰鲜水产品的质量受到影响。

从关税和非关税措施来看，与中国相比，日本与韩国更有可能因 FTA 受到影响。首先从关税税率来看：中日韩三国均对水产品进口维持较高的关税。其中，日本水产品进口（最惠国）关税平均税率最低，为 5.5%，最高税率为 15%；韩国平均关税税率最高，为 16.1%，最高税率达到 50%。除上述从价税以外，日本水产品关税中还规定有少量从量税。从量税的使用使关税计征变得复杂，加之其税率往往高于从价税率，从而实际对进口产生了限制。韩国则对水产品规定有调节关税（临时调高关税税率的制度）。在韩国征收调节关税的 15 个品种中（截至 2010 年 2 月），水产品占了 9 个，其中活鲈鱼、虾酱等均为主要由中国进口的品种。调节关税的使用对限制中国某些水产品的出口产生了较大影响。中国水产品进口平均关税税率为 10.9%，虽然不是三国中税率最低的，但是中国未对水产品实施从量税或调节关税等加重进口限制的措施。

（3）中日韩 FTA 对三国渔业市场开放的影响

如果 FTA 能够签订与实施，中国水产品将在日本和韩国获得更大的市场，在这一方面日本和韩国将面临较大压力。回顾日本与其他国家所签订的多个 EPA/FTA，大部分水产品均包括在敏感产品清单中，从而被排除在关税减免之外或者规定有 10 年的过渡期。同样，在韩国与东盟以及其他国家签订的 FTA 中，水产品与农产品、林业产品一起成为高度敏感产品清单中的主要产品。在中日韩自由贸易区谈判中，水产品仍将是三方争议的焦点之一，日韩可能仍将提出采取设定敏感产品清单的方式，为某些产品设定过渡期。

我们也应当看到，尽管短期内日韩相对于中国而言渔业将受到较多影响，但从长期来看，签订 FTA 将给三国渔业带来利益。首先，三国渔业产业结构有明显的差异，故而产生了较强的互补性。由于地理条件的不同，中日韩三国渔业产业结构差异很大。在中国的渔业生产中，内陆淡水渔业占据较大的比重。2008 年中国渔业产量中内陆淡水渔业产量占总量的 39. 82%，而日本和韩国内陆淡水渔业产量在其总产量中所占比重分别仅为 1. 31%和 0. 73%。此外，直接捕捞在日本和韩国的渔业生产中所占比重约为 70%，而中国的渔业中养殖业则约占 50%的比重。在捕捞方面，日本和韩国具有更强的生产能力，较中国更有优势。随着中国国内市场对海产品需求的不断增长，将有利于日韩两国扩大水产品对中国的出口规模。其次，中日韩将从渔业合作方面获得更多利益。例如，对于日本与韩国而言，建立自由贸易区将有利于扩大其在中国的水产养殖及加工方面的投资。此外，在海洋渔业方面，中日韩三国可在已经达成的《日韩渔业协定》、《中韩渔业协定》和《中日渔业协定》之上，进一步推动渔业合作，举行渔业部门工作组会议和高级别会议，制定有效管理和规划渔业发展的具体方式，这将有利于促进渔业资源的可持续利用和保护。

3. 制造业部门

（1）中日韩制造业产量和三边贸易

从对外贸易量角度看，中日韩三国都是全球的制造业大国。在一些重要的制造业产品的出口上，如视听和通讯设备，办公室、会计和电脑设备，纺织品等，中日韩各在全球市场占有主导地位。中日韩三国主要制造业产品的国内生产情况见表 2-11。从中日韩制造业各部门占制造业的比重看，中国在纺织品和皮革，以及石油、煤炭和化工两个产业相对其他两国更有规模优势，在运输设备方面对其他两国存在劣势。

表 2-11　中日韩制造业各部门产量占制造业总产量的比重

（按当前价格计算）（单位:%）

制造业部门	中国	日本	韩国
食品、饮料和烟草	9.7	14.7	5.1
纺织品和皮革	7.8	1.9	4.2
木材、纸、出版和印刷	3.3	8.8	3.4
石油、煤炭和化工	21.8	14.9	15.7
非金属矿产品，不包括石油和煤炭	5.3	2.8	3.8
金属和金属制品	16.8	7.2	14.4
机械设备	8.6	10.2	8.5
电气和电子设备	15.3	14.1	24.0
精密仪器	1.9	1.7	1.7
运输设备	8.2	13.0	17.7
家具和其他制造业	1.2	10.7	1.5
制造业	100	100	100

资料来源：中方数据根据 2010 年《中国统计年鉴》计算而得；日方数据来源于日本政府内阁办公室经济与社会研究院 2009 年数据；韩方数据根据韩国统计信息服务（KOSIS）2009 年计算而得。

在三边制造业产品贸易方面，2009 年日本对韩国和中国都是顺差，韩国对中国也是顺差。中国对日本和韩国的制造业产品出口额分别达到 616 亿美元和 437 亿美元，进口额分别达到 963 亿美元和 831 亿美元；日本对韩国的制造业产品出口额为 433 亿美元，进口额为 192 亿美元。

2005—2009 年，中国从日本进口的制造业产品主要包括视听和通讯设备、机械设备、化工产品、基本金属、医疗和光学设备、机电设备、机动车、拖车和半拖车；中国从韩国进口的制造业产品主要包括视听和通讯设备、化工产品、医疗和光学设备、基本金属、机械设备、焦炭、石油炼制产品和核燃料等；中国对日本出口的制造业产品主要包括纺织品、服装和毛皮、机械设备、办公室会计和通讯设备、视听和通讯设备等；中国对韩国出口的制造业产品主要包括视听和通讯设备、基本金属和化工产品等。同期，韩国从日本进口的制造业产品主要包括化工产品、基本金属、机械设备、视听和通讯设备、医疗和光学设备、机电设备等；韩国向日本出口的制造业产品主要包括视听和通讯设备、焦炭、石油炼制产品和核燃料、基本金属和化工产品等。日本从中国进口的制造业产品主要包括食品和饮料、服装和毛皮、纺织品等；而从韩国进口的制造业产品主要包括视听和通讯设备、化工产品等；日本对中韩出口的制造业产品的主要包括汽车及相关零部件、工业设备及相关零部件、钢铁、化工产品、视听设备及相关零部件、电池及相关零部件以及纸和纸板等。

（2）贸易保护程度

2009 年，中日韩三国的简单平均最惠国实施关税分别为 8.7%、2.4%和 6.6%，三国的加权平均最惠国实施关税分别为 3.7%、1.0%和 3.2%。从简单平均关税率来看，中国的高关税制造业产品种类包括烟草制品、食品和饮料、服装和毛皮、皮革和鞋类、机动车、拖车和半拖车，以及其他非金属矿产品；就加权平均关税率而言，中国的高关税制造业产品种类包括烟草制品、机动车、拖车和半拖车、服装和毛皮、其他非金属矿产品，以及食品和饮料等。从简单平均关税率来看，日本的高关税制造业产品种类包括皮革和鞋类、食品和饮料、服装和毛皮、烟草制品；从加权平均关税率来看，日本的高关税制造业产品种类包括皮革和鞋类、服装和毛皮、食品和饮料、纺织品等。从简单平均关税率来看，韩国的高关税制造业产品种类包括食品和饮料、烟草制品、服装和毛皮、纺织品、皮革和鞋类；从加权平均关税率来看，韩国的高关税制造业产品种类包括烟草制品、食品和饮料、服装和毛皮、纺织品、皮革和鞋类。

（3）中日韩 FTA 对三国制造业市场开放的影响

从三国制造业的产业分布和保护程度看，中日韩三国的制造业结构比较一致，产业内贸易比重比较高，这也使得三国之间贸易最活跃的一些产业领域的关税水平并不是很高。因此，从制造业整体而言，三国市场开放的压力并不大。最重要的是，贸易自由化将使三国的消费者以更低的价格购买更多种类的产品，同时促进该地区工业产品供应链的发展，使生产网络更加密切。

另一方面，中日韩三国制造业也存在各自的敏感部门，三国敏感部门的开放会存在较大压力。三国目前的关税税率分布反映了各国制造业敏感部门对贸易自由化的抵触程度。对于中国而言，从日韩进口的主要制造业产品中，只有机动车、拖车和半拖车（简单平均关税率为 14.3%）属于高关税产品，而其他主要进口产品的关税水平并不高，只是某些种类产品的关税水平较高，如医疗和光学设备为 25%，化工产品为 50%，这些高关税产品属于比较敏感的产品。因此，中日韩 FTA 的建立将进一步促进中国从日韩的进口，给中国敏感产业部门的企业带来更大的压力，如汽车、石化、机械和电子、钢铁等，尤其是从事高端产品生产的企业。对于日本而言，从中国进口的主要制造业产品中，食品和饮料（简单平均关税为 10.9%）、服装和毛皮（简单平均关税为 9.4%）、纺织品（简单平均关税为 5.8%）属于高税收产品，而从韩国进口的主要制造业产品都不属于高关税产品；在出口方面，日本的主要利益包括汽车及相关零部件、工业设备及相关零部件、钢铁、化工产品、电视机相关零部件、视听设备及相关零部件、MCO（多元件集成电路）、电器机械及相关零部件、家用电器设备及相关零部件、电池及相关零部件以及纸和纸板。对于韩国而言，从中国和日本进口的主要制造业产品都不属于高关税产品。从韩国的商业部门角度考虑，在与中国的贸易中，纺织品、消费类产品以及电子和电气设备是敏感产品，而在与日本的贸易中，机械、电子电气设备、有色金属较为敏感。

第四节 中日韩FTA货物贸易自由化的发展前景

货物贸易自由化是FTA协定的基石，是FTA福利效应的重要来源。中日韩三国之间的货物贸易量巨大，互为重要的贸易伙伴，这为货物贸易自由化留下了巨大的空间。货物贸易自由化对于扩大中日韩三国间贸易往来，提高三国经济福利具有重要的意义，在未来的中日韩FTA中，该领域将是合作的重点。但是，由于三国在货物贸易领域的发展并不均衡，未来的中日韩FTA谈判中，三国都会对某些部门的开放持谨慎态度。

一、中日韩FTA货物贸易自由化的影响因素

中日韩FTA的贸易自由化可能受到诸多因素的影响，其中，重要的影响因素包括本地区的区域贸易协定的发展状况、三国间经济与贸易的相关性、三国对待货物贸易自由化的态度和立场，以及其他政治经济因素等。

1. 本地区的货物贸易自由化进展

中日韩FTA贸易自由化合作与本地区贸易自由化合作格局息息相关。目前，在东南亚地区，已经成立了一系列区域贸易组

织，除了东盟分别与中日韩签署多个贸易协定外，区域外的美国也已经和韩国签署自由贸易协定，同时以美国主导的“跨太平洋伙伴关系协定”（Trans-Pacific Partnership Agreement，TPP）也在向东亚地区渗透，日本和韩国都已经表示要参与谈判。这对中日韩 FTA 的货物贸易自由化的影响体现在两个方面：一是本地区的区域贸易协定不断出现情况下，如果本地区主要经济体之间进行贸易自由化安排，这显然会推动东亚地区的区域贸易一体化进程；二是由于 TPP 的贸易自由化水平很高，在日本与韩国相继表示要加入高水平的 TPP 谈判进程的前提下，中日韩 FTA 的货物贸易自由化协定，其自由化水平就可能被提升，否则对日韩而言，在加入高水平的货物贸易自由化协定后，再参与低水平货物贸易自由化其收益有限。

2. 中日韩的经济贸易相关性

日本作为一个高度发达国家，在三国中产业结构层次最高，其资本密集型产业和技术密集型产业在世界范围内都具有非常强的竞争力，存在的问题是自然资源缺乏、劳动力成本和土地成本高。韩国的资本和技术密集型产业发展水平也较高，也有一定的资金实力，但自然资源比较缺乏，在工资成本与土地成本不断上升的情况下，劳动密集型产业发展空间日趋狭小。在三国中，中国的产业结构层次最低，虽在某些尖端技术领域领先于日本、韩国，如火箭技术、航天技术、核技术等，但在一般应用技术领域则与日、韩存在较大的差距。中国的资金比较缺乏，但劳动力资源极为丰富，劳动密集型产业发展较快且在世界范围内都具有很大优势。上述情况表明，中日韩三国在产业结构及要素禀赋方面存在很强的互补性，从长远看三国建立 FTA 能够实现三方优势互补，并最终达到三方共赢的效果。

3. 中日韩对待货物贸易自由化的态度和立场

日本和韩国都是发达的市场经济国家，也是较早加入 WTO 的国家。20 世纪 80 年代以来贸易自由化政策对日韩企业的国际竞争力的提高、促进产业结构的升级起到了积极作用。因此，日韩对待中日韩货物贸易自由化也采取积极的态度，并与中方就货物贸易自由化的领域和部门进行多次协商。中国虽然市场起步较晚，但是经过 30 多年的改革开放和经济持续稳定发展，市场经济体制正在逐步完善。2001 年中国加入 WTO 意味着中国全方位的对外开放，更进一步融入世界经济，为世界和中日韩三国的经贸合作创造无限的商机，并为东亚地区的经济合作创造良好的政治经济环境和合作领域。中国已经按照 WTO 规则要求，积极调整有关经济法规政策以及原来的贸易政策和法规以与世界接轨，使外商投资于贸易及其生产经营在更有利于市场规律和国际惯例的环境中进行。中国作出的市场开放承诺使市场准入程度有大幅度提高，拓宽了投资与贸易领域；关税壁垒及非关税壁垒的大幅度取消降低外商投资成本和贸易成本，这对距中国最近的日本和韩国来说，为他们来中国进行贸易与投资提供了更加良好的条件和机遇。可见，中日韩对待货物贸易自由化都站在支持的立场上，这为中日韩 FTA 货物贸易协定谈判的开展提供了良好的基础。

4. 中日韩之间的政治互信问题

由于历史原因，中日韩三国国民之间缺乏相互信赖和相互尊重的稳固基础。尽管当前中日韩三国之间不存在尖锐的政治矛盾，但仍存在影响三国之间政治互信的历史与现实问题。第一，日本对待侵略历史的态度是影响中日、韩日关系最重要因素之一。在历史上，中国、韩国都曾受到日本帝国主义的侵略。而日本却对那段曾经给他国带来灾难的历史缺乏足够的反省和认识，不仅仅在国内采用右翼分子编写的美化侵略战争的教科书，歪曲历史，且经常出现政府官员特别是内阁成员参拜靖国神社等为军国主义喝彩的行为。日本的这种无视历史真相的行为，遭到了中韩两国的强烈反对，严重影响着中韩两国人民对日本的信任程度。第二，历史上遗留下来的领土、领海主权争端问题，是影响三国政治互信的一个重要障碍。领土主权问题一直是国家关系中最为敏感的问题，不仅仅涉及国家和民族的尊严，而且还蕴藏着巨大的经济利益。中日钓鱼岛问题、日韩独岛问题是中日、日韩之间悬而未决的领土争端问题。领土争端问题的存在，必将极大削弱主权国家之间的政治互信。第三，东北亚地区复杂的安全局势也是影响三国政治互信基础不可忽视的因素。这些因素的存在，将影响中日韩 FTA 的建立，进而影响中日韩之间货物贸易自由化正常、有序的展开。

二、中日韩 FTA 货物贸易自由化的前景分析

1. 中日韩 FTA 将达成自由化程度较高的货物贸易协定

当前，中日韩三国之间货物贸易量巨大，而且互为重要的贸易伙伴，签署贸易自由化协定将给三国带来巨大的贸易收益。从以下几方面的原因分析，中日韩 FTA 将达成自由化程度较高的货物贸易协定：第一，中日韩三国同是 WTO 成员，在 WTO 框架下对货物贸易的开放程度均已经较高，而且贸易在三国经济中都具有重要地位，三国有着通过货物贸易自由化进一步扩大贸易的基础，在较高水平上达成货物贸易自由化协定，谈判难度也相对较低。第二，中日韩三国的经济发展水平不一，在国际分工中各有优势。三国之间在经济发展水平、经济结构以及要素禀赋等方

面存在着巨大的差异。根据 IMF 数据，2011 年日本的人均 GDP 达到 45920 美元，韩国的人均 GDP 达到 22778 美元；中国大陆的人均 GDP 为 5414 美元。由此可见，日本属于发达国家，韩国属于新兴工业化国家，中国则是正在起飞的发展中国家。由于三国货物贸易部门直接竞争行业较少，因此相互开放的可能较大，达成贸易限制条款少的货物贸易协定的可能性也就更大。第三，受 TPP 及本地区其他区域性贸易协定自由化水平的影响。近年来，由于多边贸易体系进展缓慢，美国已经成立了有较高自由化水平的区域性贸易组织，以反映其在贸易领域的诉求。其中，亚太区域的 TPP 影响最大，自由化水平也最高。由于日韩两国已经决定参加 TPP 的谈判，受其影响，中日韩 FTA 的货物贸易自由化程度也会提高。

2. 中日韩 FTA 货物贸易协定会基于三方现有协议展开

目前，中日韩三国均参与了不少区域性贸易组织，中日韩 FTA 的货物贸易自由化将会根据这些协议中的内容为基础展开，并反映三国对不同部门开放程度的态度和利益关注。在三国与经济规模较大的经济体签署的 FTA 协定中，如中日韩分别与东盟签署的自由贸易协定、韩国与美国的 FTA 协定、日本与墨西哥的 FTA 协定等，除去一些敏感部门外，其他货物贸易部门的开放程度均比较高，这反映了三国对货物贸易部门的利益诉求。中日韩 FTA 的货物贸易自由化，将促进三国开放货物贸易部门，除个别部门可能会出现新的承诺，从总体上判断，中日韩 FTA 货物贸易协定不会有重大突破。在谈判过程中，中日韩达成货物贸易协定将会立足现实，遵循灵活、循序渐进的原则。为尽早达成协议，三国可能相互考虑对方的利益诉求，不排除三方会将敏感部门暂时排除在外，并通过早期收获协议等方式率先开放一些对福利影响巨大的部门，以此推动进一步的贸易自由化。

3. 货物贸易敏感部门的开放会通过灵活渐进方式展开

无论一个国家经济发展水平如何，在国民经济中总会存在相对他国处于比较劣势的产业。开放势必会对这些处于比较劣势的产业造成较大冲击，进而给一国签署自由贸易协定带来压力。尤其韩国、日本的农业十分缺乏竞争力，长期受到国家保护，效率低下，惧怕对外开放。日本和韩国政府对农业的基本政策是原则封闭与例外开放。农产品问题也是日本与韩国同其他经济体签订FTA的最大难题。日本和韩国在与东盟等国的FTA中，均将农产品的开放进行搁置。日本和韩国在农业领域能否推进目前困难重重的农业改革进程，是关系中日韩FTA能否成功的关键因素之一。中日韩三国都有自己基础薄弱的行业，在自由贸易区的建立中，为了使这些行业免受威胁，三国都实施了严格的保护政策，如日韩的农业和中国的技术产业。各国都应该积极调整和优化产业结构，发展自身比较优势的同时，加大对敏感行业技术投入、工人培训、社会保障措施和贸易补偿政策，逐步扩大敏感行业的开放程度，对部分担心的某些产品在自由贸易区协议中作出特殊安排，设置一些保障条款和过渡期安排。此外，部分产业合作可为FTA先导。

三、中国参与中日韩FTA货物贸易自由化的对策建议

1. 加快产业结构的调整

中日韩FTA的建成会给中国的宏观经济带来积极影响，如福利收益、经济增长等，而最直接的冲击还是针对敏感产业。例如日韩的农产品与中国相比缺乏竞争力，日韩两国，特别是日本，在高新技术产业具有比较优势和竞争优势；再比如石化和钢

铁产业，都是各国产业政策重点支持的产业，建立自由贸易区会导致这些产业产能过剩的状况继续恶化。因此，在开启自由贸易区谈判及谈判进程中，各国都应该加快各自的产业结构调整，发展自身具有比较优势和竞争优势的产业，同时认真设计一套体系，包括再就业、工作培训、社会保障措施、补偿方案和地区发展政策等，以减轻或抵消自由贸易区建立以后对这些敏感产业造成的损害。同时，在自由贸易区谈判过程中可以适当的排除个别的敏感部门，或者推迟该部门的开放时间表，提供一个过渡期。这样可以帮助各国进行必要的产业结构调整，减轻各国在自由贸易区谈判过程的疑虑，从而能加快自由贸易区的开启与谈判进程，早日达成中日韩自由贸易区协议。

2. 逐步降低中国的关税和非关税壁垒

目前，我国已经是 WTO 成员国，根据 WTO 的贸易投资自由化的承诺，成员国要在 2010 年将关税调至 5%以下。2012 年，我国平均关税税率为 4.4%，其中进口关税税率为 9.8%，此外，非关税限制也保持在一定的水平。虽然我国的总体贸易壁垒并不高，但某些部门的贸易壁垒还比较突出，这显然不能应对中日韩 FTA 对货物贸易自由化的要求，我国应该尽快制定出适合我国实际情况的贸易壁垒削减措施。在关税方面，应该仔细梳理与日本、韩国的贸易往来项目，并详细分析不会对中国造成负面影响的进出口商品，这类商品应该尽快制定调节关税的标准，使关税水平降到合理水准，并促进三方关税水平的降低。在非关税壁垒方面，我国应该评估现有的政策，例如逐步减少进出口量的数量限制、减少使用进出口许可证管理制度、适度降低出口补贴以及将非关税管理尽量改为关税管理。在贸易便利化方面，我国海关系统、检验检疫系统应规范制度以及提高办事效率，在进出口商品通关、检验检疫等方面要做到透明公开，从根源上简化海关过境手续，实现一站式服务和单一窗口通关制度，加快货物流通，缩短过关时间，为中日韩交易商提供更为便捷的通商环境。在反补贴方面，要尽量避免使用反补贴措施，防止因乱用反补贴导致贸易保护。

3. 协调国内敏感部门的利益

中日韩三国产业格局各不相同，在制造业方面同样面临开放的压力。除了农业需要向日韩施加压力，要求其开放市场外，韩国的渔业、纺织、消费类产品以及电子和电气设备、有色金属、机械等行业相对于中国处于劣势，日本的食品和饮料、服装和毛皮、纺织品等行业相对于中国处于劣势。相比之下，日韩在高新技术产业具备较强的竞争优势，在石化、钢铁、汽车、电子等方面存在着明显优势。如果进行自贸区谈判，石化、汽车、机械等部门的开放问题成为能否取得谈判成功的关键，但是由于石油等行业利益复杂并涉及经济安全问题，谈判的困难程度可想而知。在这种情况下，中国一方面应该放开具备竞争优势的产业，减少中国市场开发的压力；另一方面，要协调国内敏感部门的利益，找到各方利益的平衡点，制定好时间表，尽量减少过渡期各国敏感部门的损失，同时要对对方的核心利益给予关切，实现共赢。

第三章　中日韩 FTA 的投资自由化

近年来，随着区域经济一体化向深度发展，投资自由化在 FTA 中发挥着日益重要的作用。简单而言，区域经济一体化促使区域内关税以及非关税壁垒的削减，并积极消除阻碍要素流动的各种障碍，给参与区域经济一体化成员之间的产业分工与合作创造了新的机会。因此，从另一个层面而言，区域经济一体化中的投资自由化也为 FTA 经济效果的提升创造了更好的条件。中日韩三国经济发展水平各异，并且各自有着自己的产业优势和技术优势，可以说中日韩 FTA 的投资合作有着良好的前景。本章首先介绍自贸区的投资效应及理论，进而对 FTA 框架下中日韩投资政策进行比较，然后在对中日韩自贸区投资效应实证分析的基础上，展望中日韩 FTA 的投资自由化以及合作前景。

第一节　中日韩 FTA 投资效应的理论基础

一、自由贸易区投资效应理论

区域经济一体化的投资效应研究是从 Kindleberger（1966）提出投资创造与投资转移的概念开始的，他考察了外国跨国公司的直接投资对区域一体化贸易流向的反应，从而奠定了区域经济一体化的投资效应这一领域的基本分析框架。投资创造是对贸易转移的竞争性反应，由于区域内自由贸易导致区域外厂商相对成本增加，提高了对外的相对保护水平，导致贸易由原来低成本的区域外国家转到区域内国家，影响区域外企业的竞争优势，区域外国家厂商为了取得失去的区内市场而转向在区域内生产，区域内 FDI 流入增加。投资转移是对贸易创造的反应，当区域经济一体化协定导致贸易创造时，一些成员国区域内 FDI 将上升，以应对区域内的生产结构变化，由此引起区域内直接投资布局的调整与资源的重新配置以及来自区域外直接投资的增加，产生投资转移。① 从目前研究现状来看，自由贸易区的投资效应大致分为静态效应和动态效应。区域经济一体化对 FDI 的静态效应是指一体化协定带来的贸易与投资自由化程度的变化所引起的投资变化，以及伴随着相对价格的变化所引起的贸易创造和贸易转移而产生的投资转移和投资创造效应，即在相对较短的时间内，假设其他因素不发生变化的前提下所得出的分析结果。而区域经济一体化对 FDI 的动态效应是和区域经济一体化的中长期投资效应相联系的，是指一体化协定对生产结构产生的影响，包括区域投资便利化、自由化政策导致区内投资增加；原产地规则的关税效应导致区域外国家对区域内国家投资增加；区域经济一体化加速竞争一方面可能导致投资外流，而另一方面也可能导致人力资本素质提高、技术增长，从而得到效率追求型投资（Efficiency-seeking Investment），等等。但是此后有关投资创造和投资转移的实证研究却发展缓慢，原因是一直没有很好的方法可以拟合一个国家加入经济一体化组织前后的投资变化。比较有代表性的研究为 A.

① 东艳：《南南型区域经济一体化能否促进 FDI 流入？——中国—东盟自由贸易区引资效应分析》，《南开经济研究》2006 年第 6 期，第 70—88 页。

Tekin-Koru（2010）使用倍差法对 NAFTA 投资效应进行的实证分析。

值得注意的是，近年来自贸区投资效应分析有向空间经济学及产业集聚方向研究融合的趋势，因为空间经济学及产业集聚理论中所揭示区域经济一体化的生产转移效应与传统研究中区域经济一体化的投资效应几乎是完全一致的。比如在自贸区投资效应研究领域运用较多的自由资本（FC）模型研究框架中，企业使用的资本和其生产规模被认为是完全一致的，生产的集聚实际上就是资本的集聚（Baldwin，2004）。

二、自由贸易区的跨国公司理论

传统经济一体化理论及经研究发现拓展的理论均很好地从宏观上分析了成员国区位优势的变化以及带来的福利结果，但仍未能将国际投资的主题——跨国公司作为独立的变量分离出来进行分析，缺乏更为细致的微观视角分析。因此，一些学者从企业微观角度，就跨国公司对一体化协定产生的各国区位优势变化所作出的战略性反应进行了分析，将此领域的研究进一步深化。厂商对一体化的反映程度主要取决于其投资动机，包括有防御性出口替代投资（Defensive Export Substitution Investment）、合理化投资（Rationalized Investment）、进攻性出口替代投资（Offensive Export Substitution Investment）以及重组化投资（Reorganization Investment）。① 首先，自由贸易区的成立使得成员方内部消除了关税，并统一了对外关税，使得区外厂商对区内地区未来贸易保

① Yannopoulos，G. N.："Foreign Direct Investment and European Integration: The Evidence from the Formative Years of the European Community"，*Journal of Common Market Studies*，Vol. 28，No. 3，1990，pp. 235-259.

护产生担心，从而发生防御性出口替代投资动机，对区内 FDI 增加以绕过关税及其他类型的贸易壁垒。其次，自由贸易区成立会产生大市场效应，降低生产成本并带来竞争加剧，使得内部生产效率提高，从而引发区外厂商的合理化投资的进入，希望以此提高自身国际竞争力。再次，自贸区成立使得经济集聚成为可能，规模经济将发挥重要作用，生产的扩大不仅带来了劳动力流入，引起需求增长，也在一定程度上有利于研发和技术进步。这种技术革新及市场扩大的可能性将引发进攻性出口替代投资的流入，这些公司希望通过积极地接近潜在的技术进步和市场容量扩大地区，用投资替代之前的出口，以抢占先机。最后，自贸区的成立将导致区域要素的自由流动，使得各类资源配置更为合理，也将导致区内成员国区位优势的相对变化，并由此带来区内厂商在成员方之间调整生产活动，引发重组化投资。在上述理论指导下，一些学者从模型角度对跨国公司的投资动机及最终投资格局展开了研究，其中具有代表性的研究有 Motta 和 Norman（1996）、Montout 和 Zitouna（2005）及 Haufler 和 Wooton（2010）等。Motta 和 Norman（1996）的研究通过一个对称模型在垄断竞争框架下得出了自由贸易区成立导致投资和贸易量均扩大，两者是一种互补关系而非替代关系。Montout 和 Zitouna（2005）将其模型扩展到了异质性条件下，探讨了南北型自贸区投资水平的变化，结果证明成本更低的南方国家更有利于 FDI 的流入。Haufler 和 Wooton（2010）在异质性条件下探讨了不同市场容量的国家成立自贸区之后投资水平的变化，并加入了政府博弈因素，在政府税收最大化的前提下，随着一体化程度的加深，均衡税率水平先下降后上升；而且在一体化某些特定阶段，由于跨国公司的避税动机存在，小国福利可能提高而大国福利受损，FDI 更多地流入小国。如前文所述传统自由贸易区投资效应理论一样，跨国公司理论在此领域的运用也逐渐与空间经济学理论融合，一些研究（Baldwin 和 Krugman，2004；Ottaviano 和 Van Ypersele，2005；Borck 和 Pflüger，2006）均不同程度在空间经济学理论框架下探讨了自贸区对跨国公司的影响及带来的FDI改变。

在实证方面，由于公司数据难以取得，很多文献因此采取了折中的办法，使用宏观经济数据对自贸区成立导致跨国公司战略改变，以及由此带来的投资效应进行计量估计，而且往往采取发达国家作为样本研究，例如Levy-Yeyati、Stein 和 Daude（2003）对北美自由贸易区的分析。也有部分文献对新兴经济体进行了分析，但仍采用了宏观经济数据，例如东艳（2006）对中国—东盟自由贸易区引资效应的分析。

三、自由贸易区产业集聚理论

空间经济学理论是目前区域经济一体化经济效应的主要理论分析框架，在对自贸区带来的投资及产业布局影响等方面也有着很重要的指导作用。在Marshall（1890）的规模经济和外部经济理论、Weber（1909）和Hoover（1948）从区域经济学视角对聚集经济的研究及Mydral（1957）的循环积累因果理论的基础上，Krugman（1991）发表的《收益递增和经济地理》论文，从空间视角对经济现象进行了分析，从而奠定了空间经济学理论的基础。此后经过十几年的发展，由于空间经济学在模型运用方面能较好的解释现实问题，成为分析经济集聚的主要理论工具。自由贸易区的产业集聚研究也基本沿袭了这种格局，将空间经济学模型运用到探讨区域经济一体化所导致的产业集聚成因、整体上带来的生产和投资效应、产业集聚的中间路径以及最终影响等方面。迄今为止，有关自由贸易区产业集聚的研究文献主要有Puga和Venables（1997）、Forslid等（2003）、Monfort和Nicolini（2000）、Paluzie 等（2001）、Behrens 等（2003，2007a，2007b）、Amiti和Wei（2005）及Storper（2010）等。其中大多都借用了自由资本（FC）模型和自由资本垂直联系（FCVL）模型来研究自由贸易区的产业集聚问题。与其他空间经济学模型一致，自由贸易区的空间集聚研究也是借用集聚力和分散力来看经济集聚的区位选择，以及带来的后续影响，但更注重集聚力的分析。在空间经济学研究框架中，自由贸易区会带来生产转移效应、本地市场效应、多米诺骨牌效应（Baldwin，1993，1997）和轮轴效应（Krugman，1993）都得到了理论支撑。实质上，这些效应都指明了一个事实，即区域经济一体化必将带来区内贸易等领域更高的自由度，进而带来产业往区内集聚，引发成员方投资流向及流量的变化。但同时因为各成员国市场大小不一致，本地市场效应导致的产业集聚程度不一样，必然带来区域经济发展不平衡和早期达成自贸区协议获利较多的示范效应，最终形成多米诺骨牌效应和轮轴结构。

虽然说，空间经济学模型较为完整地从理论上解释了自由贸易区所带来的产业集聚的原因、路径和影响，但由于其前提假定过于严格，而且关键参数不一样，最终的均衡结果是不同的。所以在产业集聚各个具体方向的理论和实证研究中，各国学者都不同程度地借鉴了传统研究方法，甚至这些实证研究的出现比模型研究要早，比如自由贸易区在产业集聚领域整体产生的生产转移效应的实证分析。这些具体的方向包括：产业集聚整体上导致的生产转移效应、产业集聚路径上的贸易结构效应和产业集聚带来的区域发展不平衡效应。但产业集聚带来的区域发展不平衡效应相关研究往往同经济开放与经济发展相关关系的实证研究交织在一起，因为区域经济一体化的本质就是经济相互开放，而且一个国家往往参与了众多的区域经济一体化组织，难以将其中某个特定的区域经济一体化组织带来的区域发展不平衡程度精确测量出来。

四、自由贸易区投资及产业合作的政策效应

区域经济一体化中投资流入及产业集聚整体上能够提高经济效率，增进福利，但同时也带来了区域发展的不平衡。这种不平衡不仅体现在成员国之间，而且也会导致任意一个成员国内部各区域发展不平衡，尤其是沿海地区和边缘地区。这两种不平衡的原因是一致的，都是由于贸易成本下降导致工业集聚于大市场地区，但不平衡的幅度大为不同。国家之间的不平衡往往体现在生产方面，经济集聚更倾向于那些大市场的国家；但国内区域发展不平衡往往被劳动力自由流动所削弱，在一个更为自由的要素流动环境中，国内发展不平衡会随着劳动力及资本的自由流动逐渐平复，甚至形成新的经济集聚中心，弥补了区域发展的不足。

这些区域经济一体化组织所产生效应的能量及经济结果的研究对现实政策具有很好的指导作用。一方面，由于区域经济一体化导致了区域内部整体福利的提升，各成员方需要通过各类贸易、投资、产业及要素等方面的自由化措施尽快取得自贸区产业集聚效应带来的福利增进。另一方面，区域经济一体化产业集聚不平衡效应决定了各国需要采取一些稳定政策保证各成员国以及成员国内部地区所受到的不平衡冲击不要过大，否则容易导致区域经济一体化面临崩溃。其中由于具备较大市场的国家及地区得到了更多的经济福利提升，具有提供区域公共产品的能力和义

务，强调了成员方政策的协同（Nishikimi，2008）。另外也有学者提出了休克疗法（Baldwin，2004）以及自由化政策的战略性控制（Fujita 和 Mori，1996；Rodriguez-Clare，2007），从一个国家单边政策视角对这种不对称冲击提出了应对措施，也具备一定的现实指导意义。

第二节　FTA 框架下的投资自由化：中日韩比较分析

一、中日韩利用外资发展现状比较

1. 中国利用 FDI 的发展现状

2011 年 1—12 月，中国新批设立外商投资企业 27712 家，同比增长 1. 12%；实际使用外资金额 1160. 11 亿美元，同比增长 9. 72%①，成为发展中国家中最大的 FDI 东道国。中国吸引外资的前十大来源国家和地区（按实际 FDI 投资额计算）分别是中国香港、英属维尔京群岛、日本、美国、中国台湾、韩国、新加坡、开曼群岛、德国和英国。

日本和韩国都是中国最重要的 FDI 来源国。根据中国商务部的最新统计，来自日本的 FDI 在 2004 年达到 62. 5 亿美元，此后总体上呈现下降趋势。在 2010 年和 2011 年，来自日本的 FDI 分别为 3. 38 亿美元和 1. 49 亿美元。截至 2011 年年底，中国吸引来自日本的 FDI 累计达到 799. 3 亿美元。中国吸引来自韩国的 FDI 走势与日本的情况类似，在 2005 年达到峰值（517 亿美元）后逐年下降。在 2009 年、2010 年和 2011 年韩国在华 FDI 分别为

① 联合国贸易和发展会议：《世界投资报告》，2012 年。

27 亿美元、26.9 亿美元和 25.5 亿美元。截至 2011 年年底中国吸引的来自韩国的 FDI 累计达到 498.5 亿美元。

虽然从流向来看中国是以吸引 FDI 为主，但中国的对外直接投资在近年来也出现了明显的快速增长。2011 年，中国对外直接投资流量达到 746.5404 亿美元，对外直接投资存量累计达到 4247.8067 亿美元。《世界投资报告 2012》指出，2011 年度的中国对外直接投资流量和存量分别占全球的 5.1% 和 1.4%，位居所有经济体的第六位（不含中国香港）和所有发展中经济体的第一位。截至 2011 年年底，中国对外直接投资存量最大的前十位国家和地区分别是中国香港，英属维尔京群岛、开曼群岛、澳大利亚、新加坡、美国、卢森堡、南非、俄罗斯和法国。

与来自日本和韩国的 FDI 相比，中国向这两个国家输出的 FDI 投资额较小，尤其是对日本输出的 FDI 更少。根据中国商务部的统计，2010 年和 2011 年，中国对日本输出的 FDI 投资额分别为 3.3799 亿美元和 1.4942 亿美元。截至 2011 年年底，中国对日本输出的 FDI 累计为 13.6622 亿美元。2011 年和 2012 年中国对韩国输出的 FDI 分别为 3.4172 亿美元和 7.27 亿美元。截至 2012 年年底，中国对韩国输出的 FDI 累计为 23.0968 亿美元。①

2. 日本利用 FDI 的发展现状

2010 年，日本的 FDI 流入达到 12.5 亿美元，累计 FDI 流入存量达到 2148 亿美元。② 日本政府一直在努力促进吸引 FDI 输入日本。2011 年，日本 FDI 流入达到 17.6 亿美元，同比增长

① 中国商务部：《统计数据》（截至 2013 年 3 月 1 日），http://www.mofcom.gov.cn/article/tongjiziliao。

② 联合国贸易和发展会议：《世界投资报告》，2011 年。

40.8%，累计FDI流入存量达到2257亿美元。[①] 2011年，累计的FDI流入存量约是2000年的4.5倍。2011年，日本按存量计算的前五大FDI来源国（地区）分别为美国（710亿美元）、荷兰（399亿美元）、法国（205亿美元）、开曼群岛（185亿美元）和新加坡（160亿美元）。[②] 来自于中国和韩国的FDI规模仍然非常有限，但都呈增长趋势，2011年来自于中国的FDI为5.6亿美元，来自于韩国的FDI约为23亿美元。

日本在对外投资方面表现活跃。2011年，日本对外直接投资额为1144亿美元，对外直接投资存量达到9627亿美元。[③] 日本的对外投资正在发挥着比对外贸易更加重要的作用，因为其对外投资收支平衡已连续6年超过贸易收支平衡。[④] 2011年，日本按存量计算的前五大FDI投资目的地分别为美国（2755亿美元）、荷兰（850亿美元）、中国（834亿美元）、开曼群岛（680亿美元）和澳大利亚（494亿美元），其中对中国的投资增长最快。[⑤]

自2003年日本—韩国投资协定生效以来，日本向韩国输出的FDI大大增加。2011年，按存量计算，日本向韩国输出的FDI达到126亿美元，比2003年增长了2.5倍。[⑥]

---

① 联合国贸易和发展会议：《世界投资报告》，2012年。

② 日本贸易振兴会，按国别和地区统计的日本FDI流入总额（国际投资现状）。

③ 联合国贸易和发展会议：《世界投资报告》，2012年。

④ 2010财年，日本的投资收支平衡约为12.1万亿日元，而同年的贸易收支平衡约为6.5万亿日元。

⑤ 日本贸易振兴会，按国别和地区统计的日本FDI输出总额（国际投资现状）。

⑥ 日本贸易振兴会：《日本贸易与投资数据》（截至2013年3月1日），http：//www. jetro. go. jp/en/reports/statistics/。

虽然中国和韩国已成为日本重要的外国直接投资目的地，但截至2011年，（按流量计算）日本向这两个国家输出的FDI分别仅占日本对外直接投资总额的11.0%（中国）和2.1%（韩国）。考虑到与中韩两国在地理上的临近和贸易关系，日本对这两国的直接投资仍处于较低水平。

3. 韩国利用FDI的发展现状

2011年，韩国FDI流入额为46.6亿美元。[①] 按存量计算，韩国主要的FDI来源国分别为美国（653亿美元）、日本（262.6亿美元）、荷兰（203亿）、英国（119亿美元）和德国（96亿美元）。中国也已成为韩国重要的FDI来源国之一，2011年中国对韩国的FDI投资额达到创纪录的3.42亿美元，与2000年的0.76亿美元相比有了显著增长。中国对韩国的累计投资额已达到15.8亿美元（1962年至2011年）。[②]

2011年，韩国对外直接投资达到20.4亿美元。[③] 中国是韩国最大的FDI投资目的地。自1992年建立双边外交关系以来，韩国对中国的直接投资额从1991年的0.85亿美元增长到2011年的25.51亿美元。在过去的30多年中（1980年至2012年8月），韩国对中国的直接投资存量达到513.3亿美元。韩国其他的对外直接投资目的地分别是美国（487亿美元）、中国香港（148.6亿美元）、越南（141.5亿美元）和英国（109亿美元）。日本也是韩国重要的对外直接投资目的地之一。在过去的30多年中，韩国对日本的FDI存量达到43.31亿美元。在过去十年

① 联合国贸易和发展会议：《世界投资报告》，2012年。

② 韩国知识经济部：《统计公布》（截至2013年3月1日），http：//www.mke.go.kr/language/chn/economic/key_ list.jsp。

③ 联合国贸易和发展会议：《世界投资报告》，2012年。

中，韩国对日本的直接投资显示出稳定的增长态势，从2001年的0.958亿美元增长到2011年的2.31亿美元。①

4. 中日韩三国相互投资比较

虽然中日韩三国的经济颇具规模，而且地理位置临近，但是三国之间的投资还远未达到应有的水平。2011年，三国之间的投资流量为122亿美元，仅占世界FDI总流量的0.8%。② 与稳定的区域内贸易比重相比较，三国之间的区域内投资比重仍然处于较低水平而且波动剧烈。2004年，区域内的投资流入和流出比重分别为19.8%和22.7%。但在2009年，上述两项数据分别下降到6.3%和6.8%。这些统计数字表明本区域内的FDI仍然具有巨大的增长潜力。③ 总体而言，中日韩三国之间的双边投资呈现出以下状况。

先就中国来看，截至2011年年底，中国对日本的直接投资累计达到13.6622亿美元。2011年1—10月，中国对日本的直接投资额为0.0959亿美元，大多数投资流向零售、制造业、运输和仓储以及商业服务领域。截至2011年年底，中国对韩国的直接投资累计达到15.83亿美元。2011年1—10月，中国对韩国的直接投资额为0.3970亿美元，大多数投资流向贸易、船运、银行和一些制造业部门。

再从日本的情况来看，2009年至2011年，日本对中国的直

① 韩国知识经济部：《统计公布》（截至2013年3月1日），http：//www.mke.go.kr/language/chn/economic/key_list.jsp。

② 2009年，全球FDI投资额为1.114万亿美元（联合国贸易和发展会议统计）。

③ 例如，北美自易区投资自由化条款生效后，美国、加拿大和墨西哥之间的区域内投资比重已经达到40%。在欧盟以确保资本自由流动为目标的单一市场建立后，欧盟区域内投资比重由1998年的40%上升到2008年的55.7%。

接投资分别为 0.84 亿美元、3.38 亿美元、1.49 亿美元。尽管 2009 年表现出迟滞的发展趋势，但之后发展仍然十分迅速，尤其是在非制造业部门显示出的良好发展势头，如房地产、批发、零售、租赁和商务服务业等。流向中国制造业部门的日本 FDI 下降为 46.9%，为历史最低纪录。[①] 日本对韩国的直接投资在 2011 年上半年增长了 45.6%，主要的投资部门不仅包括制造业（增长 20.3%），如电器或电子设备的材料及元件部门，也包括服务行业（增长 62.3%），如金融和保险、批发零售等部门。[②]

最后从韩国的情况来看，截至 2011 年年底，韩国对中国的直接投资累计达到 15.83 亿美元，其中 77%的投资集中在制造业部门。[③] 但非制造业部门的投资比例呈现出持续上升的趋势，从 2006 年的 19.4%提高到 2010 年的 29.5%。投资比较集中的服务业部门包括金融和保险、分销和建筑等。截至 2010 年年底，韩国对日本的直接投资累计达到 39 亿美元，其中 86.8%的投资集中在服务业部门，主要包括房地产、分销、运输和仓储服务等。

总的来看，在 2009 年至 2011 年间，中日韩三国之间的相互投资呈上升趋势。具体而言，日韩向中国的投资逐渐向非制造业行业转移；而中国对韩国投资主要集中在贸易、船运、银行和一些制造业部门，日本对韩国服务业投资增长迅速。这些意味着中日韩均可以在投资自由化中获得相应的利益。

① 中国统计局：《中国统计年鉴》（2012），http：//www. stats. gov. cn/tjsj/ndsj/2012/indexch. htm。

② 韩国知识经济部：《统计公布》（截至 2013 年 3 月 1 日），http：//www. mke. go. kr/language/chn/economic/key_ list. jsp。

③ 中国商务部：《2011 年韩国对外直接投资情况分析》，http：//www. mofcom. gov. cn/aarticle/i/dxfw/cj/201204/20120408062533. html。

二、中日韩三国的外国投资法律框架

1. 中国的外国投资法律框架

在过去的30多年中，中国政府逐步建立了全面和透明的外商投资法律框架，尤其是从中国加入WTO以来得到了进一步完善。在中国进行直接投资的企业被划分为三个主要类别，分别是中外合资企业、中外合作企业和外商独资企业。关于FDI的详细产业政策主要体现在“外商投资产业指导目录”。根据该指导目录，在中国的外资项目被划分为鼓励类项目、限制类项目和禁止类项目，不包含在指导目录中的项目为允许类外商投资项目。通过对外商投资产业指导目录的及时和适当修订，中国力图积极、合理地引导外国资本输入，以提高对外开放水平和利用外资质量。目前，在中国开展的外商投资项目仍需中央或地方政府依照投资类别与价值进行审批许可。近年来，中国正在持续地努力简化审批程序。

为了保证公平税负，促进公平竞争，创造良好的市场和投资环境，自2010年12月1日起，中国对国内企业和外商投资企业实施了统一的税负制度。但同时，中国仍然在实行各种形式的外商投资促进政策和措施。例如，投资于中西部地区优先产业的外商投资项目可享受多项优惠政策。对于参与投资农业、林业、畜牧业和渔业、重要公共基础设施商业运营、环境保护、节能节水，以及存在技术转让的外商投资企业，其经营收入的企业所得税可以得到减免。一些省级和地方政府也在通过建立外商投资服务中心、经济技术开发区和保税区等形式努力改善投资环境，并在地方税收、研发、人力资源、土地使用等方面向外商投资企业提供更多便利化措施和优惠政策。

2. 日本的外国投资法律框架

总体来说，日本原则上在绝大多数产业部门都欢迎外资进入。但日本的 FDI 相关法律框架《外汇和外贸法》规定了输入日本的 FDI 需遵循的一般程序，其与 OECD 相关规则完全一致。通常的原则是事后报告制度，仅在数量有限的行业要求事前通知：包括有关国家安全、公共秩序和公共安全的部门，以及可能“对国家经济的顺畅管理产生重大负面影响”的部门。除此之外，一些相关法规还针对各产业部门的 FDI 作出了具体的规定，如《日本电报和电话公司法》、《船舶法》、《采矿法》、《民用航空法》、《货运代理法》、《无线电广播法》等。

进入 21 世纪以来，日本政府实施了积极吸引 FDI 流入的政策，例如为地方政府官员提供会见外国投资者的机会，以推进地方产业发展，或通过研讨会和访问项目等方式，在公共机构与外国投资者之间建立联系。日本贸易振兴会（JETRO）作为日本的投资促进机构，始终致力于促进日本吸引 FDI 的工作。例如，为外国公司的具体经营活动提供有关法律和条例信息；通过由日本贸易振兴会运作，分布在日本主要工业区六个城市的日本投资业务支持中心（IBSC）为外国新投资者提供早期服务，包括租赁办公室、提供市场调研信息搜集服务等。此外，JETRO 还采取一些金融激励措施来协助外资企业启动新业务，设立地区总部或研发机构。

2010 年，日本政府实施了“新增长战略”。该战略将日本的未来投资政策定位为吸引外国资本在日本建立高附加值企业。今后，日本还将针对外国公司制定具体的行动计划，提供更广泛的政策选择，包括通过新立法的形式制定更有效的投资激励机制。

3. 韩国的外国投资法律框架

自1998年亚洲金融危机爆发以来，韩国加快了国内投资制度的自由化，以吸引外资帮助韩国从危机中复苏。作为投资领域的基本法，《外国投资促进法》（FIPA）于1998年生效。《外国投资促进法》致力于保护和促进外商投资自由化，并制定了投资程序，向外国投资者提供支持和激励的措施，指定外国投资特别区，等等。

在韩国开展外国投资的程序包括：外国投资的通知、投资资本的汇款、公司登记和业务注册，以及外资公司的注册。上述程序和适用于韩国人的程序基本相同，仅有如下两个不同步骤，即外商投资通知和外资公司注册。但是，对于私营企业的注册而言，"公司登记"的步骤可以免除。

外商投资特别区是吸引外国投资的指定区域。投资于这些区域的外资企业可以享受特殊的激励措施。这种投资区可以分为两种类型：复合型区域和专属型区域。复合型外商投资区是指已被国家或地方指定为出租或销售的工业园区，其目的是吸引中小型的外商投资公司。在运作实践中，这些园区都是租赁型的。专属型外商投资区是根据投资者在地域、时效、激励措施等方面的要求，在特别指定地点为单独外商投资企业划定的区域，其目的是吸引大型的外商投资公司。

2003年，韩国政府还在大韩贸易投资振兴公社（KOTRA）下设立了"投资韩国（IK）"作为韩国的国家投资促进机构，其目的是支持外国企业进入并成功建立外资企业。随着其服务领域逐渐延伸到外资企业建立之后，"投资韩国（IK）"可以帮助外国企业迅速在韩国开展实质业务。

4. 中日韩投资领域的主要限制

(1) 中国投资领域的主要限制

中国主要通过“外商投资产业指导目录”(CIGF)来实现对外国投资的管理。下列类别的外商投资项目属于受限制范围：国内已成熟发展的项目或已从国外完整引进技术的项目，并已经获得满足国内需求的生产能力；仍属于国家吸引外资的试验项目或属于国家特许经营的垄断项目；涉及勘探开发珍稀矿藏的项目；涉及国家统一规划产业的项目；其他受国家法律和行政法规限制的项目。

下列类别的外商投资项目属于禁止范围：危害国家安全或社会公共利益的项目；可能造成环境污染和危害自然资源和人类健康的项目；须占用大片农田，且对环境保护和土地资源开发有害的项目；和/或危害军事设施安全和使用效能的项目；须使用中国特有手工技能或专有技能生产的项目；其他由国家法律和行政法规禁止的项目。

(2) 日本投资领域的主要限制

根据《外汇和外贸法》，下列情况的产业投资需要事先通知：①危害国家安全，成为维护公共秩序的障碍，或妨碍公共安全；②可能“对国家经济的顺畅管理产生重大负面影响”。第一类别投资的事先通知要求根据《OECD 资本流动自由化法案》(以下简称“法案”)的第三章条款设置。第二类别投资的事先通知要求出于保障国家经济目的，并根据“OECD 法案”第二章第二款设置。《外汇法和外贸法》规定，第二类别投资严格限制于农业、林业、渔业、采矿、石油、皮革和皮革制品、空中和海上运输、电信等部门。如某些特定情况下的外国投资违背了《外汇和外贸法》(如危害国家安全)，财政部长及其他有管辖权的部长可以在听取海关、关税、外汇及其他交易委员会意见的基础上，建议或命令更改或中止此类外来直接投资。

（3）韩国投资领域的主要限制

自1998年《外国投资促进法》实施以来，韩国已经基于负面列表的方式开放了其服务部门。根据该法案，韩国政府每年公布所谓的“外商投资综合公共告知书”，作为限制或禁止外商投资的产业部门清单。由于韩国在有关外商投资的国内法律上采用了负面清单的方式，服务部门没有被明确排除在对外资开放的领域之外。

在总共1145个韩国标准产业分类目录中，《外国投资促进法》对62个产业给予了限制外资进入的保护措施，包括公共行政、外交、国防等等（保护类别）。尽管外国人可以投资于所有剩余的1083个产业类别，但其中有28个类别对外资比重有所限制（限制类别）。

虽然中国、日本和韩国在总体上对外国投资持欢迎态度，并一直在努力促进投资自由化和便利化，但中日韩官产学联合研究委员会（JSC）发现外国投资者在三国仍面临着各种形式的投资限制措施，包括公司的外资持股比例、外汇的汇回、签证申请程序、技术转让合同、公司的清算等。

考虑到各国有权在其境内管理外国投资的模式和流动方向，三国希望现有的外国投资限制措施可以逐渐减少或者以有效、可行的方式进行调整，同时也要充分考虑国家安全、社会公共利益，以及投资者利益等。

三、中日韩已签署的 FTA 投资规则

1. 中国已签署的 FTA 投资规则

中国在与东盟、巴基斯坦、新西兰、新加坡、秘鲁和哥斯达黎加已经签署的 FTA 中包括了单独的投资章节。投资章节的主要条款通常包括：定义，适用范围，投资待遇，投资保护和促进，征收，损失补偿，转移，缔约方解决争端，某缔约方与另一缔约方投资者之间的投资争端解决。所有这些 FTA 均规定，缔约方应给予另一缔约方投资者的投资以公平和公正的待遇及充分的保护和安全。国民待遇和最惠国待遇也应相互给予。

中国已于 1988 年和 1992 年分别与日本和韩国签署了投资促进和保护协定。《中国—韩国投资促进和保护协定》已于 2007 年 9 月进行了修订。在上述协定框架内，投资保护措施主要包括间接征用、损害和损失的补偿、资本转移、投资者与合同方的争端解决、透明度、业绩要求等。

2. 日本已签署的 FTA 投资规则

日本一直奉行高标准的投资自由化和投资保护，同时也致力于投资促进。大多数日本已签署的经济伙伴关系协定（EPAs）和双边投资协定（BITs）都包含了广泛的、实质性和程序化的外国投资自由化、促进和保护承诺，体现在以下条款中：①准入前和准入后的国民待遇和最惠国待遇；②禁止超越 WTO“与贸易有关的投资措施协定”的规定；③国民待遇、最惠国待遇、业绩要求（PR）的例外保留均以负面列表的方式列出，并规定了禁止扩展和逐步削减义务；④透明度原则，确保投资相关法律的可预见性和稳定性；⑤转移自由；⑥包括国际仲裁内容的投资者—国家争端解决机制；⑦涵盖服务部门投资的全面规定。此外，日本认为，如公平和公正待遇或所谓的保护伞条款等其他实

质性的承诺，同样也是投资条款的基本原则。

3. 韩国已签署的FTA投资规则

在韩国现有FTA投资规则中，其目标是促进与FTA缔约伙伴国之间的FDI，改善投资环境，以吸引商务人员进入并在东道国开展经营。为了实现上述政策目标，韩国倾向于达成一个涵盖下列核心条款的高质量的投资协议，如国民待遇义务、最惠国待遇义务、取消业绩要求和高级管理层或董事会成员的国籍要求、转移、保障措施、征收和补偿、损失赔偿、最低待遇标准、投资者—国家争端解决机制等等。

韩国已签署的所有自由贸易协定都包括单独的投资章节，阐述了投资自由化和投资保护原则。特别是韩国—东盟FTA投资协定规定了双方在协定生效之日起五年内完成保留清单的谈判。而韩国—欧盟FTA没有包含与投资保护相关的条款，原因在于欧盟委员会没有处理投资保护议题的权利。作为替代，韩国—欧盟FTA规定了在一般原则基础上审查和评估投资法律框架。在上述自由贸易协定中，韩国认为韩国—美国FTA（2007年6月签署）可以作为投资领域的模板。韩国—美国FTA的投资章节包括三个部分和相关附件。第一部分规定了其他缔约方投资者的权利和东道国政府的义务，例如国民待遇、最惠国待遇、最低待遇标准、征收和补偿、转移、业绩要求和高级管理层或董事会成员的国籍要求，以及例外。第二部分规定了一旦上述义务和投资协定被违背情况下的投资者—国家争端解决机制（ISDS）的程序。第三部分规定了相关定义。附件则包括了上述三个部分内容的例外情况和具体阐释，例如国际法惯例、征收、转移等方面的附件。

第三节　中日韩 FTA 投资效应实证框架及分析

一、中日韩 FTA 投资效应的实证框架

总结前文空间经济学理论可以得出，自由贸易区的成立能够对各参与方的国际产业分工从集聚和分散两个方面产生影响，进而带来各参与方的直接投资流向及流量的变换，即自由贸易区的投资效应。① 产业分散力将深化各参与方的国际分工，使得各种经济资源分散到不同国家（地区），跨国公司等企业将重新优化定位自身生产、分销等部门的地理位置，以充分利用各国区位优势，获取静态方面的生产福利最大化。相反，产业集聚力加速了自贸区内部规模效应的发挥，使得各成员方能够更合理地分配资源，提高生产效率，吸引各类企业进入，带来投资流入。自由贸易区所带来的产业集聚力包括有本地市场效应、劳动力流入效应、产业的垂直联系效应、交通枢纽效应以及知识外溢效应，其中本地市场效应及劳动力流入效应尤为重要，在自贸区带来的各类集聚力中扮演了重要角色，见图 3-1。但随着经济全球化的加速、运输网络的发展以及信息化的提高，各种贸易壁垒不断下降，自由贸易区的集聚影响也将体现得越来越明显，对成员方的投资流入水平影响也将越来越大。

另外，一些研究认为自贸区建设能够带来区内国家（地区）的整体资本流入，提高福利水平，但同时也有可能加速了内部区域发展不平衡；那些拥有较大市场的国家更能够发挥本地市场效

① Richard Baldwin, Rikard Forslid, Philippe Martin, Gianmarco Ottaviano, Frederic Robert-Nicoud: *Economic Geography and Public Policy*, Princeton University Press, 2003, p. 81.

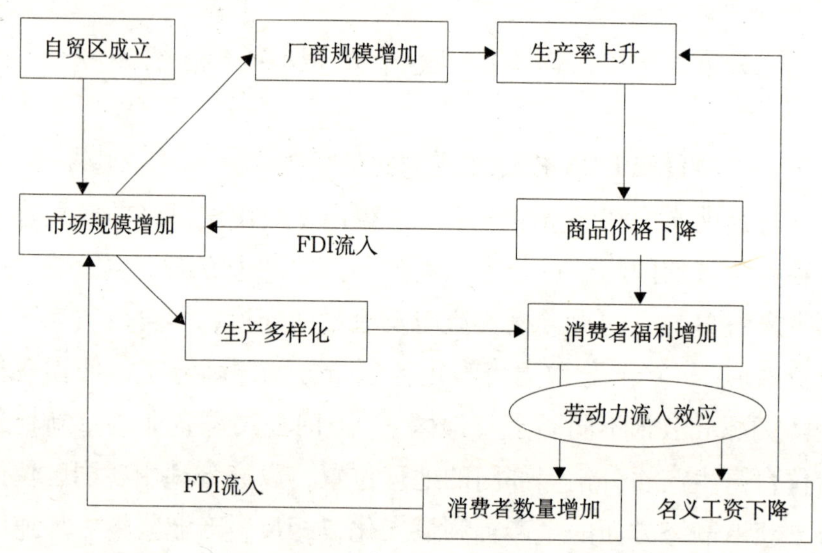

图 3-1　自由贸易区成员方 FDI 流入及产业集聚影响解析

资料来源：根据本章理论分析绘制而成。

应，促使劳动流入加速，形成交通枢纽地位，更大地提升其投资地位并获取福利增长。这种不平衡的经济发展结果意味着自贸区中的大国应承担更多的责任和义务以应对不对称冲击的出现，宜采取谨慎态度推动区域经济一体化进程。但与此同时，也有研究者认为自贸区建设更有可能带来的是产品的多样化和产业内贸易的盛行，这样经济不对称冲击也许不会发生，预示着成立经济一体化组织的成本较低，可以加速经济一体化组织的成立以更快获得福利增进（DeGrauwe，1997）。因此，从实证角度测度中日韩自贸区能否带来 FDI 流入，并且在此基础上进一步分析 FDI 流入及产业集聚的形成原因是因为促进了成员国专业分工化程度，还是因为带来了产品的多样化导致各成员国企业规模扩张，在理论上至关重要，本节也将从这两个层面来测度中日韩自贸区带来的投资效应及产业集聚效应大小和方向。对前者的实证分析将在选取合适的控制变量的基础上，采用倍差法度量自贸区成立对成员方 FDI 流入的影响。而对后者的实证分析将利用自贸区前后导致的贸易结构反向证明自贸区产业集聚的影响，即自贸区带来产业集聚是因为促进了各成员产业专业化分工的话，与伙伴国的贸易结构将表现为彼此产业间贸易的加强；而如果因为带来了产品多样化和规模效应的话，与伙伴国的贸易结构将表现为彼此产业内贸易的兴盛。实证框架见图 3-2。

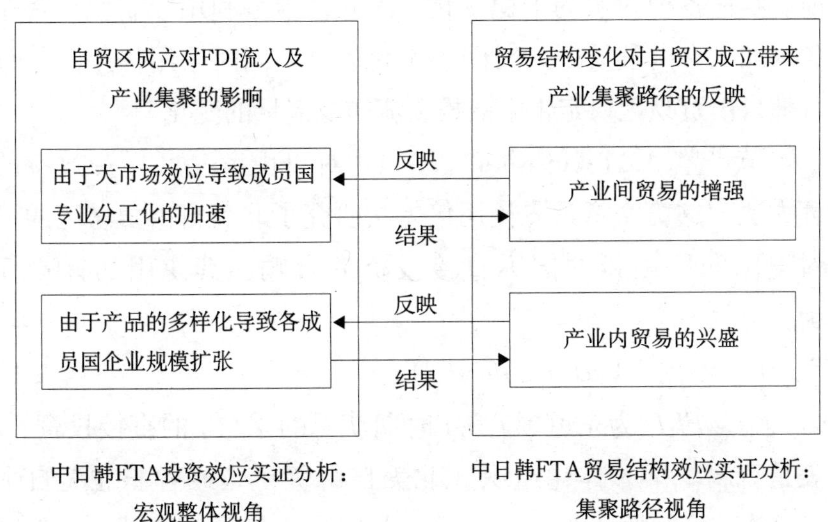

图 3-2　中日韩 FTA 投资效应及贸易结构效应实证框架

资料来源：根据本节分析绘制而成。

二、中日韩 FTA 投资效应实证分析

1. 实证模型及样本说明

引力模型是长期以来自由贸易区投资效应实证研究中使用较为广泛的工具，但近来一直被学术界批评，指责其缺乏现实微观基础，处理太过随意。一般传统的自由贸易区经济效应的研究中

普遍将自由贸易区的成立当作一个外生变量予以对待，直到最近才尝试将其内生化处理（Baier 和 Bergstrand，2007；Egger 等，2008）。从这些研究结果来看，传统方法低估了自由贸易区的经济影响；在使用内生化处理后，计量结果的精确程度以及对经济一体化各种经济效应的解释力度也得到了改善。之所以会产生这样的结果，正是由于内生化处理有助于找准合适的控制变量以修正倍差法估计值，不再简单假定处理和对比成员国在加入自由贸易区前后其他各种因素的平稳变化。因此，本节利用控制变量将东亚各国加入自由贸易区的时间内生化处理，同时采用倍差法估计中日韩自由贸易区协定带来的投资流向及流量的变化。

本节借鉴 A. Tekin-Koru（2010）对自由贸易区投资效应的处理方法，这篇文章最先使用倍差法研究了北美自由贸易区的成立对美国和墨西哥的国际直接投资的影响，其使用的计量模型为：

$$FDI_{ijt}=\alpha+\beta dr+\gamma D_h+（dr \times D_h） \tag{3.1}$$

其中，FDI_{ijt}为东道国 i 在 t 时期获得的来自 j 的直接投资；r 代表是否属于某一体化组织（北美自由贸易区或者非北美自由贸易区）；dr 为虚拟变量，如果是北美自由贸易区则为 1，否则为 0。h 代表东道国的类型。D_h为虚拟变量向量，其对应三个东道国类型，当东道国直接投资来源于自贸区内部国家时，取值为 1，否则为 0。可以明显看到，模型（3.1）所代表的实证简化了倍差法的运用，而忽略了时间因素。为此，本节将时间因素加入估计，模型（3.1）可以修正为：

$$FDI_{ijt}=\alpha+\beta_1 d_i+\beta_2 D_t+\beta_3（d_i \times D_t）+\varepsilon_I \tag{3.2}$$

正如上文所述，模型（3.2）的缺陷在于过于简单的使用虚拟变量测度解释变量的变化，忽略了其他关键指标的影响，容易发生内生化问题。为此将各类关键指标当成控制变量集引入模型以解决内生化问题，那么模型（3.2）可以变为：

$$FDI_{ijt}=\alpha+\beta_1 d_i+\beta_2 D_t+\beta_3(d_i\times D_t)+\beta_4 X_{it}+\varepsilon_{it} \tag{3.3}$$

结合公式（3.2）可以知道，此时β_3代表的变化为：

$$\beta_3=TSE_{11}-TSE_{10}-(TSE_{01}-TSE_{00})-\beta_4[X_{11}-X_{10}-(X_{01}-X_{00})]$$
$$=\text{dif}-\beta_4[X_{11}-X_{10}-(X_{01}-X_{00})] \tag{3.4}$$

此时β_3表示抛去了其他控制变量影响之后一国加入自贸区前后直接投资的变化，能够精确度量自贸区带给各成员国生产转移的影响。方程（3.4）中还可以看到，传统未经过内生化处理的倍差法由于缺少控制变量X_{it}，很容易低估其影响，即式中$X_{11}-X_{10}-(X_{01}-X_{00})$部分，从而使$\beta_3$估计值过大。但同时需要注意的是，这种间接因素的影响如果不能导致处理组和对比组差异扩大或减少的话，$X_{11}-X_{10}-(X_{01}-X_{00})$可能等于零，即加入前后两组差异变化将会相互抵消掉。这样，我们在选取控制变量时应该注重那些加入自由贸易协定前后加速或减速变化的因素。根据上文空间经济学理论说明，选择生产和消费指标集合作为控制变量集解决内生性问题，因为无论是本地市场效应还是劳动力流动带来的消费改变，都在自贸区建设前后发生了较大的变化，也是导致成员方选择自贸区伙伴国的主要考虑因素之一，是导致自贸区投资效应实证研究中内生化问题出现的根源所在。

将生产和消费指标集合作为控制变量带入到公式（3.3），可以得到估计模型：

$$FDI_{ijt}=\alpha+\beta_1 d_i+\beta_2 D_t+\beta_3(d_i\times D_t)+\beta_4(C_{i,t-1},G_{i,t-1},I_{i,t-1},P_{i,t-1},L_{i,t-1})+\varepsilon_{it} \tag{3.5}$$

其中，FDI_{ijt}为i国在t时期的直接投资流入，用以表示该国的投资效应。d_i及D_t都是虚拟变量，当同属一个自贸区成员国时

$d_i=1$，否则取值为0；自贸区成立之前 D_t 取值为0，成立之后取值为1。C、G、I、P 及 L 分别代表人均消费、人均政府购买、人均投资、人口数量及劳动效率（用单位劳动产出衡量），为控制变量集。ε_{it} 为残差项。为了避免各指标单位不同给模型估计带来干扰，在计量时对除虚拟变量以外指标的数值取对数。

由于倍差法运用中需要找到合适的对比组进行计量处理，本节选择在“10+3”东亚合作框架范围内进行相应的对比分析。不仅因为能够为中日韩 FTA 内成员方找到对比组（东盟诸国），而且由于“10+3”框架下中日韩三国本身就同东盟有着不同程度的贸易自由化安排，选择同样的国家作为对比能够更精确计量出中日韩 FTA 带来的投资效应。同时本节也纳入新西兰及澳大利亚两国作为对比组样本进行稳健性分析，以确保估计结果的精确与稳定。

样本区间选择1980—2010年年度数据，为了体现出内生化关系，我们将控制变量滞后一期，即控制变量时间选择为1979—2009年。样本区间考虑主要是基于数据的可获得性及现实情况，控制变量数据来源于 PTW7.0 中经过同一方法不变价格调整后数据，基期为1996年，具备了较为统一和恰当的比较基础。另外，原始对比组中东盟样本只选择东盟原始成员五国，这样选取的目的有两个：第一，能够保证观察组和对比组成员的对称性，而且东盟五国数据统计中很少有缺失现象发生；第二，东盟原始成员五国吸引外资占东盟吸引外资比重已经高达85%以上，对中日韩三国相互投资占东盟整体对中日韩三国相互投资比重更是高达90%以上。所以只对东盟原始成员五国进行计量分析已经可以代表东盟产业转移水平，同时还减少了其他东盟小国不稳定样本的干扰。另外，对比组的选取是否合理是决定倍差法处理成功与否的关键，为了避免样本选择偏误，我们将澳大利亚及新西兰纳入对比组进行了相应稳健性检验。因为他们与东亚各国经济联系比较紧密，同属于“10+6”自贸区框架。

2. 估计结果及稳健性分析

由于截面单位个数和时间序列长度大小相当，将面板模型设置为混合模型。估计方法上选取面板数据的最大似然估计（LS 估计）。估计权重选择为似无相关回归（SUR），以消除截面异方差和同期相关。各时期初始状态影响定为无，以符合倍差法在贸易协定效应中的假定，即除控制变量之外一国加入自贸区前后其他各因素的时间状态没有差异。计量结果见表 3-1。

表 3-1　东盟 5 国以及新澳两国对比组下中日韩自贸区投资效应估计结果

变量		东盟五国对比组			新西兰、澳大利亚两国对比组		
		估计 1	估计 2	估计 3	估计 4	估计 5	估计 6
$d_i \times d_t$		0. 0358* (0. 9122)	0. 04267** (2. 3237)	0. 0400* (0. 9122)	0. 2973*** (11. 26741)	0. 3009*** (14. 77838)	0. 2980*** (15. 603)
C (-1)		-2. 4786*** (-5. 7361)	—	-2. 635*** (-4. 8112)	-0. 7380*** (-16. 873)	—	-0. 9838*** (-2. 6154)
G (-1)		0. 9329*** (2. 3320)	—	1. 0256*** (3. 0562)	1. 7496*** (10. 3188)	—	2. 9915*** (12. 6317)
I (-1)		1. 5471** (2. 3437)	1. 9750*** (15. 2699)	1. 8586*** (12. 5756)	1. 1026*** (10. 7071)	1. 0778*** (11. 1428)	1. 1549*** (9. 8474)
P (-1)		—	0. 6867*** (11. 393)	0. 6268*** (15. 140)	—	0. 4901*** (7. 5288)	0. 3576*** (13. 578)
L (-1)		—	1. 093836*** (9. 3711)	1. 17979*** (2. 6815)	—	-0. 7897*** (-6. 4031)	-0. 6333*** (-3. 1554)
统计指标	R^2	0. 6874	0. 8671	0. 7325	0. 6937	0. 8451	0. 7439
	D-W 值	1. 5432	1. 4268	1. 2185	1. 6334	1. 5163	1. 3423

注：所有回归结果均由 Eviews 6. 0 计算得出，括号内数据为 t 统计值，***、**、* 分别表示在 1%、5%及 10%水平上显著。

从表3-1各类估计结果来看，即使采取不同的变量组合及不同的对比组，除了劳动效率指标的方向发生了变化，其他解释变量无论在方向还是显著性上均保持了良好的一致性。同时，两种对比组结果中模型R值均接近0.75，虽然D-W值略微偏低，都不超过1.7，但面板数据D-W值本身容易低估，大体上模型还是有着较好的拟合度。另外，对比估计1—6，不难发现剔除变量之后D-W值略有提高，说明变量之间确实存在一定自相关，但计量出发点更加注重的是预测，较低的D-W值并不会导致太大干扰。以上分析均表明本节计量结果是比较稳健的，结果对中、日、韩自贸区投资效应具备较好的预测力度。

模型最大的不稳定性出现在变量劳动效率的系数的方向上，即L（-1）的系数。在使用两国对比组时，劳动效率系数为正值，但使用四国对比组时，其系数都是负值。说明模型在劳动效率对投资流入的影响幅度的估计并不稳定，原因如下：劳动效率较高能够吸引一定的企业流入该地区，具备一定的人才优势；但同时劳动效率较高的地方，一般生活成本和要素成本都较高，这种拥挤效应妨碍了投资流入；在这两种相反的作用力的影响下，劳动效率对投资流入的影响本身可能并不稳定。

3. 估计结果说明

从本节估计系数的方向来看，将不稳定的劳动效率指标排除，具备实际意义的解释变量指标中有四个为正值，分别为政府购买G、资本总量I、人口数量P）投资效应$di \times dt$；同时解释变量人均消费C指标的系数为负值。这种估计结果表明在中日韩自贸区内部，那些拥有更小的人均消费以及更多政府购买、资本总量及人口数量的国家得到了更多的产业转入，而且加入自贸区对一国产业转入有着较为明显的拉动作用。需要解释的是，在

“10+3” 自贸区内部各国中，人均消费 C 与产业转入为负相关关系，与前文空间经济学理论分析中集聚力的探讨结论相悖。其原因可能在于以下两个方面：第一，按照投资的生命周期理论，人均消费较高地区已经成为了净投资国，其对外投资将远远超过资金流入；第二，随着区域内外开放程度不断提高，全球贸易成本不断下降，消费带来的集聚效应不像规模生产带来的集聚效应那么明显。

从本节估计系数的值来看，将不稳定的劳动效率指标排除，具备实际意义的解释变量指标的系数大小排序是较为稳定的，只有政府购买对产业转入的排序发生了变化，其他因素从大到小依次为：人口数量、资本规模、人均消费及自贸区的投资效应。这种估计结果说明了对中日韩自贸区而言，各国产业转入影响力从大到小分别为人口数量、资本规模、人均消费及自贸区的投资效应。

另外，专门就“10+6”框架下中日韩参加的各类自贸区的投资效应而言，虽然投资效应方向为正并且显著性良好，但其数值大小在所有变量中是最低的。说明各类自贸区所导致的正向产业转移效应比较微弱，远远不及那些更为直接的因素，例如生产规模及消费规模，内部潜力还有待挖掘。原因可能有以下几个方面：第一，东亚经济体之间在东南亚金融危机之后实现了分工重组和深化，目前分工态势较为稳固，难以发生大规模的生产转移；第二，东亚经济本身早已是各国投资的热点地区，自贸区通过降低内部贸易壁垒从而拉动外部进入该地区投资的效果有限；第三，东亚区域经济一体化进程较为滞后，而且基本集中在贸易领域的开放，投资合作刚开始起步，未能收获全部利益；第四，东亚区域经济一体化中，政治制衡因素表现极为明显，区域内部中日韩三国本身有相互制衡的传统，而且出于美国利益需要东亚区域经济一体化谈判往往无功而返，这些政治因素都极大的限制了东亚各类自贸区在投资方面作用的发挥。

三、中日韩 FTA 贸易结构效应实证分析

1. 实证估计及稳健性分析

与上文保持一致，本部分借鉴模型（3.5）所使用的倍差法及控制变量来对中日韩 FTA 贸易结构效应进行实证测度，仍然将东盟 5 国及澳大利亚和新西兰作为对比组来计量说明自贸区带来的贸易结构变化，并进行稳健性分析。

我们沿用较为广泛的 Grubel-Lloyd 指数来表示产业内贸易结构，其计算公式如下：

$$GLI_{ijk}=2\times min\left(Export_{ijk},\ Import_{ijk}\right)/\left(Export_{ijk}+Import_{ijk}\right) \quad (3.6)$$

其中，下标 i、j 表示国家，下标 k 表示产业；*Export* 表示出口，*Import* 表示进口。

结合上文的内生化结果，将各指标代入方程（3.2）中得到估计方程：

$$GLI_{ijt}=\alpha+\beta_1 d_i+\beta_2 d_t+\beta_3 d_i\times d_t+\beta_4\left(SC_{ijt},\ SG_{ijt},\ SI_{ijt},\ SP_{ijt},\ SL_{ijt}\right)+\varepsilon_{ijt} \quad (3.7)$$

由于截面单位个数和时间序列长度大小相当，我们将面板模型设置为混合模型（实际上 F 检验也是支持混合模型的）。估计方法上，我们选取面板数据的两阶段最小二乘法进行估计以消除解释变量和扰动项之间可能相关所导致的估计有偏性。估计权重选择为似无相关回归（SUR），以消除截面异方差和同期相关。各时期初始状态影响定为无，以符合倍差法在贸易协定效应中的

假定，即除控制变量之外一国加入自贸区前后其他各因素的时间状态没有差异。

由于此处主要是考查中日韩三国在签订自由贸易协定后各类商品的贸易结构效应，我们选取中、日、韩同东亚其他各国1995—2010年年度贸易数据作为被解释变量样本；同上文一致控制变量均滞后一期，时间选择为1994—2009年。商品种类遵循海关合作理事会制定的《商品名称和编码协调制度》（HS92）标准划分为22类。其中，第19类（武器、弹药及其零件、附件）、第21类（艺术品、收藏品及古物）及第22类（特殊交易品及未分类商品）属于特殊商品，常规年份数据值很低且缺失很多，因此不纳入计量检验。

表3-2的回归结果显示，无论是使用哪种对比组，几乎在所有的商品种类中贸易结构效应系数 β_3 的估计值均较为显著，基本上都通过了1%的显著性水平，同时也具备了较好的 R^2 值和D－W统计量，说明模型对中日韩三国组建自贸区贸易效应具备较强解释力度。从更换对比组国家的检验结果来看，使用不同的对比国家对结果没有显著性影响，β_3 系数方向保持了良好的一致性，仅仅在3个种类中发生了变化。

表3-2　中日韩 FTA 贸易结构效应估计及稳健性检验

对比组	东盟五国（第一栏）			澳大利亚及新西兰（第二栏）			东盟五国、澳大利亚及新西兰（第三栏）		
HS 编码	β_3	R^2	D－W	β_3	R^2	D－W	β_3	R^2	D－W
1	−0.0873** (−2.4657)	0.8689	1.8530	−0.1923*** (−4.7320)	0.9103	1.7452	−0.1123*** (−3.7523)	0.9621	1.9327
2	−0.0861*** (−6.1421)	0.9486	1.3410	−0.1254* (−1.7425)	0.9641	1.5627	−0.14032*** (−18.3710)	0.9714	1.8541

续表

对比组	东盟五国（第一栏）			澳大利亚及新西兰（第二栏）			东盟五国、澳大利亚及新西兰（第三栏）		
HS 编码	β_3	R^2	D-W	β_3	R^2	D-W	β_3	R^2	D-W
3	0.0480 (0.9751)	0.8412	1.8112	0.2741*** (7.0350)	0.7210	1.7814	0.0689*** (4.1281)	0.9021	1.5410
4	0.1801*** (6.6325)	0.8954	1.6741	0.3014*** (7.6721)	0.9314	1.8102	0.3187*** (12.0047)	0.9800	1.9140
5	-0.4102*** (-7.0514)	0.8108	1.5405	-0.0210 (-0.4012)	0.8811	1.5647	-0.3422*** (-7.8140)	0.8352	1.8129
6	0.0801* (1.7611)	0.9814	1.5730	0.0710* (1.7036)	0.8677	1.6170	0.0955*** (3.9014)	0.9900	1.7312
7	-0.1712*** (-8.7410)	0.8012	1.5314	-0.3587*** (-6.3457)	0.9617	1.7124	-0.2017*** (-12.2371)	0.8947	1.7856
8	-0.5014*** (-9.1473)	0.8104	1.5479	-0.0610 (-0.8415)	0.8941	1.5470	-0.2288*** (-7.1301)	0.7814	1.6974
9	0.2014*** (4.5678)	0.8877	1.6874	-0.0741** (-1.9102)	0.8647	1.5890	0.1674*** (6.6741)	0.9870	1.7841
10	-0.1874*** (-6.3240)	0.9640	1.8470	-0.3512*** (-9.1140)	0.9014	1.7859	-0.2610*** (-11.461)	0.9614	1.9470
11	-0.4102*** (-10.1120)	0.9012	1.5710	-0.0410 (-1.4623)	0.9634	1.7761	-0.1573*** (-8.6614)	0.9364	1.8137
12	-0.0041 (-0.3541)	0.9614	1.8970	0.0213 (1.1506)	0.9871	1.4872	-0.0421*** (-4.9573)	0.9648	1.8436
13	-0.2361*** (-4.1043)	0.9742	1.6210	-0.0712* (-1.9102)	0.9758	1.5702	-0.2436*** (-6.9514)	0.9810	1.8021
14	-0.0810** (-2.3201)	0.6677	1.9231	-0.2131 (-1.6725)	0.6842	1.9547	-0.1324*** (-3.5421)	0.7140	1.9543
15	-0.2013*** -5.4583	0.8642	1.6873	-0.1785*** (-2.9210)	0.7436	1.6721	-0.2014*** (-6.8921)	0.9631	1.9324
16	-0.1125*** (-3.4201)	0.9647	1.8213	-0.4423*** (-6.7621)	0.9325	1.7234	-0.0864*** (-5.8634)	0.9784	1.8853
17	-0.1325* (-2.0140)	0.9745	1.6473	0.1240** (2.1020)	0.8412	1.6270	-0.1428*** (-5.9873)	0.9643	1.7634

续表

对比组	东盟五国（第一栏）			澳大利亚及新西兰（第二栏）			东盟五国、澳大利亚及新西兰（第三栏）		
HS 编码	β_3	R^2	D-W	β_3	R^2	D-W	β_3	R^2	D-W
18	0.5120*** (15.473)	0.9421	1.6765	0.1537* (1.9012)	0.8346	1.7436	0.4310*** (14.5712)	0.9623	1.7274
20	-0.0610*** (-2.8436)	0.9069	1.7431	-0.0028 (-0.1423)	0.8476	1.7983	-0.0489** (-2.0102)	0.9426	1.7687

注：Grubel - Lloyd 指数根据中经网数据库相关数据计算而得，所有回归结果均由 Eviews6.0 计算得出。由于中经网贸易数据中缺少柬埔寨、文莱及老挝数据，PTW6.3 中缺少缅甸数据，且这四国在我国贸易中所占比重极小，故而样本中没有纳入这四国数据。括号内数据为 t 统计值，***、**、* 分别表示在 1%、5%及 10%水平上显著。

2. 计量结果说明

为保证对比组数量足够充分，使估计结果更为稳健，我们使用 7 国对比组的检验结果来比较各商品种类 β_3 系数的大小及方向，见表 3-2 第三栏。整体来看，19 个商品种类中有 14 类商品的 β_3 系数为负值，说明了中日韩自贸区的成立总体上减小了各国之间的 Grubel - Lloyd 指数，降低了产业内贸易水平，促进了产业间贸易的兴盛。中日韩自贸区所带来的经济福利增长主要是依赖于深化成员国国际分工取得的，符合东亚经济发展环境及趋势。这种深化分工的发展模式必然导致经济一体化组织系统风险较高，各国遇到不对等需求冲击的可能性较大。各成员方在应对不对等冲击时势必须要更多的公共财政支持，经济发展更依赖于经济一体化组织提供的公共产品。

表 3-2 第三栏估计结果中 5 个 β_3 系数为正值的商品，按系数从大到小排序为：光学、照相、电影、计量、检验、医疗或外科用仪器及设备、精密仪器及设备、钟表、乐器，及上述商品零件、附件；饮料、酒、醋、烟草及烟草代用品；木及木制品等；

化学工业及其相关工业的产品；动、植物油、脂及其分解产品，精制的食用油脂，动、植物蜡类。在这些商品领域，我国产业内贸易在中日韩自贸区组建之后将得到加强。此领域内企业需要注重发展其差异化产品，迅速占有市场份额以获得规模效应，尤其是排在前面的精密仪器、化工产品和饮料类。同时，由于中日韩三国均有着较大的市场容量，这些产业将给中日韩自贸区提供极好的发展机会，有利于一体化更深入的开展。

表 3–2 第三栏估计结果中 14 个 β_3 为负值的商品，按系数从大到小排序为：矿产品；木浆及其他纤维状纤维素浆，纸及纸板的废碎品，纸、纸板及其制品；石料、石膏、水泥、石棉、云母及类似材料的制品，陶瓷产品，玻璃及其制品；生皮、皮革、毛皮及其制品，鞍具及挽具，旅行用品、手提包及类似品，动物肠线（蚕胶丝除外）制品；贱金属及其制品；塑料及其制品、橡胶及其制品；纺织原料及纺织制品；植物产品；车辆、航空器、船舶及有关运输设备；天然或养殖珍珠、宝石或半宝石、贵金属、包贵金属及其制品，仿首饰，硬币类；活动物、动物产品；机器、机械器具、电气设备及其零件，录音机及放声机、电视图像、声音的录制和重放设备及其零件、附件；杂项制品；鞋、帽、伞、杖、鞭及其零件，已加工的羽毛及其制品，人造花，人发制品等。这些商品种类几乎包括了我国进出口额度最大的几类，如纺织品、机械设备和矿产品等。中日韩 FTA 建立后，这些商品产业间贸易将会加强，各成员国主要是通过自身禀赋优势深化分工取得福利增进。但同时各成员国在这些行业中不对等需求冲击出现的概率较高，需要中日韩 FTA 加强内部产业协调。

第四节　中日韩 FTA 投资自由化的发展前景

一、中日韩 FTA 投资自由化的影响因素

与国际贸易活动不同的是，国际投资活动经常涉及资本输入国和资本输出国的国家经济安全这一敏感问题。尤其对于中日韩三国而言，经济发展水平存在明显差异，政治经济法律制度也截然不同，各自对于相关领域的投资开放问题有着不同的考量。但是从整体利益来讲，投资自由化可以为中日韩三国带来福利的提升。因此，可以从积极因素和消极因素两个层面来对中日韩 FTA 中的投资自由化进行分析。

1. 影响中日韩 FTA 投资自由化的积极因素

中日韩经贸往来非常密切，三国之间的投资活动频繁。早在 1992 年，中韩两国就已经签署了双边投资协定。2007 年 9 月，中韩两国重新签署了《中华人民共和国政府和大韩民国政府鼓励和相互保护投资的协定》。相比较而言，新签署的协定措辞更加准确，内容更加全面，更能体现现代双边投资协定的时代特点。日本对华投资早在中国改革开放之初就已经开始，1988 年中日两国签署了《中华人民共和国和日本国关于鼓励和相互保护投资协定》。该协定是当时为数不多的赋予缔约方投资者在投资许可以及与投资许可有关的事项方面（即投资准入阶段）以最惠国待遇的中外双边投资协定，具有明显的超前性。2002 年 3 月，日韩两国也签署了为期 10 年的《大韩民国政府与日本国政府投资自由化、促进和保护协定》。为加速中日韩经济一体化进程，三国领导人在 2003 年 10 月于印尼巴厘岛召开的第七次东盟与中日韩领导人会议上一致同意由三国政府、产业界和学术界就

三国投资安排的模式开展非正式的联合研究。由于《日韩双边投资协定》即将到期以及《中日双边投资协定》部分条款的滞后，在2009年10月召开的第二次中日韩领导人会议上，日本提出，希望中日韩三国尽快签署一份三方投资协定，为日后签署中日韩自由贸易协定奠定基础。2012年5月3日，中日韩三国在北京签署了《中华人民共和国政府、日本国政府及大韩民国政府关于促进、便利和保护投资的协定》（CJK Investment Treaty，以下简称《中日韩投资协定》）。

众所周知，自贸区建设的基础是贸易的自由化，而资本、技术、人力资源等便利化和自由化是自贸区向高层次建设的重要路径。由于投资活动的敏感性，贸易协定往往先于投资协定。通常情况是，在进行FTA谈判的国家之间往往会签署多边或者双边投资协定，然后以此为基础推动FTA框架下的投资自由化。而中日韩投资协定却打破常规，先行签署，必然产生投资对贸易的创造效应和促进机制，促进三国自由贸易协定的顺利推进和最终签订，从而为中日韩FTA建设奠定基础。作为中日韩第一个促进和保护三国间投资行为的法律文件和制度安排，投资协定是中日韩FTA谈判所取得的一次高层次合作成果，将有力地推动中日韩FTA建设的步伐。

第一，投资协定将为中日韩三国投资者提供更为稳定和透明的投资环境，进一步激发三国投资者的投资热情，促进三国间经贸活动更趋活跃，推动三国经济的共同发展和繁荣，产生三方共赢的结果。当前，中日韩三国已经在产业上形成了较为成熟的生产网络。三国投资协议的签署将使中日韩产业发展更加紧密，同时带动技术、人力资源等要素更为便利地流动，从而为中日韩经贸发展向自贸区、经济共同体等更高层次的合作打下基础，进而产生示范效应，推动“10+3”进程，促进东亚乃至亚洲区域经济一体化进程。

第二，中日韩投资协定的签署将有力地推进各方产业的发展。金融危机后日本经济复苏乏力，以及受日本地震灾害频发等问题影响，日本制造企业也在不断加快全球生产布局调整，扩大向海外转移一些关键零配件的产能，以降低成本、控制风险。这将成为全球产业格局重新划分的一次机遇。韩国急于摆脱狭小国内市场的制约，也在大力寻找产业低成本和全球市场配置空间。而中国的产业升级也需要“引进来”和“走出去”，引进和吸收先进技术，并充分利用外部资源与市场。中日韩投资协定的签署将为各自国内产业的发展提供新的动力，中国企业可以加强与日韩两国企业的合作，从中消化吸收其先进技术和管理经验，通过产业合作达到加快产业调整的目的。

第三，中日韩投资协定的签署将有力地推动中国国内体制改革。中日韩投资协定需要更为开放和透明、符合国际惯例的国内经贸体制支撑。改革开放以来，中国实际上走的是一条以改革求开放、以开放促改革的道路，随着开放的深入，经济体制改革也不断深入，我国经济社会环境日益优化。但从整体上看，投资环境仍存在着不符合国际惯例，存在着吸引外资和对外投资需求方面的制度缺陷，投资协定签订将产生对国内相关体制改革的倒逼机制，促进国内相关体制改革的深化。

2. 影响中日韩 FTA 投资自由化的消极因素

虽然中日韩投资协议以一种正式制度的形式描绘了三国之间在国际投资领域合作的蓝图，但是政治和文化冲突也可能会影响到国际投资合作的效果。此外，区域投资体系与消费体系的衔接问题，以及中国在国际投资领域的制度和能力建设问题，都可能会给中日韩 FTA 中的投资自由化产生消极影响。

第一，中日韩之间的政治以及领土纠纷肯定会影响到相关的投资活动。作为美国的盟友，韩国和日本为谋取最大利益，运用“政经分离”的外交政策游走于中美之间。一方面，在安全和外交领域，日本和韩国强化美日同盟、美韩同盟以提升其在东亚地区的地位；另一方面，在经济领域，日本和韩国又牢牢抓住宝贵的“中国机遇”和巨大的“中国市场”，以获取经济发展的动力。欧洲经济一体化实践经验表明，政治在推动区域经济合作方面发挥着非常重要的作用。东亚地区虽然在经济合作方面存在着共同利益，但在意识形态方面存在着对立和冲突，特别是美国重返东亚的全球战略加剧了这一趋势，甚至不惜另起炉灶构建跨太平洋伙伴关系协议以架空 APEC 合作机制，从经济上制约中国。从长远来看，政治和经济利益冲突不仅可能成为影响中日韩投资协议执行效果的一个重要因素，而且也左右着东亚区域经济一体化进程。

第二，日本、韩国的投资促进条款还需要进一步细化。就中国、日本、韩国的投资促进政策而言，中国自 20 世纪 90 年代初期起就对包括日本和韩国在内的外国企业给予了一系列的税收、土地等方面的优惠措施，甚至在某些领域外资企业还享受了“超国民待遇”，但是韩国当地文化和工会力量、日本产业体系自身的封闭与保守却可能成为中国企业在上述两国投资的障碍。虽然在协议中明确提出了投资促进条款，但这一条款还比较笼统，在实践操作中日本和韩国政府进一步细化投资促进的具体措施，可能是该协议需要关注的一个重要方面。

第三，中国的制度和能力援助没有给予足够的重视。在投资定义、国民待遇和最惠国待遇等一些主要条款上，中日韩投资协议基本上沿袭了美式双边投资协议的“高标准”。与日本和韩国不同，中国是世界上最大的发展中国家，许多企业缺少国际化运营人才、技术和管理水平相对较低，政府在提高政策透明度、建立投资促进机构以及合作开展投资促进活动，或者对国内政策或经济体制框架进行调整时常常困难重重。日本和韩国应当把制度、能力和技术援助作为履行市场准入、透明度、知识产权等条款的前提条件，加强对中国的人力资源培训，提高其履行国际投资协议义务的能力。中日韩投资协议对消费型投资没有作出具体的安排。与美国和欧洲经济增长模式不同，在“雁行”发展模式带动下，日本、韩国和中国之间的对外直接投资更多的是生产加工能力的转移，东亚生产网络内用于本地区最终消费的产品比例不足 30%，而大部分产品则出口美国和西欧，对美国和西欧消费市场的过度依赖也为西方国家干预东亚内部事务提供了借口和机会。然而，在中日韩投资协议中，虽然投资定义颇为广泛，但对有利于推动东亚地区消费增长的医疗、教育等社会服务类型的投资并没有提及，更没有作出具体的安排。

二、中日韩 FTA 投资自由化的前景

中日韩投资协定自 2007 年启动以来，历时 5 年，中日韩三方先后进行了 13 轮正式谈判和数次非正式磋商，于 2012 年 3 月下旬圆满结束。该协定共包括 27 条和 1 个附加议定书，囊括了国际投资协定通常包含的所有重要内容，包括投资定义、适用范围、最惠国待遇、国民待遇、征收、转移、税收、一般例外、争议解决等条款。未来中日韩 FTA 投资自由化将会以此协定为基础进行推进。

第一，提高市场的透明度将是中日韩 FTA 投资自由化的主

要目标。与贸易活动相比，投资活动对于目标市场政策环境的透明度要求更高。从已发布的《中日韩自贸区可行性研究报告》可以看到，中日韩三国已经意识到投资自由化带来的经济利益。可以预见在自贸区框架下，构建一个透明稳定的投资环境将是投资合作的主要目标，即中日韩三国将推进投资规则和法律的透明化，为三国的投资者提供更为稳定的政策框架和更加开放的投资体制。《中日韩投资协定》中专门对于透明度问题进行了阐述，其中约定：其一，各缔约方应及时公布或用其他方式公开提供该方普遍适用的法律、法规、行政程序、行政裁决、司法判决，以及该缔约方加入的、与投资行为有关或影响投资行为的国际协定。各缔约方政府应让公众容易获得主管该法律、法规、行政程序及行政裁决的机关的名称及地址。其二，缔约一方制定或者修改显著影响本协定实施及运行的法律、法规的，该缔约方应尽力保证此法律、法规的公布或公开与生效之间有合理的间隔，但涉及国家安全、外汇汇率、货币政策以及公布后会妨碍法律实施的其他法律、法规除外。其三，应另一缔约方请求，各缔约方均应在合理期限内通过现有双边渠道，对关于该缔约方任何实际或建议的、可能重大影响另一缔约方及其投资者在本协定项下权益的措施，回应另一缔约方的具体问题并提供信息。其四，各缔约方应当依据其法律法规事先公布会影响本协定所涵盖的任何事项的普适性法规；向公众提供就投资相关法规发表意见的合理机会，并且在该法规通过前考虑这些意见。

第二，强调各参与方对投资自由化的具体承诺将是中日韩FTA投资自由化的重点工作。自由贸易协定在内容上更加侧重投资流动自由化的宗旨，所以在投资合作中强调各参与方对投资自由化的具体承诺。然而，中日韩三国经济发展水平存在差异，并且投资会涉及更多的国内利益，因此可以预见三国会对投资合作的适用范围进行明确界定。根据已经签署的《中日韩投资协定》，中日韩将投资合作所涉及的“投资”界定为投资者直接或间接拥有或控制的、具有投资性质的各种财产，例如资本或其他资源投入、收益或利润预期或风险承担等。投资的形式可能包括：企业及其分支机构；企业的股份，股票或其他参股形式，以及由此衍生出的权利；债券、信用债券、贷款及其他形式的债务，以及由此衍生出的权利；合同权利，包括统包、建设、管理、生产或者收益分配合同；金钱请求权，以及请求履行具有与投资相关经济价值的合同的权利；知识产权，包括著作权及相关权力，专利权，以及与实用新型、商标、工业设计、集成电路布图设计、植物新品种、商号、产地标识、地理标识及未披露信息相关的权力；依据法律法规或合同授予的权力，如特许权、许可、授权及许可证；以及任何其他有形及无形财产，动产、不动产以及任何相关的财产权利，如租赁、抵押、留置权、质押权。而“投资行为”则是指投资的管理、运营、经营、维持、使用、享有、出售或其他处分行为。

第三，设计相应的争端解决机制将是中日韩FTA投资自由化进程中的必然选择。投资争议是指缔约一方与缔约另一方投资者之间的争议，前一缔约方被指违反其在本协定项下与投资者或投资者在前一缔约方领土内投资相关的任何义务致使或导致该投资者遭受损失或损害。中日韩三国经济制度迥异，在推进投资自由化的进程中可能遇到很多争议，相信设计相应的争端解决机制将是三国的必然选择。在《中日韩投资协定》中，三国约定任何投资争议应尽可能通过作为投资争议当事方的投资者（以下称“争议投资者”）与作为投资争议当事方的缔约方（以下称

“争议缔约方”)之间通过友好协商解决。为了进一步确保投资争议的解决，中日韩三国将从制度化角度进一步推进和设计争端解决机制。

三、中国参与中日韩 FTA 投资自由化的对策建议

当前，中日韩之间贸易投资关系发展迅速。彼此对于对方市场的重视，都将是推动三国投资自由化的前提和基础。对于中国而言，进一步推动中日韩 FTA 中的投资自由化进程，更大程度确保自身在 FTA 中的投资利益将成为中国的必然选择。

第一，将中日韩 FTA 中的投资自由化视为中国企业“走出去”的巨大机遇，推动中国企业进一步开拓日韩市场。近年来，中国经济发展迅速。“走出去”的动因大体有两个方面：对于投资发展中国家而言，更多的是转移产能、降低成本、获取资源和市场；对于投资发达国家而言，更多的是获得先进技术和高端市场，实现全球价值链升级。日韩两国经济发展水平和国际开放程度高，中日韩 FTA 中的投资自由化将为中国企业进入日韩创造机遇和更方便的条件，提高企业的技术水平和开拓国际市场的能力，从而推动“走出去”战略的发展。

第二，进一步推动中国产业升级，使其与日韩产业对接更加畅通。东亚地区是世界经济的一个热点地区，东亚地区国家的经济发展有其自身的特点。第二次世界大战后从东亚产业发展的状况看，有从日本到韩国、中国台湾、中国香港、新加坡，再到中国、印尼、马来西亚、泰国、菲律宾的产业转移趋势。当前一层次的国家（地区）进入了高一级的主导产业，会将低层次的产业逐步转移到后一层次的国家（地区），而后一层次的国家（地区）会利用转移的产业提高自己的整体产业水平，然后将更低

层次的产业转移到落后层次的国家（地区），从而形成一种产业结构阶梯上升的发展模式。国家间产业转移是基于比较优势下产业接续、分工和合作的过程，其受到各国发展阶段、生产要素价格、技术水平、经济政策等因素的综合影响，目的是降低研发、生产和销售成本，从而获取竞争优势。具体到中日韩三国可以发现，日本学者提出的“雁行模式”已经悄然发生了改变，日本虽然依靠强大的科技、经济实力，在高新技术产业方面领先于中国和韩国，但在整体实力上，中国和韩国已经减少了同日本的差距，甚至在某些领域超越了日本，中日韩三国的产业格局将出现齐头并进、相互交叉竞争和合作的态势。对于中国而言，进一步推动产业结构升级，并且将其产业发展方向与日韩对接，是获得更多自贸区投资收益的基础。

第三，在参与中日韩 FTA 投资自由化进程中重视投资保护及临时保障问题。与日韩企业相比，中国企业仍然存在一些竞争优势不足的问题。尤其与贸易不同的是外国投资是一个在政治上比较敏感的问题，它涉及对一个国家资产和资源所有权的控制。在推动投资自由化的同时，中国应该强调投资保护以及一些临时保障措施的使用。因此，只有让日韩两国在推动投资合作的过程中意识到，投资保护和投资自由化不能以牺牲缔约国的国家利益、产业安全和社会公共利益为代价，只有承认缔约方政府对外国投资者及其投资拥有广泛和必要的监管权力，才能达成一个“平衡、务实、共赢”的三方投资协定。在已经签署的《中日韩投资协定》中，三国专门设置第二条“促进及保护投资条款”声明：“缔约一方应鼓励其他缔约方投资者在其领土内投资并为之创造有利的环境。缔约一方应允许缔约另一方投资者进行投资，但有权依据适用（包括有关外资所有权和控股权）的法律法规行使职权。”另外，还专门设置了“临时保障条款”，约定出现以下任何情形，缔约一方可采取或维持与其在第三条项下跨境资本交易相关义务及其在第十三条项下义务不相符的措施：严重的国际收支平衡及外部财政困难或迹象；或在特殊情况下，资金流动造成、或有迹象造成宏观经济管理（特别是货币及外汇政策）严重困难。此外，对于金融问题作了单独的说明：“尽管协定有任何其他规定，但并不禁止缔约一方出于审慎采取与金融服务有关的措施，包括为保护投资者、储户、投保人或金融服务提供者对其负有托管责任的人而采取措施，以及为确保金融体系完整性和稳定性而采取措施。”因此，中国应该进一步强调投资保护及临时保障问题，特别敦促日韩两国履行相关承诺，切实保障自身投资利益。

第四章　中日韩 FTA 的服务贸易自由化

20 世纪 90 年代以来，区域贸易自由化发展迅速，已成为当今世界经济的重要趋势。作为亚洲地区重要的经济体，中国、日本和韩国都非常重视服务业和服务贸易的发展，因此，在未来的中日韩 FTA 中，服务贸易必将成为自由化谈判的关键领域。

第一节　中日韩 FTA 服务贸易自由化的理论基础

一、服务贸易自由化的内涵与特征

1. 服务贸易

服务业作为传统的产业部门已经有数千年的发展史，但是“服务贸易”概念的提出却是近几十年的事情。据文献记载，“服务贸易”的概念最早出现在 1972 年 9 月经济合作与发展组织（OECD）的《高级专家对贸易和有关问题的报告》中。1974 年，美国在《1974 年美国贸易法案》第 301 条款中首次使用了“世界服务贸易”的概念。1989 年，《美加自由贸易协定》（1992 年扩展为《北美自由贸易协定》）成为世界上第一个在国家间协议上正式定义服务贸易的法律文件。1986 年 9 月开始的关贸总协定乌拉圭回合谈判将服务贸易列入谈判议题，并在 1994 年 4 月 15 日达成了《服务贸易总协定》（General Agreements on Trade in Services，GATS)。

服务贸易指生产者和消费者之间对服务的销售和交付，发生在不同国家或经济体的生产者和消费者之间的服务贸易称为国际服务贸易①。由于服务本源的庞杂性，服务贸易的定义也不尽相同；加之服务跨国交易的复杂性，理论界及国际经济组织对服务贸易的定义也存在差异。

目前，在诸多对服务贸易的界定中，GATS对服务贸易的定义较为全面，在实践中应用得较为广泛。GATS在其第一部分第一条中指出了服务贸易的“范围与定义”，共包括以下四种服务贸易形式：一是跨境提供（Cross Border Supply)，即在一个成员方境内向任何其他成员方境内提供的服务；二是境外消费(Consumption Abroad)，即在一个成员方境内向其他任何成员方的服务消费者提供的服务；三是商业存在（Commercial Presence)，即一个成员方的服务提供者在任何其他成员方境内以商业存在的形式来提供服务；四是人员流动（Movement of Personnel)，即一个成员方的服务提供者在任何其他成员方境内以自然人的形式提供的服务。需要注意的是，GATS中的服务不包括政府以履行政府职能为目的所提供的服务。

与货物贸易相比，服务贸易有其自身的特征，其中最主要的特征是服务的生产、交易与消费三者具有同一性，同时进行，不可储存，不可分离。因此，不同于货物贸易的关税壁垒、配额或许可证等监管形式，服务贸易的壁垒一般采用禁止条款(Prohibitions)、配额及政府管制（Government Regulation）的

① 若无特别说明，本节中的“服务贸易”均指国家之间的服务贸易，即“国际服务贸易”。

形式。

2. 服务贸易自由化

贸易的自由化是指在贸易实践中取消或降低阻碍商品和服务国际间自由流动的障碍，包括关税减让以及非关税壁垒（如许可证、配额的取消等）。

服务贸易自身的特点，决定了服务贸易自由化与货物贸易自由化有所不同。虽然服务贸易自由化的重要性不言而喻，但是国际上还没有统一的关于服务贸易自由化的定义。我国学者对服务贸易自由化作出了不同的解释。张汉林（2002）将服务贸易自由化定义为："一国政府在对外贸易中，通过国内立法和国际协议，逐渐减少政府对服务以及与服务有关的人员、资本、货物、信息等在国家间流动的行政干预，放松对外贸易管制的过程。"该定义体现了服务贸易自由化的两个重要方面：一是服务贸易自由化体现在服务及相关部门行政干预的减少及对贸易管制的放松；二是服务贸易自由化的实现是以国内立法或协议的形式来实现的，需要经过国家之间的谈判以达成自由化协议，同时还强调了服务贸易自由化是一个"过程"，不可一蹴而就。范小新（2002）认为服务贸易自由化是"为实现服务贸易的贸易目标，提高经济效率、优化资源配置和经济福利最大化的经济目标，以及国家利益最大化的总体目标，各国（含国家集团）通过各种途径在本国并促使其他国家采取减少直至最终消除妨碍服务贸易自由、公平市场竞争的法律和规定，建立并维护服务贸易自由、公平的市场竞争规则的充满矛盾和冲突的曲折的过程"。该定义在经济利益之外，强调了"国家利益"的目标，以及国家的政治安全；强调了自由化是一个"过程"，可能会经历完全封闭、内部自由化、外部自由化及完全自由化几个阶段；并且这个过程是“充满矛盾的、冲突的、曲折的”，因为这必定是一个代表不同利益的国家或国家集团之间的博弈与合作、冲突与融合并存的过程。邓力平等（2005）认为自由化的“化”体现了渐进的动态发展过程。在此基础上，结合GATS中“逐步自由化”的原则与思想，他们将服务贸易自由化理解为：“服务贸易自由化的必要条件是有效的、自由的和公平的市场准入；在互利的基础上，服务贸易自由化必须是权利和义务的全面平衡；服务贸易自由化是包括发展中国家在内的自由化，发展中国家政策目标及整个或个别服务部门的发展水平决定了服务贸易自由化的进程。”该定义强调了服务贸易自由化应该是公平、互利的，应当把发展中国家包括在内，并且服务部门的发展对自由化进程十分重要。

虽然各学者对服务贸易自由化的定义不尽相同，但综合上述定义，可以看出服务贸易自由化具有几个重要的特征：一是服务贸易自由化关乎国家的整体利益，其开放关系到一个国家经济、政治甚至文化领域，因此其开放更需谨慎、具有战略性；二是服务贸易自由化是对国内服务部门管制的削减，需要国家之间的协商与谈判，这也决定了服务贸易自由化是一个长期的、逐步的、动态渐进的过程；三是随着世界经济的发展及全球经济的融合，发展中国家的服务贸易自由化是全球服务贸易自由化过程中不可或缺的一环，由于服务业发展水平不高，发展中国家在服务贸易自由化过程中的自由化策略就显得尤为重要。

二、服务贸易自由化的福利分析

1. 服务贸易自由化的福利效应：基本分析

理论研究表明，服务贸易自由化可改善一国的福利水平。具体来看，服务贸易自由化可以通过以下途径提高各国的经济利益：第一，服务贸易自由化可以提高国内消费者的福利水平。服务贸易自由化使得国内消费者具有更多的选择性，选择比服务部门开放前更为高质、低成本的服务，增加服务消费的多样性，从而提高自身福利。第二，外国服务供应者可以为本国提供更优质、成本更低或者是国内需要但本国又不能满足的服务，有助于解决生产发展与服务业发展水平不相适应的问题，促进一国的经济发展。第三，服务贸易自由化使得本国同类服务提供者提高服务质量，增加创新以降低成本，增强竞争力，因而可以促进本国服务业部门增强创新意识，提高本国国内服务业的水平。第四，服务贸易自由化使得服务资源在全球或区域内部重新配置，服务资源的配置更为有效。因此，服务贸易自由化可以提升一国的经济效率，促进经济增长，增加福利。

若将服务看作一种类似商品的可贸易的消费性服务要素，假定传统的 H－O 模型所有的假设条件均成立，构造 2×2×2 模型可进行一般的福利分析。假设有两个国家 D 和 F，两种商品 G 和服务 S，D 为服务要素禀赋丰裕、商品要素禀赋稀缺的国家，F 为服务要素禀赋稀缺、商品要素禀赋丰裕的国家。若实现自由贸易，则 D 国进口商品，出口服务；F 国进口服务，出口商品。两国通过进行自由贸易，提高了本国的整体福利。

如图 4-1 所示，G_d—S_d与 G_f—S_f曲线分别为本国与外国的生产可能性曲线，Q_d为贸易后本国的生产点，Q_f为贸易后外国的生产点，C 点为贸易后两国的消费点。贸易之前，两国均只能在其生产可能性曲线之内消费商品和服务；而贸易之后，两国均可在其生产可能性曲线之外的 C 点消费，因此服务贸易提高了两国整体的福利水平。

这种情况下，虽然总体上看整个国家的福利水平提高了，但

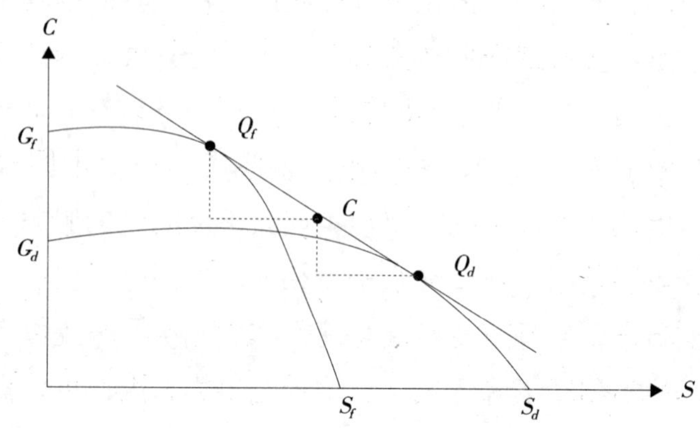

图 4-1　服务贸易自由化的整体福利效应

资料来源：笔者绘制。

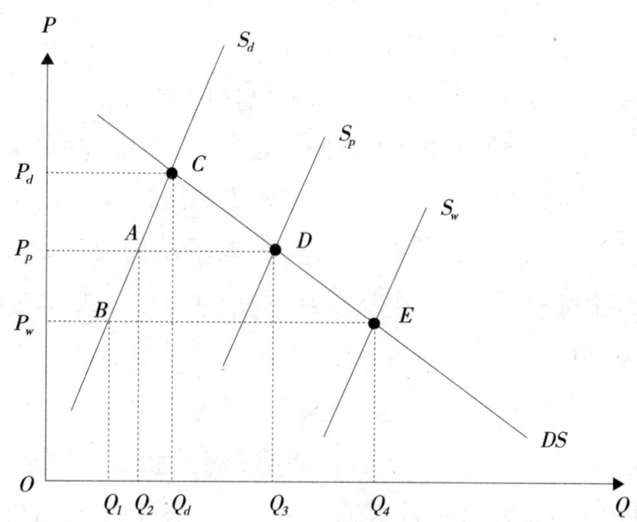

图 4-2　服务贸易自由化福利在消费者和生产者之间的分配

资料来源：笔者绘制。

国内消费者与生产者的福利变化却不见得都增加，具体分析见图 4-2。假设国内服务市场为完全竞争市场，但不对外开放，国内

对服务的需求为 DS，国内供给 S_d，此时国内服务的价格为 P_d，国内消费数量为 Q_d。若对服务部门的限制部分放松，允许满足一定条件的国外服务供应商进入，服务供给由 S_d 增加到 S_p，国内服务价格降至 P_p，国内消费数量为 Q_3。部分开放使得消费者剩余增加 P_d-P_p-CD，而生产者剩余减少 P_d-P_p-CA，国内福利共增加三角形 ACD 的面积，即部分的服务贸易开放使得国内福利增加。若国内服务贸易市场完全开放，国内服务贸易的价格降至世界水平，则国内总福利增加三角形面积 CBE，即完全的贸易开放进一步增加了国家整体的福利。但对于国内不同要素所有者来说，福利影响是不同的。服务贸易自由化使得服务的价格下降，消费者可以享受的服务贸易的种类增加。对于提供者来说，各国稀缺要素的所有者的收入相对于丰裕要素所有者的收入来讲是减少的；而对于各国丰裕要素所有者来说，服务贸易自由化的收入是增加的。若政府采取某种收入分配政策，将要素丰裕者的收入转移一部分以弥补要素稀缺者的损失，从整体看服务贸易自由化以后国家的福利水平提高。

2. 服务贸易自由化的福利效应：异质性服务贸易分析

以上的分析是在理想条件下将服务贸易看作是与货物贸易相似的可贸易产品进行的国家整体层面的分析，然而服务贸易有其自身的特殊性。考虑到服务种类的多样性与异质性，不同类型服务贸易的福利效应的结论并不一定如前面分析的那样确定。

（1）生产者服务贸易自由化福利分析

生产性服务是一种中间投入品而非最终产出，不用于直接消费且不直接产生效用。生产者在生产者服务业市场上购买这种服务，并用于进行工业生产或商务活动。生产性服务业的定义及范围没有统一的明确说明。我国政府在《国民经济和社会发展第十一个五年规划纲要》中将生产性服务业分为交通运输业、现代物流业、金融服务业、信息服务业和商务服务。由此可见生产性服务业的某些特点，如规模报酬递增、为知识与信息密集型行业等。有学者对生产者服务贸易模式与自由化的福利影响进行过深入的分析（Markusen，1989；Francois，1990）。①

在一个两国模型中，假定两国已经实现商品贸易自由化，但是还未实现服务贸易自由化。假定每个国家内部均有商品生产部门与用于服务生产的服务部门，其中商品生产部门生产用于本国消费或者出口的商品（本国专业化生产商品 1，外国专业化生产商品 2），服务部门提供满足生产部门的服务。如图 4-3 所示，*TT* 曲线为实现商品与服务自由化时的世界生产可能性曲线，*UU* 为世界效用曲线。*A* 点为实现商品贸易自由化而未实现服务贸易自由化时的生产点，此时本国生产 Y_1 的商品 1，外国生产 Y_2 的商品 2。在 *A* 点，世界总的效用水平为 *UU* 曲线所代表的效用水平。若服务贸易实现自由化，商品 1 与商品 2 的相对价格由于要素流动进一步调整。本国出口服务，因此本国商品 1 的生产减少；外国进口服务，因此商品 2 的生产会增加。最后的均衡点为 *B* 点，此时 *UU* 曲线与 *TT* 曲线相切于 *B* 点。由此，世界范围内的福利水平会提高。由于相对数量的变化，相对于商品 1，商品 2 的相对价格下降，服务进口国的贸易条件恶化。因此，服务贸易自由化之后服务进口国的福利水平要通过贸易条件恶化与获取更廉价的服务的收益进行比较才能确定服务进口国福利水平总的变化。在本例中，两国的初始消费点均在 *C* 点，实现服务贸易自由化

① 参见谢康：《国际服务贸易》，中山大学出版社 1998 年版，第 251—252 页。

之后，本国禀赋点由 Y_1 移至 D 点，通过出口服务放弃（Y_1-Y_1'）单位的商品 1，换取 DY_1' 单位的商品 2。同时，外国通过进口服务获取额外的 EY_2' 单位的商品 2，在这里 $EY_2'=$（$Y_2'-Y_2$）。因此实现服务贸易自由化之后，本国与外国的预算线分别穿过 D 点和 E 点，斜率与 B 点处的商品价格比相等。本国消费点由 C 点移至 H 点，福利水平提高；而外国消费点由 C 点移至 G 点，福利水平反而下降。由此可见服务贸易自由化对于服务进口国来说，不一定会提高其福利水平。

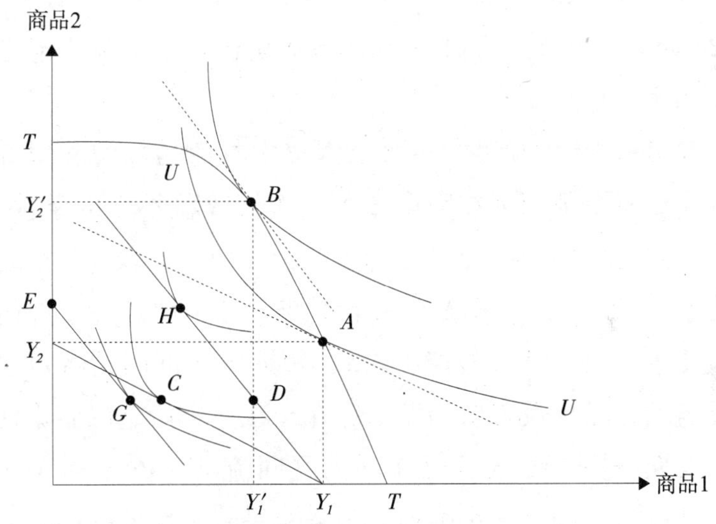

图 4-3　生产者服务自由化的福利效应分析

资料来源：转引自谢康：《国际服务贸易》，中山大学出版社 1998 年版，第 251 页，图 6-5。

（2）服务要素贸易自由化的福利分析

Burgess（1995）讨论了服务要素贸易自由化与一国国民福利之间的关系。它假定服务要素是可贸易的，而服务产品是不可贸易的，因为服务的生产和消费必须同时进行，所以服务产品无法贸易，但服务要素可以通过贸易在国外使用。他认为当一国的特定要素所有者被允许使用该要素在另一国与其他要素相结合提供服务时，服务贸易发生了。服务贸易发生的关键并不在于服务要素在另一国以实体形态出现，而在于该要素与国外的可流动服务要素共同提供了服务。因此，Burgess（1995）所讨论的服务贸易包括以下情形：在国外建立提供服务产品的分支机构，如金融服务、管理咨询服务及法律服务等；或者是关键投入要素的暂时流动以与外国要素结合提供服务，如建筑工程服务或其他专业性服务等；还有一种情况甚至没有发生地理位置上的变化就产生了服务贸易，如专利许可。虽然这些服务贸易的形式有其局限，但Burgess（1995）所讨论的服务贸易包含了GATS定义中服务贸易的主要形式。

在Burgess的模型中，每个国家中有商品部门和服务部门两个部门，每个部门都在完全竞争及规模收益不变的条件下生产。每个部门均使用两种要素进行生产：一种是可以在部门之间流动的要素（劳动），且该要素总量不变；另一种是各个部门使用的特定要素（资本或高技能工人），短期内各部门的特定要素供给是固定的，如果没有贸易壁垒存在，在一个给定的固定使用费率上，长期内特定要素可以在国家之间流动。Burgess（1995）的研究结论是，若一个小国消除服务贸易限制性壁垒而代之以对外国服务要素收入征税，该国的福利水平变化是不确定的，取决于贸易的服务要素与其他要素是替代性的还是互补性的。如果特定服务要素贸易引起了该国对特定商品要素更多的需求，则服务贸易自由化存在潜在的收益；相反，则服务贸易自由化存在一定的成本。因此，若没有一国经济结构的具体信息，无法确定服务贸易自由化是改善还是恶化福利水平。

三、FTA 服务贸易自由化的经济分析

随着服务部门在经济中重要性的增加以及 GATS 的签订，服务贸易逐渐被纳入 FTA 谈判框架。目前尚未有专门就服务贸易自由化而签订的区域性经济一体化协定和单纯的区域性服务贸易集团，区域性服务贸易规则通常是作为区域经济一体化的一部分而存在的。

1. FTA 框架下的服务贸易自由化是服务贸易自由化的重要途径

由于各国服务部门发展情况的不同，多边框架下服务部门开放进展缓慢。GATS 签订后的十多年来，多边的服务贸易自由化并没有取得实质性的进展。与多边服务贸易自由化相比，区域服务贸易自由化虽然在效率上是一种次优选择，但具有一定的优势。

由于地域与文化等方面的原因，很多情况下区域性的规制、合作会比全球范围内的合作更加必要、更为有效。区域间服务贸易谈判往往更有效率，避免了多边情况下最惠国待遇引起的“搭便车”现象。服务贸易壁垒主要采用的是歧视性的规定形式，将其他国家的服务产品或服务要素排除在外，而区域内的服务贸易自由化主要体现在区域内部成员之间互相的服务贸易壁垒的降低，如市场准入条件和政府管制条件的放松等。由于服务贸易自身的特点，这种壁垒往往涉及一些重要的服务贸易领域，如金融、电信等，关系到一国的国计民生与经济安全。由于全球服务贸易发展的不平衡性，各国出于自身的政治经济利益考虑，在对外开放本国服务部门时所作出的开放承诺水平差距较大。因此，在多边谈判中，作出令多方均满意并且有效的服务贸易安排有一定的困难。而区域性的服务贸易自由化是在小范围内达成一

致的服务贸易开放承诺，并且各成员多为发展水平相近或互补的国家，各方利益容易达成一致，相比多边谈判更加具有可执行性。因此，区域性服务贸易自由化是实现服务贸易自由化的一种有效途径。

2. FTA 服务贸易自由化的成本与收益分析

（1）FTA 服务贸易自由化的收益

①服务贸易自由化所带来的经济收益

区域服务贸易自由化可以带来同多边服务贸易自由化一样的经济收益。对于实行服务贸易自由化的整个区域来说，服务贸易自由化促进了区域内服务市场的竞争，可以优化区域内服务资源配置；而对于参与服务贸易自由化的各国来说，服务市场的开放使得更具有竞争力的外国服务厂商进入，一方面可以为当地消费者提供选择更多、质量更好的服务；另一方面竞争的加剧可以增强本国服务厂商的竞争意识，提高服务水平。一般地，实行服务贸易自由化之后，进入本国市场的外国服务厂商具有更高的技术与更高的效率，因此外国服务厂商的进入还可以将更先进的技术与管理经验带到当地，进一步促进当地服务业的发展，提高服务业的效率；同时，生产性服务部门的自由化将有助于提高区域内各国制造业的竞争力。

在全球众多区域性组织中，欧盟无疑是最具有代表性的一个。在欧盟各项一体化措施的推进过程中，服务贸易自由化带来了诸多收益。西班牙保险业的发展可以为服务贸易自由化的收益作一例证。Cummins 和 Rubio-Misas（2006）的研究旨在分析自由化对西班牙保险业的影响，他们的研究时期为 1989—1998 年。在这一期间，欧盟推出了“欧盟第三代保险指令（The European Union’s Third Generation Insurance Directives）”以统一欧盟的保险市场。这给西班牙保险市场带来了巨大的改变：西班牙保险市场的公司数量减少了 35%，但公司的平均规模增加了 2.75 倍。Cummins 和 Rubio-Misas 对西班牙保险市场的成本、技术、分配效率及全要素生产率（TFP）变化进行了测算，发现许多无效率的小公司都被挤出市场，相对有效率的公司进行合并，最终使得整个市场的全要素生产率有了明显提升，促进了西班牙保险业的良性发展。

②FTA 的服务贸易合作可以带来的政治收益

区域一体化所能带来的政治收益是推进区域一体化进程较快发展的重要原因之一。当区域成员进行多边服务贸易自由化谈判时，服务业发展相对落后的发展中国家无疑处于弱势地位，在发达国家的要求下，发展中国家不得不最大限度地开放本国服务业。但若多个发展中国家进行区域性服务贸易合作，在谈判时无疑会提升区域整体及各成员方在多边谈判中的地位，从而进一步提高地区及各成员方的福利。由于服务贸易自由化的实践与理论研究起步较晚，加之发展中国家的服务业较为落后，因此在现实的区域服务贸易谈判中，这一收益目前的体现并不明显。

（2）区域服务贸易自由化的成本

①效率损失

与多边服务贸易自由化相比，区域服务贸易自由化有其优势，但也存在一定的成本。在理想的状况下，GATS 框架下的多边服务贸易自由化无疑是效率最高的自由化形式，可以实现全球范围内资源的最优配置。区域内的服务贸易自由化会将更有效率的服务产品及服务要素排除本区域之外，只能选取次优的服务提供者，形成一定的效率损失。同时，也会损失服务部门在多边情形下享受最惠国待遇所产生的收益。

②短时间内经济的冲击

区域服务贸易自由化也必定会产生任何形式的开放都不可避免的成本：对国内经济各方面的短期冲击，并且这种冲击需要一定的时间调整。虽然进行区域性服务贸易自由化的国家多为发展程度相似或者经济互补的国家，但区域内各国之间服务业的发展也存在差异。当成员方监管机构的监管能力落后于服务贸易自由化的水平时，短期内市场风险将增加，特别是涉及金融、电信等危及国民经济的行业时。对于竞争力较为薄弱的服务部门，服务贸易自由化对其形成的冲击可能会引起短期的失业。但是从长期来看，经过一段时期的调整，开放部门的经济效率会得到一定的提升，成员国的监管部门也会实施相应的调整措施，使监管水平进一步提高以维护本国经济的稳定。

第二节　FTA 框架下的服务贸易自由化：中日韩比较分析

服务业是中国、日本和韩国经济的重要组成部分，在三国经济中发挥着越来越重要的作用。目前，服务业在中、日、韩三国 GDP 中的比重分别为 40%、80% 和 60% 左右，并且还将继续增长。

一、中日韩服务贸易发展现状比较

世界贸易组织的《服务贸易总协定》将服务贸易分为专业服务、通讯服务、建筑服务、分售服务、教育服务、环境服务、金融服务、健康及社会服务、旅游及相关服务、文化和娱乐及体育服务、交通运输服务、其他服务 12 个部门。在数据统计上又将服务贸易分为运输、旅游、通信服务、建筑服务、保险服务、金融服务、计算机和信息服务、专利权使用费和特许费、其他商业服务、个人文化和娱乐服务以及别处未提及的政府服务 11 个大类。按照国际统计惯例，本章的数据均不包含政府服务的内容。

1. 中国服务贸易的发展现状

20 世纪 90 年代以来，中国的服务贸易规模不断扩大，进出口总额快速增长，除 2009 年受全球金融危机的影响出现下降以外，均呈现递增的趋势（见表 4-1）。但是，就服务贸易差额而言，形势并不乐观。1995 年至今，中国的服务贸易持续逆差，且呈扩大趋势。2010 年，中国的服务贸易额占总贸易额的比重为 10. 87%，远低于货物贸易 89. 13%的比重。

表 4-1　中国的服务贸易现状　（单位：亿美元）

年份	总额	出口额	进口额	差额
1990	98. 61	57. 48	41. 13	16. 35
1995	430. 65	184. 30	246. 35	-62. 05
2000	660. 04	301. 46	358. 58	-57. 12
2001	719. 33	329. 01	390. 32	-61. 31
2002	854. 61	393. 81	460. 8	-66. 99
2003	1012. 27	463. 75	548. 52	-84. 77
2004	1336. 58	620. 56	716. 02	-95. 46
2005	1570. 82	739. 09	831. 73	-92. 64
2006	1917. 48	914. 21	1003. 27	-89. 06
2007	2509. 08	1216. 54	1292. 54	-76
2008	3044. 5	1464. 46	1580. 04	-115. 58
2009	2867. 06	1285. 99	1581. 07	-295. 08
2010	3624. 22	1702. 48	1921. 74	-219. 26

资料来源：世界贸易组织数据库，http：//stat. wto. org。

2. 日本服务贸易的发展现状

20世纪90年代以来，日本的服务贸易额总体上呈现出增长态势。其中，2003—2008年间增长较快，2008年、2009年受国际金融危机的影响出现下滑，2010年重新恢复增长。近年来，日本的服务贸易持续逆差，但是逆差规模有逐年递减的趋势（见表4-2）。近20年来，日本经济持续低迷，服务贸易占贸易总额的比重也呈现出缓慢下降的趋势。20世纪90年代，服务贸易占贸易总额的比重总体维持在19%左右，2010年降为16.76%。尽管所占比重有所下降，但是在中日韩三国之中，日本的服务贸易水平仍是最高的。

表4-2　日本的服务贸易现状　（单位：亿美元）

年份	总额	出口额	进口额	差额
1990	1256.65	413.84	842.81	-428.97
1995	1765.73	650.39	1115.34	-464.95
2000	1746.60	694.30	1052.30	-358.00
2001	1635.31	647.69	987.62	-339.93
2002	1639.19	660.54	978.65	-318.11
2003	1716.90	717.84	999.06	-281.22
2004	2095.93	896.68	1199.25	-302.57
2005	2244.40	1020.71	1223.69	-202.98
2006	2490.40	1151.40	1339.00	-187.60
2007	2757.45	1270.60	1486.85	-216.25
2008	3138.83	1464.40	1674.43	-210.03
2009	2728.83	1259.18	1469.65	-210.47
2010	2946.75	1388.75	1558.00	-169.25

资料来源：世界贸易组织数据库，http：//stat. wto. org。

3. 韩国服务贸易的发展现状

从总体上看，近年来韩国的服务贸易规模持续扩大，2010

年达到 1745. 48 亿美元。其中，服务贸易出口额为 815. 7 亿美元，进口额为 929. 78 亿美元。与中国、日本的情况相似，韩国的服务贸易基本上处于逆差状态。所不同的是，韩国服务贸易逆差规模时大时小（见表 4-3）。20 世纪 90 年代以来，韩国的服务贸易在国民经济中的地位不断提高。1990 年，服务贸易占贸易总额的比例为 12. 86%，2009 年增至 18. 12%。在三国之中低于日本，但是高于中国。

表 4-3　韩国的服务贸易现状　（单位：亿美元）

年份	总额	出口额	进口额	差额
1990	198. 97	97. 58	101. 39	-3. 81
1995	486. 26	230. 77	255. 49	-24. 72
2000	639. 05	307. 53	331. 52	-23. 99
2001	619. 63	292. 48	327. 15	-34. 67
2002	660. 59	295. 14	365. 45	-70. 31
2003	740. 85	337. 71	403. 14	-65. 43
2004	931. 07	431. 63	499. 44	-67. 81
2005	1072. 91	483. 27	589. 64	-106. 37
2006	1246. 79	553. 33	693. 46	-140. 13
2007	1553. 29	713. 75	839. 54	-125. 79
2008	1848. 61	894. 28	954. 33	-60. 05
2009	1519. 91	724. 66	795. 25	-70. 59
2010	1745. 48	815. 70	929. 78	-114. 08

资料来源：世界贸易组织数据库，http：//stat. wto. org。

4. 中日韩的双边服务贸易

（1）中国与日本的双边服务贸易

中国与日本的服务贸易总额呈逐年上升的态势，由 2000 年的 65. 27 亿美元增长至 2010 年的 191. 36 亿美元，年均增长率为

11.36%。2010年，中日双边服务贸易占中国服务贸易总额的比重为5.2%。2005年以前，中国在中日双边服务贸易中为顺差，此后一直为逆差，且逆差规模持续扩大（见表4-4）。

表4-4　中国与日本双边服务贸易　（单位：亿美元）

年份	2000	2001	2002	2003	2004	2005	2006	2007	2008	2009	2010
总额	65.27	63.02	70.86	89.81	129.80	150.45	146.96	163.29	181.31	167.59	191.36
进口额	23.50	23.46	27.58	41.46	64.46	70.55	75.83	81.71	91.45	79.16	101.75
出口额	41.77	39.56	43.28	48.35	65.34	79.90	71.13	81.58	89.86	88.43	89.61

资料来源：根据联合国服务贸易数据库（United Nations Service Trade Statisticse Database）数据计算整理。

（2）中国与韩国的双边服务贸易

中国与韩国的双边服务贸易持续稳定增长，从2000年的42.6亿美元增至2010年的232.78亿美元，年均增长率为18.51%。2010年，中韩双边服务贸易占中国服务贸易总额的比重为6.4%，略高于中日双边服务贸易的比例。2006年以前，中国在中韩双边服务贸易中基本为顺差（2004年例外），此后一直为逆差（见表4-5）。

表4-5　中国与韩国双边服务贸易　（单位：亿美元）

年份	2000	2001	2002	2003	2004	2005	2006	2007	2008	2009	2010
总额	42.60	45.93	61.57	75.53	101.92	124.01	145.16	181.11	239.60	184.45	232.78
进口额	19.50	21.58	26.37	37.81	51.99	59.58	69.31	91.43	132.70	97.76	129.82
出口额	23.10	24.35	35.20	37.72	49.93	64.43	75.85	89.68	106.90	86.69	102.96

资料来源：根据联合国服务贸易数据库（United Nations Service Trade Statisticse Database）数据计算。

（3）日本与韩国的双边服务贸易

日本与韩国的服务贸易总体上呈增长态势。2000年，双边服务贸易额为 128. 44 亿美元，2010 年达到 188. 24 亿美元，年均增长率为 3. 9%。2010 年，日韩双边服务贸易占日本和韩国服务贸易额的比重分别为 6. 4%和 10. 8%。日韩双边服务贸易顺差与逆差交替出现，日本处于逆差的年份相对较多。2010 年，日本对韩国的服务贸易逆差为 11. 02 亿美元，规模较小（见表 4-6）。

表 4-6　日本与韩国的双边服务贸易　（单位：亿美元）

年份	2000	2001	2002	2003	2004	2005	2006	2007	2008	2009	2010
总额	128. 44	104. 78	98. 20	102. 83	131. 39	140. 04	148. 19	166. 65	192. 38	160. 77	188. 24
进口额	73. 13	61. 75	52. 07	52. 47	67. 23	66. 34	64. 74	67. 46	95. 19	85. 26	99. 63
出口额	55. 31	43. 03	46. 13	50. 36	64. 16	73. 70	83. 45	99. 19	97. 19	75. 51	88. 61

资料来源：根据联合国服务贸易数据库（United Nations Service Trade Statisticse Database）数据计算。

总体而言，中日韩三国的服务贸易均以逆差为主，且贸易伙伴多为发达国家和地区。其中，中国的服务贸易呈现出典型的发展中国家特点，服务贸易构成以传统部门为主，服务业在国民经济中的地位较低。日本的服务贸易则具有发达国家的特点，贸易构成中高新部门的比重较高，服务业在国民经济中的地位也相对较高。韩国的服务贸易则兼具二者的特点，贸易构成以传统部门为主，但服务业在国民经济中的地位相对较高，且呈上升趋势。

二、中日韩服务贸易结构比较

1. 整体情况

出于比较分析的目的，我们在沿用服务贸易标准分类的基础上，进一步将服务贸易区分为传统低附加值的服务贸易和新兴高附加值的服务贸易，引入生产性服务贸易和消费性服务贸易的概念。一般认为，生产性服务贸易指的是技术密集型和知识密集型服务贸易。对于生产性服务贸易的分类，国内外并没有统一的标准。我们将通信服务、建筑服务、保险服务、金融服务、计算机和信息服务、专利权使用费和特许费、其他商业服务（会计、法律、咨询和广告等）归为生产性服务贸易。其余则归为消费性服务贸易（运输、旅游、文化和娱乐服务等）。

我们定义生产性服务贸易比重和消费性服务贸易比重。公式如下：

生产性服务贸易比重（Proportion of Producer Service Trade）：

PPS=生产性服务贸易出口额/服务贸易出口总额

消费性服务贸易比重（Proportion of Consumer Service Trade）：

PCS=消费性服务贸易出口额/服务贸易出口总额

PPS 值越大，表明生产性服务贸易占的比重越高，服务贸易结构越合理。由于 PPS+PCS=1，因此只采用 PPS 指标进行分析。根据公式计算得到 1980 年至 2010 年中日韩生产性服务贸易比重（见表 4-7）。

表 4-7 中日韩生产性服务贸易比重

年份	1985	1990	1995	2000	2005	2006	2007	2008	2009	2010
中国	0.21	0.22	0.33	0.34	0.39	0.40	0.43	0.46	0.50	0.53
日本	0.29	0.44	0.59	0.57	0.54	0.59	0.59	0.60	0.65	0.61
韩国	0.43	0.33	0.36	0.32	0.37	0.42	0.43	0.38	0.46	0.41

资料来源：根据联合国服务贸易数据库（United Nations Service Trade Statistics Database）数据计算。

数据显示，中国的生产性服务贸易比重波动比较大，但总体呈现上升趋势。1985 年，中国的 PPS 为 0.21，到 2010 年已经达到 0.53，增长了 152.38%。日本的生产性服务贸易比重在 1995

年以前与中国类似，总体呈上升趋势，但是波动比较小。1985 年，日本的 PPS 为 0.29，到 1995 年达到 0.59，增长了 103.4%。自 1995 年以后，日本的服务贸易结构趋于平稳，PPS 基本维持在 0.6 左右。韩国的服务贸易结构比较特殊，1990 年以前，PPS 几乎逐年下降；1990 年到 2005 年，PPS 基本徘徊在 0.35 左右，2006 年有所增长，PPS 达到 0.42，此后始终徘徊在 0.4 左右。由此可见，1985 年以来，中日韩三国生产性服务贸易比重都有不同程度的提高，但是各国服务贸易部门的具体情况还需进一步的比较分析。

2. 中日韩三国服务贸易结构：出口构成比较分析

考虑到统计口径的一致性，我们选取 2000 年和 2010 年中日韩三国的服务贸易出口构成进行比较分析。

（1）中国的服务贸易出口结构

中国的服务贸易结构与自身经济的发展和政策调整呈现出显著的一致性。1991 年以前，中国处于改革开放的起步阶段，生产性服务贸易十分落后。1991 年至 2002 年，经济增势迅速，但是对于服务贸易仍然重视不够。2003 年以后，受到经济政策的调整和信息产业飞速发展的影响，相关的服务贸易也有了快速的发展，生产性服务贸易在国民经济中的地位越来越高。

具体到各个部门，我们可以看到，1990 年以前，中国的服务贸易规模很小。随着对外开放的深入，来华旅游的外国人不断增加，旅游在服务贸易中的份额越来越大。2000 年，旅游占服务贸易的比重达到 53%；其他商业服务（会计、法律、咨询和广告等）为 25%；其余各部门所占比重则很少。如果扣除其他商业服务，生产性服务贸易在服务贸易中几乎可以忽略不计（见图 4-4）。1991 年至 2006 年间，旅游业始终是中国服务贸易出口中最主要的部门。直到2007年，其他商业服务（会计、法律、咨询和广告等）超过旅游业，位居服务贸易出口首位，并维持至今。

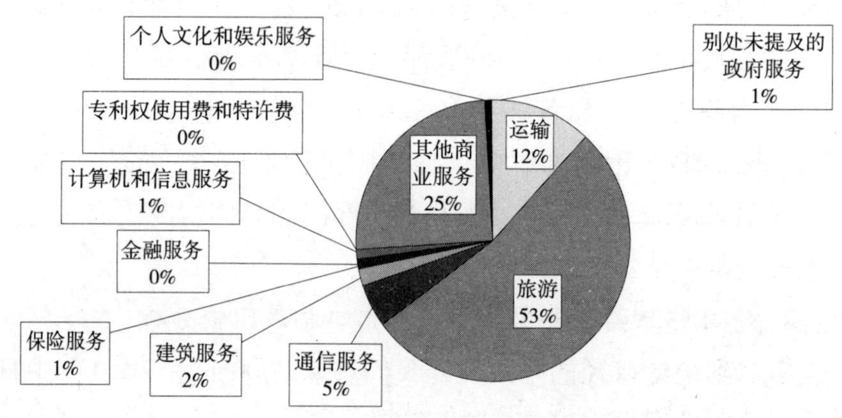

图4-4　2000年中国服务贸易出口构成情况

资料来源：根据世界贸易组织数据库，http：//stat. wto. org数据计算绘制。

进入21世纪以来，随着经济结构的调整以及“走出去”战略的实施，以会计、法律、咨询、广告为主的服务贸易增长迅速；同时，运输、建筑服务也有显著的增长。2010年，中国服务贸易的前三位分别是其他商业服务占36%，旅游占27%，运输占20%，此时生产性服务贸易已经超过消费性服务贸易，PPS达到0.5以上（见图4-5）。另外，随着计算机的普及和信息产业的发展，计算机和信息服务发展极快，2010年占到了服务贸易出口的5%，贸易额比2000年增长了25倍。

生产性服务贸易比重的提升，固然反映出中国服务贸易结构的不断优化，但是，在整个服务贸易出口中，中国的专利权使用费和特许费、金融服务和保险服务出口占服务贸易总出口的比重仍然过低。这说明中国的服务贸易出口优势仍处于低端部门，服

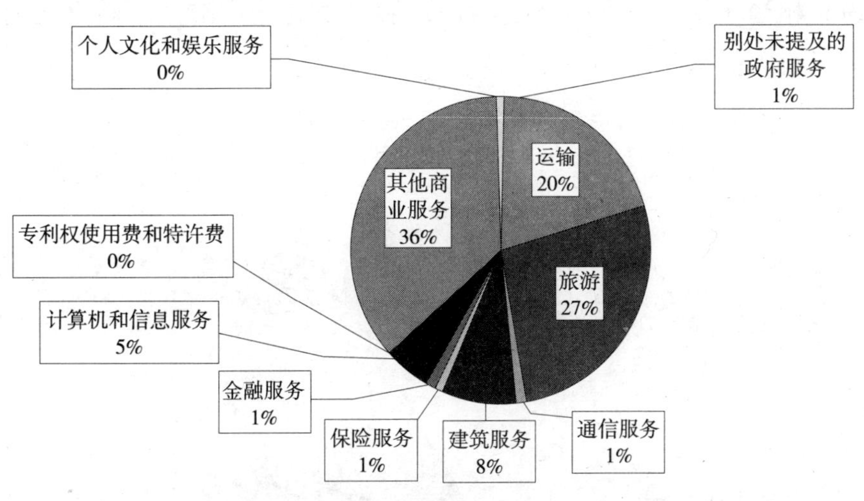

图 4-5　中国 2010 年服务贸易出口构成

资料来源：根据世界贸易组织数据库，http：//stat. wto. org 数据计算绘制。

务部门的竞争优势有待提高。

2. 日本的服务贸易出口结构

日本的服务贸易结构调整主要是在 1986—1991 年间完成的。1986 年之前，日本的服务贸易以运输为主，生产性服务贸易中几乎只有会计、法律、咨询和广告服务，服务贸易结构落后，生产性服务贸易比重保持在 0. 3 左右。1991 年以后，专利权使用费和特许费、建筑服务和旅游服务发展迅速，在服务贸易中的比重越来越大，生产性服务贸易比重一直处于 0. 5—0. 6 之间，服务贸易结构明显优化。以 2000 年为例，日本服务贸易出口构成中，排名前三位的分别是：运输占 37%，其他商业服务（会计、法律、咨询和广告等）占 26%，专利权使用费和特许费占 15%。紧随其后的是建筑服务占 9%，旅游占 5%，金融服务占 4%，计算机和信息服务占 2%。值得一提的是专利权使用费和特许费，这项服务贸易附加值高而且成本很低，在日本的服务贸易出口中占有相当比重，表明日本的生产性服务贸易比泡沫经济破灭之前有了很大的进步（见图4-6）。

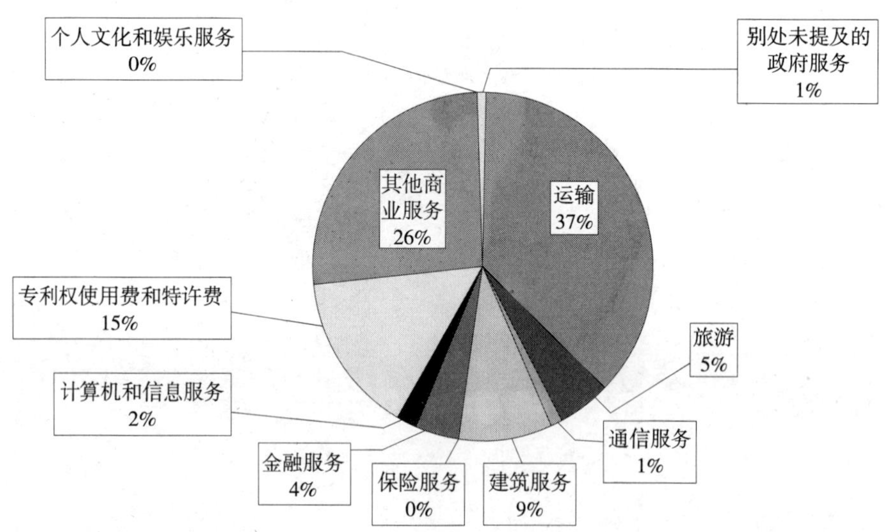

图4-6　日本2000年服务贸易出口构成

资料来源：根据世界贸易组织数据库，http：//stat. wto. org数据计算绘制。

2010年，日本的服务贸易结构进一步优化，其他商业服务超过运输，成为服务贸易出口的第一大部门。专利权使用费和特许费占比进一步提高，达到19%。旅游所占比例也进一步提升，达到9%。但是，日本的计算机和信息服务、金融服务、保险服务、通信服务领域并没有显著优势，这些部门在服务贸易中所占比重较小，几乎可以忽略不计（见图4-7）。这说明日本在服务贸易结构中对于新兴服务部门的成长与发展不够重视。与服务业发达的国家比如美国相比，日本在电信、金融等部门的竞争力有待提高。

3. 韩国的服务贸易出口结构

20世纪80年代以前，服务贸易在韩国经济中的地位不高。

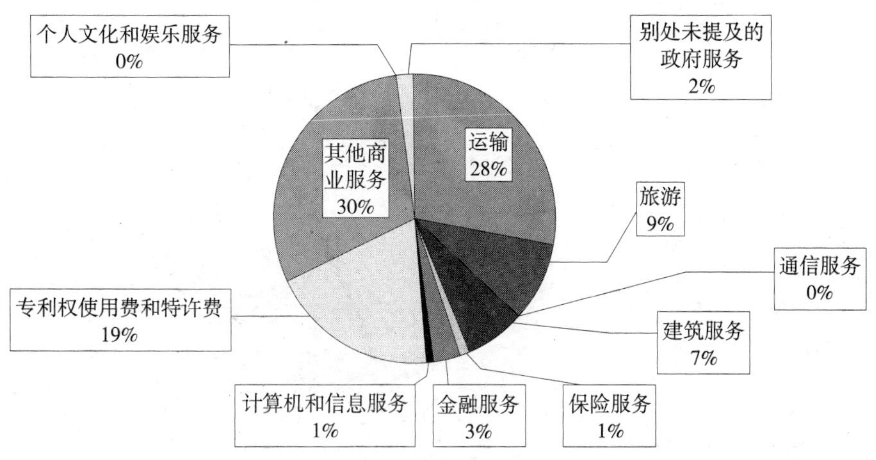

图 4-7 日本 2010 年服务贸易出口构成

资料来源：根据世界贸易组织数据库，http：//stat. wto. org 数据计算绘制。

随着经济结构的调整，1980 年至 1990 年间，韩国的服务贸易出口额由 49.15 亿美元增加到 101.09 亿美元，翻了一番。其中，传统的服务贸易，如运输和旅游业，发挥了重要作用。由于服务贸易地位的提高是消费性服务贸易拉动的，因此，这一阶段，韩国的生产性服务贸易比重不断下降，从 1980 年的 0.58 下降到 1989 年的 0.25。2006 年以后，韩国的生产性服务贸易发展较快。其中，专利权使用费和特许费、金融服务与建筑服务的贡献最大。

图 4-8 的分析显示，2000 年，韩国服务贸易出口构成中排名前三位的分别是运输占 44%，其他商业服务占 23%，旅游占 22%。其他依次是建筑服务、政府服务、金融服务、专利权使用费和特许费、通信服务。其余各部门所占比例极小。

2010 年，韩国的服务贸易出口仍然是以消费性服务贸易为主，但是所占比例逐步下降。在服务贸易出口中，运输所占比例

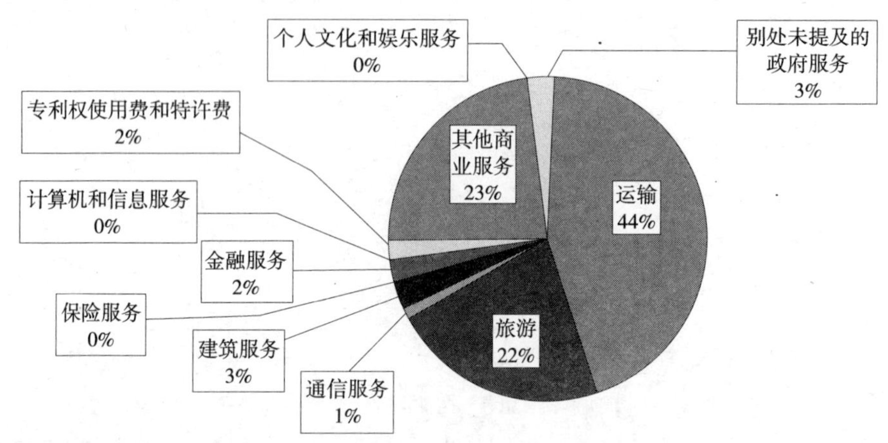

图 4-8 韩国 2000 年服务贸易出口结构

资料来源：根据世界贸易组织数据库，http：//stat. wto. org 数据计算绘制。

达到了 46%，遥遥领先于其他类别，其次分别是其他商业服务占 17%，建筑服务占 14%，旅游占 12%，专利权使用费和特许费占 4%，金融服务占 3%（见图 4-9）。与日本类似，专利权使用费和特许费在韩国的生产性服务贸易中越来越重要。此外，金融服务、保险服务、通信服务虽然占比依然很小，但也有一定进步。

4. 比较分析的结论

比较中日韩三国的服务贸易结构整体的发展，发现都存在服务贸易结构调整的问题，并且都可以分为三个阶段。中国三阶段呈现出步步高的特点，每一阶段服务贸易结构相对稳定，可以理解为 1991 年、2003 年服务贸易结构受经济环境和经济政策影响有阶跃式的变化。日本在 1986 年之前和 1991 年之后服务贸易结构相对稳定，1986—1991 年为其调整期，1991 年以后生产性服务贸易比重比 1986 年之前有大幅提高，表明服务贸易结构在较短时间内有明显优化。韩国也同样面临着贸易结构调整的问题，

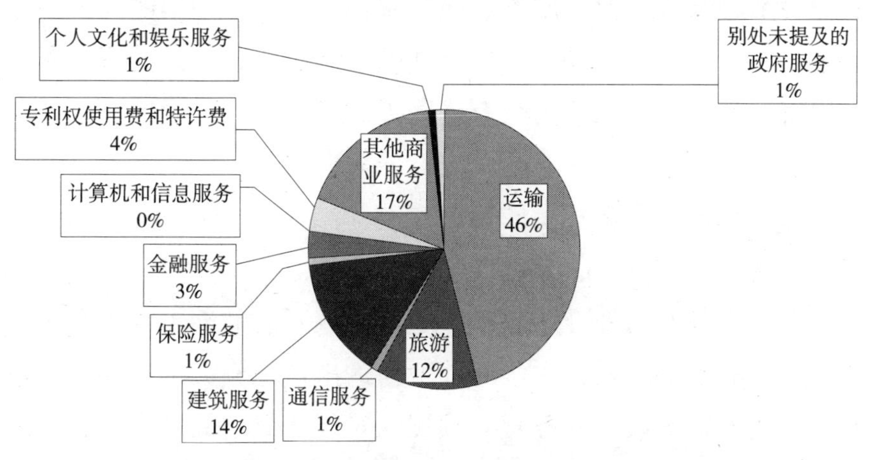

图 4-9　韩国 2010 年服务贸易出口结构

资料来源：根据世界贸易组织数据库，http：//stat. wto. org 数据计算绘制。

只不过这种调整使韩国在 1990 年以前生产性服务贸易比重不断下降，在 1989 年达到最低，之后较长时间维持在这一低水平，直到 2006 年才有了明显提高，并维持至今。

具体到部门而言，运输、旅游和其他商业服务（会计、法律、咨询和广告等）三个类别一直都是中日韩三国最主要的服务贸易部门。此外，日本和韩国的专利权使用费和特许费、建筑服务也是重要的服务贸易出口部门。中国的建筑服务、计算机和信息服务发展迅速，出口增速较快。其他部门，比如金融服务、保险服务、通信服务也有所发展。

进入 21 世纪以来，中国不仅保持了经济的快速增长，经济结构的调整也在循序渐进地进行中。体现在服务贸易的结构变化方面，主要是以高附加值为代表的生产性服务贸易在服务贸易中的地位不断提高，贸易额已经超越传统的消费性服务贸易。与日本、韩国等较早实行贸易结构调整的国家相比，中国虽然在专利权使用费和特许费等部门存在差距，但是在新兴的计算机和信息服务、金融服务、保险服务、通信服务等部门，中国的发展速度超过了韩日两国。如果能保持这样的发展势头，中国的服务贸易结构将不断优化，竞争力会有显著提高。

三、中日韩服务贸易政策比较

1. 中国影响三国服务贸易的贸易政策

中国服务业对外开放较晚，随着改革开放的逐步深入和中国经济实力的不断增强，中国对外贸易进出口总额大幅增加，开放型经济进入新阶段，服务贸易领域的对外开放格局基本形成。

服务业成为中国国民经济发展的重要组成部分，政府日益重视服务部门的发展，认真履行实施它在 GATS 中的承诺，并且先于设想日期提前兑现承诺。加入 WTO 以来，中国政府采取了有效措施促进服务市场的自由化，已经基本上形成了服务贸易法律管理体系，对外国服务提供者的市场准入程度显著提高。根据中国加入 WTO 承诺，在 155 个部门中，服务贸易自由化的部门覆盖率较高，达到 60%。在 WTO 统计的 GATS 谈判参加方所承诺的具体服务活动的数量中，中国居第二档次（81—100 个），是作出部门减让最多的发展中国家。

《中华人民共和国加入世界贸易组织议定书》为中国的服务贸易部门立法确立了基本原则，包括跨境交付、境外消费、商业存在和自然人移动的具体规定。值得注意的是，中国将在渐进、可控的基础上继续推进服务自由化。同时，进入、途经或居住在中国的外国人应当遵守《外国人出入境管理办法》的相关规定。对于外籍员工，应当依据《外国人在中国就业管理规定》提交就业批准申请。

为了实现经济增长方式转型，中国提出要促进服务部门的发展，并确立了各种相关制度安排。早在 2007 年，中国政府就在工作报告的最后审查意见中表示，国务院将颁布促进服务部门发展的意见，结合中国服务业的发展，制定服务行业的说明性的一般性政策，为加快服务业发展所实施的政策和措施提供指导原则。2008—2009 年，中国又制定或修改了一系列关于服务部门的法律、法规和规章，这些服务部门包括保险、证券、消费信贷、财务信息服务、电信、法律服务、邮政、旅游等。为进一步促进服务行业发展，中国继续巩固法律框架，在很多具体服务行业，如旅游、电影产业、文化产业等，发布促进其发展的指导方针，提出进一步降低进入门槛，以使更多的私营活动和外国资本参与，同时鼓励中小企业发展。为了保持最新的技术和市场的发展，中国政府也建议逐步融合通讯网络、有线电视网络和因特网，最终实现互联和资源共享。

服务贸易的发展需要全社会的广泛参与。2007 年，商务部倡导成立了按照市场经济要求运作的中国服务贸易协会，协会将积极协助政府部门优化服务贸易政策和法规体系，建立服务贸易民间自律、协调机制，提升我国服务贸易国际竞争力。为实现国家“十一五”规划提出的服务贸易发展目标，2007 年 2 月，由商务部牵头，国务院 34 个部门参加的服务贸易跨部门联系机制正式建立。2008 年 1 月 1 日中国正式实施《国际服务贸易统计制度》，建立了服务贸易统计数据库，开展了技术进出口统计和服务外包统计。为保障服务贸易的加快发展，商务部会同有关部门制定并发布了促进软件和信息服务外包、技术引进消化吸收再创新、文化和会计服务出口的政策，发布了《服务贸易发展“十一五”规划纲要》和《关于支持会计师事务所扩大服务出口的若干意见》等文件，确定了中国服务出口的发展方向。

2. 日本影响三国服务贸易的贸易政策

服务业是日本经济的重要部门，在 GDP 和就业中所占的比重分别为 80%和 78%，但是，与制造业 7.5%的劳动生产率相比，日本服务业部门的劳动生产率较低，年均劳动生产率仅为 1.8%。① 缺乏有效的竞争是制约其服务生产效率提高的关键因素。

规制改革是日本提高所有产业部门竞争力和促进增长的最为紧迫的任务之一，对于服务业部门尤其如此。为了推动关于必要的规制改革的讨论，日本于 2010 年 5 月成立了“规制和制度改革分委员会”，该委员会隶属于政府复兴办公室，始终致力于探讨在人力资源、运输、金融、IT、房地产等部门实施必要的规制改革的问题。根据讨论的结果，内阁于 2011 年 4 月制定了“规制和制度改革原则”，该原则针对 5 个部门，包括绿色创新（环境和能源部门）和生命创新部门（医疗和长期护理服务部门）等，制定了规制和制度改革的短期与中期计划。日本将评估这一原则的实施情况，并将在适当时候报告给政府复兴办公室。

为了使经济具有活力和更加国际化，日本积极推动在专业和技术领域接纳外籍人士。为接受外籍人员，日本没有对外籍员工人数实行限额，也没有实施优先劳动力市场测试。

此外，日本目前正在考虑在“经济增长新战略”（2010 年内阁府决议）下实施“点数制度”的可能性，对于有出色职业背

① 转引自中国商务部《中日韩自由贸易区可行性联合研究报告》，2011 年 12 月。

景和表现的外籍人士提供入境手续方面的优惠待遇。这一制度旨在吸引更多的合格、熟练的专业人员到日本工作。

同时，进入、途经或居住在日本的外国人应当遵守《外国移民控制与难民识别法》的相关规定。依据该法案，一般情况下，希望进入并在日本工作的外国人需持有与其即将从事的活动类型相一致的、由日本政府签发的有效签证。

日本始终坚定承诺在 WTO 框架下开放市场，其服务部门实现了高水平的自由化。在 155 个服务部门中，日本承诺开放的部门为 112 个，占 WTO 服务部门的 72%。

3. 韩国影响三国服务贸易的贸易政策

韩国是 20 世纪 80 年代以来从贸易自由化中受益最多的国家之一。韩国积极参与 WTO 谈判，包括服务贸易自由化的谈判。在 WTO《服务贸易总协定》中，韩国对 155 个部门中的 98 个部门作出了承诺，在 WTO 的服务部门分类中占 63%。依据其在各个双边 FTA 及 WTO 多哈回合谈判中的承诺，韩国还将在必要的情况下精简或取消一系列现有的限制措施。

自 1998 年实施《外国投资促进法》（FIPA）以来，韩国以负面清单的方式推进其服务业部门的自由化。依据该法案，韩国政府每年公布《外国投资者综合通知》，列出限制或禁止外国投资的部门。由于韩国在其国内法律上对外国投资采取了负面清单方式，因此未被清单明确排除的服务部门都对外国投资者和服务提供者开放。有些服务部门，如专业服务、医疗、卫生、电信、分销、教育、若干金融部门，以及运输属于限制或禁止外国投资的部门。

进入、离开或居住在韩国的外国人应当遵守《移民控制法》及其实施规定、条例的相关规定。外籍雇员须根据该法案获得工作签证。

四、中日韩在FTA框架下的服务贸易自由化比较

1. 中国FTA中的服务贸易自由化

截至2012年12月，中国已签署了11个FTA，其中5个包括服务贸易承诺，并作为FTA的主体组成部分。中国与新西兰、新加坡、秘鲁和哥斯达黎加签订的FTA采取一揽子承诺方式，服务贸易是其中的一章；而其他FTA则采取分阶段谈判的方式，在货物贸易协定生效后完成服务贸易协定。

以GATS中的承诺为基础，中国在FTA框架下的服务贸易水平有所提高。主要表现在部门开放范围的扩大和开放程度的提高两个方面。

（1）服务部门的开放范围有所扩大

在中国与东盟、巴基斯坦、智利、新加坡、新西兰、秘鲁签署的FTA中，服务业开放分别新增了8个、11个、9个、9个、3个和9个部门，这些部门在中国加入WTO服务贸易承诺减让表中均未作出承诺。其中，与管理咨询相关的服务、娱乐文化体育服务（视听服务除外）等是6个FTA中共同开放的部门。在所有新增部门中，中国的承诺涉及三种服务提供模式。以中国—智利FTA中“维修和修理包括计算机在内的办公设备服务（CPC 845）”为例，在市场准入方面，对于模式1和模式2没有限制；对于模式3，则承诺允许设立外资独资子公司。在国民待遇方面，对于三种模式均没有限制（见表4-8）。①

① 服务贸易包括四种提供模式，分别为模式1跨境交付、模式2境外消费、模式3商业存在、模式4自然人移动。

表 4-8 中国在 FTA 服务协议中新增的承诺部门

已签署/实施 FTA	服务业新增承诺部门
中国—东盟 FTA	市场调研服务；除建筑外的项目管理服务；人员安置和提供服务；建筑物清洁服务；印刷和出版服务；体育和其他娱乐服务；机动车的保养和维修服务；城市间定期旅客运输
中国—巴基斯坦 FTA	研究和开发服务；市场调研服务；与管理咨询相关的服务；与采矿相关的服务（只包括石油和天然气）；铁、锰、铜矿勘探服务；人员安置和提供服务；在费用或合同基础上的印刷与装订服务；医院服务；体育和其他娱乐服务；机动车的保养和维修服务；城市间定期旅客运输
中国—智利 FTA	维修和修理包括计算机在内的办公设备；市场调研服务；与管理咨询相关的服务；与偶发性采矿相关的服务（只包括石油和天然气）；体育和其他娱乐服务；航空服务的销售与营销；机场运作服务；地勤服务；特别航空服务
中国—新加坡 FTA	医院服务；市场调研服务；与管理咨询相关的服务；人员安置和提供服务；建筑物清洁服务；在费用或合同基础上的印刷与装订服务；体育和其他娱乐服务；机动车的保养和维修服务；城市间定期旅客运输
中国—新西兰 FTA	与管理咨询相关的服务；娱乐文化体育服务（视听服务除外）；机动车的保养和维修服务
中国—秘鲁 FTA	研究和开发服务；市场调研服务；与管理咨询相关的服务；与采矿相关的服务（只包括石油和天然气）；人员安置和提供服务；建筑清洁服务；在收费或合同基础包装材料的印刷；体育和其他娱乐服务（仅限于 CPC96411、96412 和 96413，不包括高尔夫）；旅客运输

资料来源：根据中国加入 WTO 服务贸易具体承诺减让表以及中国与东盟、巴基斯坦、智利、新加坡、新西兰和秘鲁 FTA 服务贸易具体承诺减让表比较整理。

（2）服务部门的开放程度进一步提高

通过对比中国在加入 WTO 过渡期结束后服务部门的实际开放水平与其在 FTA 中的承诺，可以发现，中国在与东盟、巴基斯坦、智利、新加坡、新西兰、秘鲁的 FTA 中，各有 16 个、13 个、15 个、16 个、4 个和 5 个具体部门开放程度高于 WTO 承诺的水平（见表 4-9）。

表 4-9 中国在 FTA 服务协议中高于 WTO 承诺水平的部门

已签署/实施 FTA	服务业高于 WTO 承诺的部门
中国—东盟 FTA	与计算机硬件安装有关的咨询服务；软件实施服务；数据处理服务；数据处理、制表服务和分时服务；房地产服务；摄影服务；笔译和口译服务；排污服务；固体废物处理服务；废气清理服务；降低噪音服务；自然和风景保护服务；其他环境保护服务；卫生服务；航空器的维修；计算机订座系统服务
中国—巴基斯坦 FTA	软件实施服务；数据处理服务；涉及自有或租赁资产的房地产服务；以收费或合同为基础的房地产服务；笔译和口译服务；批发服务；零售服务；排污服务；固体废物处理服务；废气清理服务；降低噪音服务；自然和风景保护服务；其他环境保护服务
中国—智利 FTA	软件实施服务；数据处理服务；涉及自有或租赁资产的房地产服务；以收费或合同为基础的房地产服务；铁、锰、铜矿勘探服务；笔译和口译服务；排污服务；固体废物处理服务；废气清理服务；降低噪音服务；自然和风景保护服务；其他环境保护服务；卫生服务；航空器的维修；计算机订座系统服务
中国—新加坡 FTA	软件实施服务；数据处理服务；涉及自有或租赁资产的房地产服务；以收费或合同为基础的房地产服务；陆上石油服务；笔译和口译服务；零售服务；排污服务；固体废物处理服务；废气清理服务；降低噪音服务；自然和风景保护服务；其他环境保护服务；卫生服务；航空器的维修；计算机订座系统服务
中国—新西兰 FTA	与软件实施服务；教育服务；航空器的维修；计算机订座系统服务
中国—秘鲁 FTA	软软件实施服务；数据处理服务；涉及自有或租赁资产的房地产服务；以收费或合同为基础的房地产服务；笔译和口译服务

资料来源：根据中国加入 WTO 服务贸易具体承诺减让表以及中国与东盟、巴基斯坦、智利、新加坡、新西兰和秘鲁 FTA 服务贸易具体承诺减让表比较整理。

除了在各个 FTA 中均有诸多部门进一步开放以外，在区域服务贸易协定中，中国对环境、房地产、航空器的维修、货物运输代理、计算机及其相关服务等一些敏感部门也加大了自由化力度。这些部门自由化的"GATS+"特征，集中体现在模式 3 的承诺上。比如对环境服务、房地产服务，中国在 FTA 中均允许设立外商独资企业；对于货物运输代理也取消了注册资本限制；在航空器维修服务方面允许外国服务者在中国设立合资企业，同时取消了经济需求测试的要求。此外，为便利资本、人员和专业人员流动，其他 FTA 伙伴也在一些部门和分部门中提供了比 WTO 更为优惠的待遇。值得注意的是，在中国—新西兰 FTA 中，模式 4（自然人移动）被单独设章，对某些专业提供工作许可。

中国与 FTA 伙伴的服务协定采取了正面清单的方式，在清单中的市场准入（MA）和国民待遇（NT）项下列明限制措施和壁垒。中国签署的服务贸易协定或 FTA 协定服务章节的示例文本也与 GATS 的模板一致。

2. 日本 EPA 中的服务贸易自由化

日本已经签署、批准了 13 个 EPA/FTA①，除了与 ASEAN 的协定外，其他 EPA/FTAs 均包括服务章节。

日本的 EPA 中，所有服务章节均针对最惠国待遇（MFN）、国民待遇（NT）、市场准入（MA）或当地存在（LP）（禁止商业存在的要求）作出了规定。在参与 EPA 的早期阶段，日本与墨西哥和智利的 EPA 在生效时采用了负面清单方式，并纳入了当地存在义务，但没有对市场准入作出规定。日本与瑞士的 EPA 同样采用了负面清单方式，但纳入了市场准入义务，这一

① 13 个 EPA/FTA 是：日本—新加坡 EPA、日本—墨西哥 EPA、日本—马来西亚 EPA、日本—智利 EPA、日本—泰国 EPA、日本—印度尼西亚 EPA、日本—文莱 EPA、日本—东盟全面经济伙伴协定、日本—菲律宾 CEPA、日本—越南 EPA、日本—瑞士 EPA、日本—印度 CEPA 和日本—秘鲁 EPA。

义务也涵盖了“不符措施”。日本—秘鲁 EPA 的服务贸易章节同时纳入了市场准入义务和当地存在义务，以及这些义务的“不符措施”。国民待遇和最惠国待遇义务在保留措施中有详细说明。①

具体来看，日本—文莱 EPA、日本—印度尼西亚 EPA、日本—马来西亚 EPA、日本—菲律宾 EPA、日本—泰国 EPA、日本—越南 EPA 均采用了正面清单模式。由于这些东盟成员的服务业竞争力比较低，因此日本在所有服务业主要领域均作出了相应的承诺，对各个成员承诺的内容基本一致。日本—新加坡 EPA 同样采用了正面清单模式。但是，与其他东盟成员相比，新加坡的服务业竞争力很强。因此，日本在专业服务、建筑服务、分销服务、电信服务、金融服务和运输服务六个主要领域作出了相应的承诺，涉及 135 个分部门，高于在 WTO 框架下的出价水平。日本—墨西哥 EPA 采用负面清单模式。日本在专业服务、建筑服务、电信服务、运输服务等部门针对市场准入、国民待遇、业绩要求等提出了保留。日本—瑞士 EPA 也采用了负面清单模式。由于瑞士服务业的竞争力较强，因此日本在专业服务、建筑服务、分销服务、金融服务、教育服务、运输服务、与健康相关的服务和社会服务等领域的 40 余个分部门针对市场准入、国民待遇、业绩要求等提出了保留。

目前，日本倾向于在 EPA 中采用负面清单方式，并将服务贸易和投资章节的保留措施清单进行合并，以使协定涵盖更多的领域和更加透明，便于工商界应用。此外，在以往的 EPA 中，

---

① 转引自中国商务部《中日韩自由贸易区可行性联合研究报告》，2011 年 12 月。

日本提出对电信服务和金融服务单独设章或附录，以强化作为商业基础设施的服务贸易章节。日本也重视通过内在的渐进机制来应对伙伴国未来经济增长所带来的各种变化和新的需求，并针对国民待遇、市场准入和最惠国待遇等义务设立了“保持不变”和“棘轮条款”，以保证和伙伴国之间保持长期稳定的关系。

3. 韩国 FTA 中的服务贸易自由化

韩国已经与智利、新加坡、欧洲自由贸易联盟、东盟、美国（2012 年 3 月生效）、印度、欧盟、秘鲁以及美国缔结了 FTA。在 FTA 中，韩国采取了灵活的服务贸易自由化形式。在与东盟、欧洲自由贸易联盟和欧盟的 FTA 中，韩国采取了 GATS 模式；而在与智利、新加坡、秘鲁和美国的 FTA 中，韩国采取了负面清单方式。

其中，韩国—印度 FTA 采用了正面清单模式。除了与健康相关的服务和社会服务之外，韩国在其他主要服务业领域均作出了相应的承诺。韩国—新加坡 FTA 采用负面清单模式（仅金融服务采用正面清单模式）。韩国在商务服务（建筑设计、广告、工程、房地产、分销、安全、研究、咨询、税收、会计）、通讯服务（速递、基础电信）、建筑服务、教育服务（高等教育、成人教育）、环境服务、运输服务等领域针对市场准入、国民待遇、业绩要求等提出了保留。韩国—智利 FTA 涉及服务贸易的内容不多，双方在服务业章节中只针对专业服务作出了相应规定，此外还单独将电信服务列为一章。韩国—美国 FTA 中有三章涉及服务贸易，分别是跨境服务贸易、电信服务和金融服务。在韩美 FTA 中，韩国就服务贸易保留了大量的国内限制措施。根据其所签署的服务贸易负面清单，韩国将跨境服务及投资分为两类，第一类为仅保留现有国内限制措施的服务及投资，第二类为允许保留现有限制措施并可修改或增加新限制措施的服务及投资。韩国第一类不符措施清单中涉及的主要服务部门包括：建筑服务；运输服务；分销服务；商业服务中的验光配镜服务、电子布告栏服务及户外广告服务、就业服务、劳动力供应和劳务派遣和海员教育服务、调查和安全服务服务、与出版相关的分销服务；通讯服务中的快递服务、电信服务、广播服务等。韩国第二类不符措施清单中涉及的服务部门包括：火器、刀剑、爆炸物及类似项目；弱势群体；国有全国电子/信息系统；社会服务；环境服务；能源服务通讯服务；法律服务；专业服务；保险、银行及其他金融服务。

在 FTA 的服务贸易章节中，韩国力求针对跨境服务设立市场准入、国民待遇、最惠国待遇、当地存在等义务。此外，考虑到服务贸易便利化的重要性，韩国在 FTA 的相关条款中对此作出了具体规定。

总体来看，中日韩三国在 FTA 中都非常重视服务贸易自由化。三国以各自在 WTO 中的承诺水平为底线，积极促进与伙伴国之间的服务贸易自由化收益最大化。但是在自由化的方式上，三国之间存在差异。其中，中国始终坚持与 GATS 承诺相一致的“正面清单”方式；日韩两国则采取了“正面清单”与“负面清单”相结合的方式，并且在近年来签署的 FTA 中，两国更倾向于采取后一种形式。中日韩三国的服务贸易自由化水平不尽相同，在 FTA 框架下，三国若要实现更高水平的自由化，还需要克服许多障碍。

第三节　中日韩 FTA 服务贸易自由化部门分析

服务业包含了诸多的分部门，且各部门之间的差异很大，各分部门在不同国家中的经济地位也有不同。本节选取中日韩三国服务业中占服务业比重较大且对国民经济有重要作用的几个分部门，对各部门的基本情况、贸易竞争力及各国在多边及双边协议中各部门的自由化程度等方面进行分析。

一、金融服务部门

1. 中日韩金融服务业的发展

根据 WTO《服务贸易总协定》对服务业部门的分类方法，金融服务包括保险及相关服务、银行和其他金融服务、其他金融服务三个子部门。表 4-10 中列出了中日韩三国自 2000 年以来金融部门的基本情况。

表 4-10　中日韩三国金融业增加值比较

年份	中国			日本			韩国		
	增加值（亿美元）	增长率（%）	占 GDP 比重（%）	增加值（亿美元）	增长率（%）	占 GDP 比重（%）	增加值（亿美元）	增长率（%）	占 GDP 比重（%）
2000	493.66	7.08	4.12	2825.13	2.96	6.05	311.74	-4.62	6.09
2001	525.96	6.54	3.97	2626.17	-7.04	6.41	328.61	5.41	6.36
2002	557.30	5.96	3.83	2670.27	1.68	6.81	438.37	33.40	7.26
2003	602.80	8.16	3.67	2944.85	10.28	6.96	475.75	8.53	7.07
2004	651.56	8.09	3.37	3109.98	5.61	6.75	500.00	5.10	6.66
2005	742.78	14.00	3.29	3170.06	1.93	6.96	590.59	18.12	6.69

续表

年份	中国			日本			韩国		
	增加值（亿美元）	增长率（%）	占 GDP 比重（%）	增加值（亿美元）	增长率（%）	占 GDP 比重（%）	增加值（亿美元）	增长率（%）	占 GDP 比重（%）
2006	1015. 78	36. 75	3. 74	3027. 21	-4. 51	6. 94	669. 94	13. 44	6. 70
2007	1621. 73	59. 65	4. 64	2916. 63	-3. 65	6. 66	763. 03	13. 90	5. 87
2008	2138. 97	31. 89	4. 73	3292. 36	12. 88	6. 79	591. 01	-22. 54	7. 38
2009	2600. 86	21. 59	5. 21	3539. 61	7. 51	7. 03	530. 00	-10. 32	7. 64
2010	3098. 92	19. 15	5. 23	3841. 32	8. 52	7. 00	626. 93	18. 29	6. 18

注：原始数据为单位本币，使用当年价汇率换算为美元数据。

资料来源：增加值及 GDP 数据来自联合国数据库（UNODC）。http：//data. un. org，缺失数据根据各国统计年鉴补齐；汇率数据来自 BvD 数据库；增长率与 GDP 占比为计算值。

就金融业增加值的整体规模而言，2010 年中国已达到 3098. 92 亿美元，与日本的 3841. 32 亿美元已经很接近；韩国金融业的增加值绝对值规模相对中国和日本来说较小，2010 年为 626. 93 亿美元。从增加值的增长率数据看，中国的金融业增加值经过了一个快速增长时期后，增长速度逐渐回落，但是仍处于 20%左右的高增长水平；日本金融业增加值波动较大，但自 2008 年以来保持了正的增长；韩国金融业增加值的增速 2008 年之前较为稳定，在 2008 年、2009 年出现了负增长，但 2010 年恢复正增长。比较金融业增加值占 GDP 的比重，日本最高，且比较稳定，一直维持在 6%以上，2010 年达到 7%；其次为韩国，其金融业增加值占 GDP 的比重自 2000 年以来有小幅波动，除 2007 年一直维持在 6%以上，2008 年、2009 年两年超过了 7%，2010 年的比重为 6. 18%；中国金融业增加值占 GDP 的比重是三个国家中最低的，但自 2005 年以来一直呈稳定的增长趋势，由 2005

年的 3.29%增长到 2010 年的 5.23%（见表 4-10）。

2. 中日韩金融服务贸易的现状

（1）中国的金融服务贸易

在中国服务业各部门中，金融服务贸易属于增速较快的部门，2001—2011 年间，金融服务贸易出口额年均增长率达到 45.85%，金融服务进出口总额在服务贸易总额中所占比重为 5.81%。但在金融服务的各子部门之间，贸易增长幅度有所不同。其中，保险服务贸易发展迅速，进出口贸易总额从 2000 年的 27.54 亿美元迅速增长到 2011 年的 243.13 亿美元，增长了近 9 倍，但保险贸易始终处于逆差状态。近年来中国保险出口水平一直较低，2011 年为 26.93 亿美元，虽然增长率较高，但绝对水平较低。而保险进口增势强劲，从 2005 年的 72 亿美元上升到 2011 年的 194.36 亿美元，6 年间进口额增长了 269%。除保险以外的其他金融服务（包括银行和证券业），贸易规模远远不及保险业。2011 年其他金融服务贸易额为 21.84 亿美元，占当年服务贸易总额的比重仅为 0.52%，6 年间进出口平均增长速度为 47.2%。相比于保险业巨大的贸易差额，其他金融服务的贸易差额没有显著扩大（见表 4-11）。从占全球金融服务贸易总额的比重来看，2009 年中国保险业进口占全球保险进口总额的 7.6%，居第 2 位；保险业出口占全球保险出口总额的 2%，居第 11 位。除保险以外的银行、证券等金融服务出口占全球出口总额的 0.18%，居第 28 位；进口占全球进口总额的 0.7%，居第 23 位。①

① 比重与排名数据根据联合国服务贸易统计库 2009 年有统计的国家数据计算所得，下同。

（2）日本的金融服务贸易

中日韩三国中，日本的金融服务贸易数额最大。2011年日本的金融服务贸易出口额为57.53亿美元，金融服务贸易进口额为100.97亿美元，金融服务贸易差额为-43.44亿美元，进出口总额占服务贸易总额的5.15%。2002年之后，日本金融服务出口额一直呈增长趋势，至2007年出现负增长，且这一趋势持续到了2010年仍未减缓，增长率为-13.89%，但2011年较2010年有所缓和；而进口额除个别年份外，一直是正向增长，2010年增长率为3.01%，2011年增长率为6.25%。分部门来看，日本的保险服务出口较少，但进口服务量很大，2011年保险服务逆差为51.1亿美元；而除保险以外的其他金融服务进出口量都较大，2011年占服务贸易总额的2.42%（见表4-11）。从占全球金融服务贸易总额的比重来看，2009年日本保险业进口占全球保险进口总额的3.5%，居第6位；保险业出口占全球保险出口总额的1.1%，居第17位。除保险以外的银行、证券等金融服务出口占全球出口总额的2%，居第8位；进口占全球进口总额的3%，居第10位。

（3）韩国的金融服务贸易

近年来，韩国金融服务贸易增长较快，2011年，金融服务贸易总额增长率为10.43%，金融服务贸易总额占其服务贸易总额的比重为2.86%。其中，2011年保险服务出口额为4.19亿美元，进口额为8.05亿美元，逆差额为3.86亿美元；除保险以外的其他金融服务出口额为33.67亿美元，进口额为8.84亿美元，贸易顺差为25.62亿美元。就贸易规模而言，韩国银行、证券等金融服务部门的贸易总额低于日本，但远远高于中国，特别是近年来持续顺差，与中国持续逆差的情况截然相反。在中日韩三国中，韩国保险服务贸易的整体规模最小，2011 年进出口总额为 12.24 亿美元，占其国内服务贸易的比重仅为 0.64%（见表 4-11）。从占全球金融服务贸易总额的比重来看，2009 年韩国保险业进口占全球保险进口总额的 0.5%，居第 27 位；保险业出口占全球保险出口总额的 0.4%，居第 26 位。除保险以外的银行、证券等金融服务出口占全球出口总额的 1%，居第 13 位；进口占全球进口总额的 0.7%，居第 24 位。

表 4-11　中日韩金融服务贸易总体情况

国家	类别		2000年	2001年	2002年	2003年	2004年	2005年	2006年	2007年	2008年	2009年	2010年	2011年
中国	金融服务	出口额（亿美元）	0.78	0.99	0.51	1.52	0.94	1.45	1.45	2.30	3.15	4.37	13.31	9.70
		进口额（亿美元）	0.97	0.77	0.90	2.33	1.38	1.59	8.91	5.57	5.66	7.26	13.87	12.14
		比重（%）	0.27	0.24	0.16	0.38	0.17	0.19	0.54	0.31	0.29	0.41	0.75	0.52
	保险服务	出口额（亿美元）	1.08	2.27	2.09	3.13	3.81	5.49	5.48	9.04	13.83	15.96	17.27	26.93
		进口额（亿美元）	24.71	27.11	32.46	45.64	61.24	72.00	88.31	106.64	127.43	113.09	157.55	194.36
		比重（%）	3.91	4.08	4.04	4.82	4.87	4.93	4.89	4.61	4.64	4.50	4.82	5.29
日本	金融服务	出口额（亿美元）	28.65	27.11	31.27	34.71	44.07	50.44	61.51	62.07	54.45	48.04	36.06	41.01
		进口额（亿美元）	18.83	16.48	16.31	21.82	26.53	26.87	29.86	36.10	39.76	30.56	31.48	33.35
		比重（%）	2.72	2.67	2.90	3.29	3.37	3.44	3.67	3.56	3.00	2.88	2.29	2.42
	保险服务	出口额（亿美元）	1.74	-1.02	-3.80	3.73	10.67	8.73	15.76	13.43	9.37	8.61	12.72	16.52
		进口额（亿美元）	20.25	26.45	32.30	35.44	34.39	18.94	45.74	41.18	51.31	51.38	68.23	67.62
		比重（%）	1.26	1.56	1.74	2.28	2.15	1.23	2.47	1.98	1.93	2.2	2.75	2.73

续表

国家	类别		2000年	2001年	2002年	2003年	2004年	2005年	2006年	2007年	2008年	2009年	2010年	2011年
韩国	金融服务	出口额（亿美元）	7.05	5.33	6.95	6.99	10.83	16.51	25.43	40.01	37.85	22.80	27.36	33.67
		进口额（亿美元）	1.91	0.83	0.70	1.01	1.27	2.35	5.47	6.96	6.91	7.08	8.43	8.84
		比重（%）	1.40	0.99	1.16	1.08	1.30	1.76	2.48	3.02	2.42	1.97	1.97	2.22
	保险服务	出口额（亿美元）	0.68	0.60	0.37	0.34	1.39	1.69	2.74	4.15	4.66	3.40	5.15	4.19
		进口额（亿美元）	1.46	3.74	5.71	3.90	4.61	7.33	8.54	10.00	7.44	7.35	8.82	8.05
		比重（%）	0.33	0.70	0.92	0.57	0.64	0.84	0.90	0.91	0.65	0.71	0.77	0.64

注：WTO 服务贸易统计数据库的金融服务贸易仅分为保险服务和金融服务（保险除外）两大类，银行、证券服务归并到金融服务（保险除外）中。“比重”指占本国服务贸易总额的比重。

资料来源：根据 WTO 国际服务贸易统计数据库（WTO Statistics Database）数据计算。

3. 中日韩金融服务贸易自由化比较分析

中日韩三国都是 WTO 成员国，同时也各自缔结了诸多区域自由贸易协定。在多边和区域框架下，三国的金融服务贸易自由化体现出一定的差异性。这些差异取决于三国金融业及金融贸易的发展现状，并且决定了未来中日韩 FTA 中金融服务贸易的自由化程度与开放水平。

（1）中国的金融服务自由化

除了内地与香港、澳门 CEPA 外，中国缔结的 FTA 均以加入 WTO 承诺为基础，其金融部门的开放水平与在多边贸易体制中的完全一致，既不低于 WTO 中的承诺，也没有进一步突破。对于银行服务，中国在国民待遇方面的开放程度较高，取消了所有对模式 1 和模式 2 的限制措施；对于模式 3，除市场准入列明的人民币业务地域和客户限制外，取消所有限制。在市场准入方面，除取消所有模式 2 项下限制外，仍保留了一定程度的限制。对于模式 1，除部分金融附属服务外，未作承诺。对于模式 3，中国仍对外国金融机构在中国设立外国独资银行或外国独资财务公司的资格设置了明确的限制条件。对于证券服务，中国在国民待遇方面开放程度较高，取消了所有对模式 1、模式 2 和模式 3 的限制措施。在市场准入方面，除取消所有模式 2 项下限制外，仍保留了较高程度的限制。相比之下，中国对寿险业务还存在一定的限制，外国寿险公司的股权比例不超过 50%。

（2）日本的金融服务自由化

与中国的情况相似，日本在 FTA 中基本采取了与 WTO 相同程度的承诺。尽管参与不同的 FTA 日本的承诺方式有所不同，但通过比较可以发现，在各个 FTA 中，日本对于金融服务部门的开放程度基本相同，基本取消了对于市场准入和国民待遇的限制。日本允许在本国设立外资银行和外资证券公司，外资持股比例可以达到 100%。在保险业务方面，承诺开放所有的保险业务范围，可以设立外资独资保险公司或分公司。同时取消外汇交易的限制，实行外汇交易的完全自由化。总体来看，日本金融服务业的开放程度已达到较高水平，因此开放度提升空间比较小。

（3）韩国的金融服务自由化

具体到金融服务部门，韩国—智利 FTA 的开放程度最高。在其“负面清单”中，没有单独针对金融服务的保留措施。而在韩国与东盟、印度、新加坡的 FTA 中，对金融服务的多数领域基本开放，但是在市场准入方面，对于模式 3 仍然存在一定的限制，尤其是对保险业的限制比较突出。外国保险公司尽管可以进入韩国市场从事相关业务，但仍无法在韩国境内与当地保险公司成立合资保险公司。

总体来看，对于银行和证券业，韩国 FTA 中的自由化程度高出其在 WTO 中的承诺；而对于保险业，在 FTA 中的承诺水平与 WTO 中的承诺相近。

4. 中日韩金融服务业竞争力比较

通常用来衡量一国贸易竞争力的指标有显性比较优势（RCA）指数与贸易竞争（TC）指数。

显性比较优势（RCA）指数由 Balassa（1965）提出，根据该指标的定义，国家 i 在 j 产品的出口比较优势可以用 j 产品在世界范围内的出口比例与该国出口占世界总出口的比例来表示，公式为①：

$$RCA_{ij} = \frac{X_{ij}}{\sum_{i=1}^{m} X_{ij}} \Big/ \frac{\sum_{j=1}^{m} X_{ij}}{\sum_{i=1,\ j=1}^{m,\ n} X_{ij}}$$

一般认为，若 $RCA \geqslant 2.5$，则具有强的竞争力；若 $1.25 \leqslant RCA < 2.5$，则具有较强的竞争力；若 $0.8 \leqslant RCA < 1.25$，则具有一般的竞争力；若 $RCA < 0.8$，则竞争力较弱。

贸易竞争（TC）指数计算公式为 $TC = (X-M) / (X+M)$，X 为一国家某类商品的出口额，M 为该国家该类商品的进口。TC 指数是一个相对指数，剔除了通货膨胀等宏观总量方面波动的影响，因此在不同时期不同国家是可比的。TC 指数取值范围为［-1，1］，越接近于1，行业竞争力越强，反之则越弱。

表 4-12 列出了中、日、韩三国的服务贸易 RCA 与 TC 指

① 在此处，假设世界范围内共有 m 个国家，每个国家有 n 项服务产品，则（i=1，2，…，m），（j=1，2，…，n）。

数①。从 RCA 指数来看，在银行、证券等金融服务部门，日本、韩国的竞争力高于中国。2010 年，中国的 RCA 指数仅为 0.109；日、韩两国 RCA 指数水平则比较接近，分别为 0.36 和 0.485，尽管竞争力也相对较弱，但远高于中国。TC 指数呈现出同样的特征，日、韩的银行、证券等金融服务均是顺差，竞争力较强，尤其是韩国，TC 指数一直稳定在 0.7 左右，而中国的 TC 指数则一直为负。在保险服务方面，中国各年份 RCA 指数稳定在 0.4 左右，比日、韩水平稍高。原因在于保险服务与货物贸易关系紧密，由于我国货物贸易规模较大，故保险服务贸易出口规模较大。就 TC 指数而言，中国保险业服务贸易一直是逆差，2010 年 TC 指数仅为-0.802，竞争力较弱。日、韩比中国情况稍好，尽管同样存在着贸易逆差，但程度较低。总体来看，RCA 指数与 TC 指数显示，中日韩三国的金融服务贸易竞争力相对较弱。

相比之下，英美等发达国家在金融服务部门有明显的竞争优势。在 2009 年联合国服务贸易库有统计的国家中，保险服务出口前五位的国家为美国、爱尔兰、英国、瑞士和德国，其保险服务出口总额占全球保险服务出口总额的 56%；除保险以外的银行、证券等金融服务出口居全球前五位的国家为英国、美国、卢森堡、瑞士、德国，占全球除保险以外的银行、证券等金融服务出口的 75%。2009 年英、美两国的保险服务贸易的 RCA 指数分别为 2.29、1.24，除保险以外的金融服务贸易的 RCA 指数分别为 3.13、1.58，显示了极强的竞争力。与之对比，中日韩三国的金融服务业的整体竞争力还有待于提升。

① 指数计算时按服务贸易额计算，货物贸易额没有计入。

表 4-12　中日韩金融服务贸易竞争力比较

年份			2000	2001	2002	2003	2004	2005	2006	2007	2008	2009	2010
RCA指数	金融服务	中国	0.038	0.046	0.020	0.049	0.022	0.027	0.020	0.022	0.028	0.046	0.109
		日本	0.613	0.640	0.722	0.728	0.721	0.687	0.677	0.562	0.483	0.518	0.360
		韩国	0.340	0.278	0.359	0.312	0.368	0.475	0.582	0.645	0.550	0.427	0.485
	保险服务	中国	0.208	0.366	0.190	0.229	0.244	0.376	0.274	0.332	0.416	0.500	0.445
		日本	0.145	0.084	0.206	0.176	0.473	0.433	0.626	0.473	0.282	0.275	0.402
		韩国	0.128	0.109	0.045	0.034	0.128	0.177	0.226	0.260	0.230	0.189	0.210
TC指数	金融服务	中国	-0.109	0.125	-0.277	-0.210	-0.190	-0.046	-0.720	-0.416	-0.285	-0.248	-0.021
		日本	0.207	0.244	0.314	0.228	0.248	0.305	0.346	0.265	0.156	0.222	0.068
		韩国	0.574	0.731	0.817	0.748	0.790	0.751	0.646	0.704	0.691	0.526	0.536
	保险服务	中国	-0.916	-0.845	-0.879	-0.872	-0.883	-0.858	-0.883	-0.844	-0.804	-0.753	-0.802
		日本	-0.842	-1.080	-1.267	-0.810	-0.526	-0.369	-0.487	-0.508	-0.691	-0.713	-0.686
		韩国	-0.364	-0.724	-0.878	-0.840	-0.537	-0.625	-0.514	-0.413	-0.230	-0.367	-0.375

注：由于部分国家 2011 年出口数值没有报告，2011 年 RCA 指数无法计算，因此表中没有列出 2011 年数据。

资料来源：根据 WTO 国际服务贸易统计数据库（WTO Statistics Database）数据计算。

5. 小结

中日韩三国金融服务贸易竞争力普遍不强，这主要是因为在三国的服务产业结构中，建筑、运输等传统部门仍占有较高的比重，金融服务贸易等新兴的服务行业比重较低。在金融服务贸易领域，英美等传统金融强国瓜分了全球金融服务贸易的绝大多数份额，长期以来，英国为代表的欧洲国家和美国为代表的北美地区瓜分了全球金融服务贸易的 80%以上。

在中日韩三国中，中国金融服务业贸易规模明显偏小，竞争力较弱，这种差距在银行业和证券业尤为突出，其出口规模不及日韩出口额的 1/10，在整个服务贸易的比重也远远低于日韩。另外，与日本和韩国相比，中国金融服务贸易结构较单一，主要以保险业为主，银行证券业比重过低。

就金融服务贸易自由化程度而言，日本的开放度最高，已经达到发达经济体的水平，而韩国居其次。尽管中国在中日韩三国中金融服务业开放度最低，但在发展中经济体中已属于比较高的水平。基于三国金融服务发展水平与自由化的程度，可以预见，在未来的中日韩 FTA 谈判中，金融服务开放将面临一定挑战。

二、通讯服务部门

通讯服务在世界贸易组织服务贸易分类中是第二大类服务，主要包括以下子部门：邮政服务；速递服务；电信服务，其中包含电话、电报、数据传输、电邮、传真；视听服务，包括收音机及电视广播服务；其他通讯服务等。

1. 中日韩通讯服务业的发展

（1）中国的通讯服务业现状

2010 年，中国电信业务总量为 29993.18 亿元，同比增长 17.37%，电信业务收入达 9580.5 亿元，同比增长 13.72%。包括移动电话在内的电话普及率为 86.41 部/百人，移动电话普及率为 64.36 部/百人，每千人拥有公用电话 14.95 部。互联网上网人数达 4.57 亿，互联网普及率为 34.3%，比上年增加 5.4%。电信通信能力方面，中国 2010 年长途光缆线路长度为 81.81 万公里，互联网宽带接入端口 18.78 亿个。邮政业务方面，中国 2010 年邮政业务总量为 1985.30 亿元，比上年增长 21.06%。其中，快递业务发展迅速，2010 年快递业务达 23.39 亿件，比上年增长 25.89%。广播电视方面，2010 年中国广播电视总收入为 2301.87 亿元，比上年增长 24.33%，广播电视从业人数为 75.09

万人。①

（2）日本的通讯服务业现状

表 4-13 日本通讯服务业各子部门相关比重 （单位:%）

	2003	2004	2005	2006	2007	2008	2009	2010	2011
通讯业占服务业比重	9.69	9.67	9.51	9.57	9.63	9.90	10.35	10.37	10.30
电信占通讯业比重	37.12	36.31	35.60	35.29	35.67	35.06	35.70	37.33	38.03
广播占通讯业比重	6.60	6.63	6.63	6.36	6.14	6.17	6.24	6.14	6.09
信息服务占通讯业比重	40.51	41.11	41.53	42.10	41.93	42.66	41.96	40.59	40.05
网络服务占通讯业比重	0.93	1.50	1.98	2.35	2.63	2.96	3.41	3.77	4.00
视听服务占通讯业比重	14.79	14.44	14.27	13.88	13.59	13.15	12.69	12.20	11.86

资料来源：根据日本统计局网站 www. stat. go. jp 数据计算。

日本统计局的数据显示，2010 年日本通讯服务业占服务业的比重为 10.3%，自 2003 年以来占服务业比重稳步上升（见表 4-13）。在通讯服务各分部门中，所占比重最大的部门为信息服务部门与电信服务部门，2011 年产出分别占通讯服务比重的 40.05%及 38.03%。电信服务比重自 2003 年以来略有上升，而信息服务比例稍有下降。视听服务是除电信与信息服务之外所占比例最大的部门，2011 年占服务业产出的 11.86%，自 2003 年以来下降了近 3 个百分点。网络服务虽然所占比重较小，但呈快速上升趋势，由 2003 年的 0.93%上升至 2011 年的 4%。

（3）韩国的通讯服务业现状

据韩国银行（BOK）统计，2010 年韩国通讯行业总增加值为 373.33 亿美元，比 2009 年增长 15.64%。其中，电信业增加

① 数据来源：中国国家统计局，《中国统计年鉴（2011）》。

值为 169.68 亿美元，比 2009 年增长 13.13%。出版及广播电视、信息服务等的增加值为 203.65 亿美元，比 2009 年增长 17.81%。从电信服务与其他通讯服务占通讯服务的比重来看，韩国电信业占通讯服务增加值的比重从 2001 年的 56.6%下降到 2010 年的 45.45%，说明传统的通讯服务比例在下降，而随着信息技术的发展，新型的通讯服务所占比例逐年上升（见表 4-14）。这也从另一个侧面反映了韩国电信业的发展已经相对成熟，其国内通讯服务业新的增长需要其他新型服务的带动。

表 4-14　韩国通讯服务业总体情况

年份	通讯服务业总计（亿美元）	增长率（%）	电信业（亿美元）	增长率（%）	比重（%）	出版、广播电视及信息服务（亿美元）	增长率（%）	比重（%）
2001	219.31	3.27	124.12	13.92	56.60	95.19	-7.96	43.40
2002	258.77	17.99	141.84	14.28	54.81	116.93	22.84	45.19
2003	280.11	8.25	155.09	9.34	55.37	125.02	6.92	44.63
2004	295.29	5.42	157.51	1.56	53.34	137.78	10.21	46.66
2005	354.02	19.89	185.82	17.97	52.49	168.20	22.08	47.51
2006	397.67	12.33	198.92	7.05	50.02	198.75	18.16	49.98
2007	421.82	6.07	204.77	2.94	48.54	217.05	9.21	51.46
2008	359.94	-14.67	171.53	-16.23	47.66	188.41	-13.20	52.34
2009	322.85	-10.3	149.99	-12.56	46.46	172.86	-8.25	53.54
2010	373.33	15.64	169.68	13.13	45.45	203.65	17.81	54.55

注：“比重”指占该部门增加值占通讯服务业增加值的比重。
资料来源：根据韩国银行（bok. or. kr）数据计算。

2. 中日韩通讯服务贸易的现状

(1) 中国的通讯服务贸易

从表 4-15 中数据可以看出，中国通讯业进出口总体上呈增长趋势，2007 年后均超过了 10 亿美元。从进出口差额来看，中国通讯服务贸易总体上处于平衡状态，没有过大的顺差或逆差。但从占服务贸易的比重来看，中国通讯业占服务贸易的总比重过低，还不到1%。2009年，中国通讯服务出口额占世界通讯服务总出口的1.4%，居第17位；进口占世界通讯进口总额的1.6%，居第18位。电信服务贸易是通讯服务贸易中极为重要的一部分。与发达国家电信业的改革开放相比，中国基础电信服务业的改革相对落后。尽管加入WTO以后中国的电信行业已经引入有效竞争、企业重组与上市等举措，但是整个行业的竞争力仍有待提高。

（2）日本的通讯服务贸易

2000年以来，日本通讯服务贸易的出口额呈先减后增的变动趋势，2004年之前平稳减少；2004年至2011年平稳增长，但绝对数值不大，2011年仅为7.48亿美元。相对于出口，日本通讯服务业的进口数额2005年以来呈平稳增长趋势，且增长较快，2009年为11.23亿美元，2010年后又稍有下降。从进出口差额来看，日本通讯服务贸易一直呈逆差状态（见表4-15）。与中国相似，日本的通讯服务占其国内服务贸易的比重也很小，多数年份没有超过1%（2000—2002年例外）。2009年日本通讯服务出口约占全球通讯服务出口的0.7%，居第26位；进口约占1.4%，居第20位。

（3）韩国的通讯服务贸易

韩国通讯服务出口额自2000年以来一直平稳增长，2011年出口额为7.92亿美元，比日本稍多，但少于中国。与出口相似，韩国电信服务进口自2000年以来平稳增长，2011年为14.64亿美元，高于中国和日本的进口额（见表4-15）。从进出口差额数据来看，韩国通讯服务一直处于逆差状态，且逆差数额较大，这点与日本相似。韩国通讯服务贸易总额占其国内服务贸易总额的比重比中国和日本稍高，除 2007 年之外均在 1%以上。2009 年韩国通讯服务出口额约占全球出口总额的 0.8%，居第 23 位；进口额约占全球的 1.6%，居第 17 位。

表 4-15　中日韩通讯服务贸易总体情况

国家	类别	2000	2001	2002	2003	2004	2005	2006	2007	2008	2009	2010	2011
中国	出口额（亿美元）	13.45	2.71	5.50	6.38	4.40	4.85	7.38	11.75	15.70	11.98	12.20	15.91
	进口额（亿美元）	2.42	3.26	4.70	4.27	4.72	6.03	7.64	10.82	15.10	12.10	11.37	10.93
	比重（%）	2.40	0.83	1.19	1.05	0.68	0.69	0.78	0.90	1.01	0.84	0.65	0.64
日本	出口额（亿美元）	8.22	7.19	7.40	6.62	4.54	3.95	4.36	5.54	6.54	6.66	7.30	7.48
	进口额（亿美元）	11.52	10.71	9.12	7.96	6.21	6.16	7.32	10.29	10.75	11.23	10.23	9.29
	比重（%）	1.13	1.09	1.01	0.85	0.51	0.45	0.47	0.57	0.55	0.66	0.59	0.55
韩国	出口额（亿美元）	3.87	3.98	3.78	3.41	4.46	4.43	6.42	5.47	7.24	7.25	8.34	7.92
	进口额（亿美元）	6.23	7.42	6.85	6.93	6.36	7.73	10.12	9.13	11.49	12.27	14.60	14.64
	比重（%）	1.58	1.84	1.61	1.40	1.16	1.13	1.33	0.94	1.01	1.28	1.27	1.18

注："比重"指占本国服务贸易总额的比重。
资料来源：根据 WTO 国际服务贸易统计数据库（WTO Statistics Database）数据计算。

3. 中日韩通讯服务贸易自由化比较分析

（1）中国的通讯服务贸易自由化

与金融服务部门的情况类似，在各个 FTA 中，中国的通讯服务自由化水平均以在 WTO 中的承诺为基础，没有进一步的突破。在 WTO 服务贸易具体承诺减让表中，通讯服务部门在速递服务、电信服务（包括基础电信与增值短信服务）及视听服务三个分部门作出了开放承诺。三个分部门国民待遇方面的开放程度相同，除模式 4 之外均没有限制；对于模式 4，遵循水平承诺，规定了特定类别的自然人的入境和临时居留有关的措施，除此之外不作承诺。市场准入方面，三个分部门在模式 4 上遵循水平部门的承诺，而在其他三种模式上有所差别。速递服务及视听服务在模式 1 和模式 2 方面没有限制；而电信服务仅在模式 2 中没有限制，模式 1 与模式 3 的限制相同。对于模式 3，三个部门给出了不同的承诺：速递服务要求在中国加入 WTO 时，外国服务提供者设立的合资企业外资比例不超过 49%，1 年内将允许外资拥有多数股权，4 年内允许外国服务提供者设立外资独资子公司；视听服务中，与中国合资设立合作企业可从事音像制品的分销，影院服务中外资比例不得超过 49%；电信服务部门各分部门的限制也有不同，共同点是在中国加入 WTO 初期均有一定的地域及外资比例限制，但中国加入 WTO 后的不同年份（最长时间为 6 年）地域限制取消，外资比例限制保留，其中基础电信服务外资比例不得超过 50%，增值电信服务外资比例不得超过 49%。可以看出，中国电信业的开放遵循了 WTO 及其电信服务贸易附件关于电信服务贸易的市场准入、最惠国待遇及透明度等原则。由于电信产业在国民经济中的特殊性，可以看出中国电信业的开放还是具有比较大的限制。

（2）日本的通讯服务贸易自由化

与金融服务部门相似，日本通讯服务业在其签订的 FTA 中采取了与 WTO 相同程度的承诺，并且基本取消了对于市场准入和国民待遇的限制。在 WTO 服务贸易承诺减让表中，日本对通讯服务下的电信服务与视听服务作出了减让承诺。其中除试听服务下的分部门“电影放映（Motion Picture Projection）”模式 1 的市场准入和国民待遇由于技术原因不作承诺外，其他分部门的承诺均相同。市场准入方面，模式 1、模式 2 与模式 3 均无限制，模式 4 遵循水平承诺中的限制，除对满足特定条件的自然人移动作出承诺外，其他不作承诺。国民待遇方面，模式 1 与模式 2 均没有限制；模式 3 遵循水平承诺，对研发补贴不作承诺；对于模式 4，除对研发补贴不作承诺外，其他均与市场准入方面相同。相比中国，日本通讯业的开放水平较高，对于外资持股比例没有限制。

（3）韩国的通讯服务自由化

在 WTO 服务贸易承诺减让表中，韩国对通讯服务下的电信服务与视听服务作出了减让承诺。其中，视听服务的分部门“动画制作”及“唱片生产与分销”作出了承诺：模式 1、模式 2 与模式 3 均无限制，模式 4 遵循水平承诺中的限制，相对中国开放程度较大。电信服务部门中，韩国基础（Facilitiesbased）电信服务和增值（Resalebased）电信服务的承诺较为严格：模式 1 的服务提供要受已获得韩国许可证的服务提供者的商业安排的限制；模式 2 没有限制；模式 3 要求服务提供者为获得许可的韩国法人，并且对外资进入韩国市场的时间及外资持股比例有限制；模式 4 遵循水平承诺。在韩国签订的 FTA 中，通讯服务部门的开放以 WTO 中的承诺为基础，有不同程度的修订，主要体现在部分 FTA 中（如韩国—东盟 FTA 以及韩国—欧盟 FTA）增加了速递服务部门的开放承诺。可以看出，韩国通讯服务部门的开放存在很大的限制，存在进一步扩大开放的可能。

4. 中日韩通讯服务业竞争力比较

表 4-16 中列出了中日韩三国通讯服务的 RCA 指数与 TC 指数。整体上来看，三个国家的通讯服务 RCA 指数均较低，2004

年以后的年份均没有超过0.5，所显示的竞争力极弱。TC指数显示了同样的特征，日韩两国的通讯服务长期以来均为逆差，TC指数均为负值；虽然中国某些年份的TC指数为正值，但数值很小且很不稳定，TC指数在0左右波动。目前来看，三国的通讯服务业竞争力很小。

与之相比，发达国家通讯行业具有较强的竞争力。2009年全球通讯服务贸易进出口的前十位均为欧美国家，其进口总额占全球通讯服务进口的58%，出口总额占全球通讯服务出口的60%以上。2009年美国与英国通讯服务进出口分别占全球通讯服务进出口的近10%，RCA指数分别为0.75、1.13，显示了较强的竞争力。

表4-16　中日韩通讯服务贸易竞争力比较

年份		2000	2001	2002	2003	2004	2005	2006	2007	2008	2009	2010
RCA指数	中国	1.975	0.351	0.629	0.599	0.307	0.276	0.323	0.400	0.428	0.349	0.317
	日本	0.524	0.473	0.505	0.401	0.219	0.163	0.151	0.181	0.178	0.198	0.233
	韩国	0.557	0.580	0.577	0.439	0.447	0.386	0.464	0.317	0.323	0.374	0.403
TC指数	中国	0.695	-0.092	0.078	0.198	-0.035	-0.108	-0.017	0.041	0.019	-0.005	0.035
	日本	-0.167	-0.197	-0.104	-0.092	-0.155	-0.219	-0.253	-0.300	-0.243	-0.255	-0.167
	韩国	-0.234	-0.302	-0.289	-0.34	-0.176	-0.271	-0.224	-0.251	-0.227	-0.257	-0.279

资料来源：根据WTO国际服务贸易统计数据库数据（WTO Statistics Database）数据计算。

5. 小结

无论是从服务贸易数值还是从竞争力分析来看，中日韩三国的通讯服务业竞争力均不强。这种情况与通讯服务自身的特征有极大的关系。电信服务是通信服务的主体构成之一，而电信业的发展是随着电信设备与技术标准的发展而发展的。欧美发达国家的技术先进，在电信行业占有绝对的技术标准优势，形成了在电信网络中的标准垄断，后发国家要在标准方面进行突破很难。但随着信息技术及网络服务的发展，通讯服务的内部结构将进一步发生变化，这可能会成为中日韩三国寻求通讯服务增长及通讯服务贸易竞争力提升的有利条件。

三、运输服务部门

1. 中日韩运输服务业的发展

运输服务包括货运服务、客运服务以及附属于交通运输的服务。从交通工具上，包括海洋运输、铁路运输、公路运输、内河和沿海运输、航空运输、管道运输、航天发射等。

表 4-17　中日韩运输业状况比较

年份	中国			日本			韩国		
	增加值（亿美元）	增长率（%）	占 GDP 比重（%）	增加值（亿美元）	增长率（%）	占 GDP 比重（%）	增加值（亿美元）	增长率（%）	占 GDP 比重（%）
2000	744.22	19.04	6.21	3231.17	5.32	6.66	353.82	15.26	7.43
2001	830.04	11.53	6.27	2845.01	-11.95	6.69	352.87	-0.27	7.86
2002	905.27	9.06	6.23	2751.52	-3.29	6.72	404.86	14.73	7.93
2003	956.04	5.61	5.83	2963.12	7.69	6.71	453.83	12.10	7.93
2004	1124.15	17.58	5.82	3168.15	6.92	6.63	505.60	11.41	7.81
2005	1301.66	15.79	5.77	3049.54	-3.74	6.43	586.37	15.97	7.74
2006	1527.95	17.38	5.63	2882.55	-5.48	6.38	645.29	10.05	7.56
2007	1919.28	25.61	5.49	2923.83	1.43	6.49	706.75	9.53	7.51
2008	2354.77	22.69	5.21	3295.05	12.70	6.59	609.08	-13.82	7.30
2009	2448.56	3.98	4.91	3208.64	-2.62	6.24	547.20	-10.16	7.28
2010	3141.94	28.32	5.30	3603.97	12.32	6.44	650.68	18.91	7.11

资料来源：联合国数据库（UNODC），http：//data. un. org。

中日韩三国运输业占国民经济的比重均比较稳定，2010年分别为5.3%、6.44%和7.11%。中国经济的快速发展带动了运输业的增长，2000年中国运输业增加值为744.22亿美元，而2010年已经达到3141.94亿美元，增长了322.18%。相比之下，日本在2000年运输业的增加值为3231.17亿美元，2010年这一数值为3603.97亿美元，增幅较小。韩国虽然也有较大增长，但增速不及中国显著。就运输业的整体规模而言，2000年中国的运输业仅相当于日本的1/4，韩国的2倍，而2010年中国的运输业已经与日本相差无几，是韩国的近5倍，反映了近些年中国运输业的快速发展。

2. 中日韩运输服务贸易的现状

（1）中国的运输服务贸易

2000—2011年间，中国的运输服务贸易有两大基本特点：一是增长迅速，二是进口额远高于出口额。2011年，中国的运输服务出口额为357.93亿美元，比2000年增长了875.02%；进口额为796.20亿美元，比2000年增长了665.87%。运输贸易占服务贸易的比重也由2000年的21.31%上升到2011年的27.58%（见表4-18）。中国的运输贸易始终是逆差。2011年，运输服务的进口额是出口额的2.2倍。中国国内运输服务业发展迅速，但是运输服务的进口额依然庞大，一方面表明中国的运输服务业还有很大的发展空间，另一方面也体现出其运输服务业在国际上尚属于相对落后的状态，竞争力有待提高。

（2）日本的运输服务贸易

2000—2011年间，日本的运输服务贸易稳定增长。2011年，运输服务出口额为383.13亿美元，比2000年增长了49.64%；运输服务进口额为494.17亿美元，比2000年增长了48.29%。

与中国的情况类似，日本的运输服务贸易也是持续逆差，但是贸易差额的规模比中国小得多。另外，近年来，日本的运输贸易增长率均高于 GDP 的增长率，2011 年，运输服务贸易占整个服务贸易的比重达到 28.52%，反映出这一部门的快速发展及其在经济中的重要性。

（3）韩国的运输服务贸易

运输服务在韩国国民经济中发挥着重要作用。2011 年，出口额为 370.57 亿美元，比 2000 年增长了 170.75%；进口额为 277.97 亿美元，比 2000 年增长了 151.6%。与中国和日本所不同的是，韩国的运输服务贸易持续顺差，2011 年，顺差额为 92.6 亿美元。

2008 年以前，韩国的运输服务贸易占服务贸易总额的 40% 左右，2008 年更是高达 44.11%。此后尽管有所下降，但是相对于其他国家这一比例仍然是较高的。这也反映出韩国的运输贸易比较发达，在其对外贸易中具有重要作用。

表 4-18　中日韩运输服务贸易总体情况

国家	类别	2000 年	2001 年	2002 年	2003 年	2004 年	2005 年	2006 年	2007 年	2008 年	2009 年	2010 年	2011 年
中国	出口额（亿美元）	36.71	46.35	57.20	79.06	120.68	154.27	210.15	313.24	384.18	235.69	342.11	357.93
	进口额（亿美元）	103.96	113.25	136.12	182.33	245.44	284.48	343.69	432.71	503.29	465.74	632.57	796.20
	比重（%）	21.31	22.19	22.62	25.82	27.39	27.93	28.88	29.73	29.15	24.47	26.89	27.58
日本	出口额（亿美元）	256.04	240.05	240.03	264.85	321.43	357.52	376.48	420.2	468.35	316.12	389.53	383.13
	进口额（亿美元）	333.25	313.41	300.36	317.27	390.54	403.76	428.35	490.37	539.54	405.57	465.26	494.17
	比重（%）	33.74	33.84	32.97	33.91	33.97	33.92	32.32	33.02	32.11	26.45	29.01	28.52

续表

国家	类别	2000年	2001年	2002年	2003年	2004年	2005年	2006年	2007年	2008年	2009年	2010年	2011年
韩国	出口额（亿美元）	136.87	131.80	132.16	171.80	225.29	238.77	258.07	335.56	447.68	286.93	389.82	370.57
	进口额（亿美元）	110.48	110.43	113.01	136.13	176.55	201.44	231.33	290.76	367.7	234.51	296.75	277.97
	比重（%）	38.71	39.09	37.11	41.56	43.16	41.03	39.25	40.32	44.11	34.31	37.89	33.82

资料来源：根据 WTO 国际服务贸易统计数据库（WTO Statistics Database）数据计算。

3. 中日韩运输服务贸易自由化比较分析

（1）中国的运输服务自由化

在 WTO 服务贸易减让表中，中国在运输服务部门的海运服务、内水运输、航空运输、铁路和公路运输、运输辅助服务等领域作出了相关承诺。在已签署/实施的 FTA 中，运输服务业的开放水平在 WTO 基础上都有所超越。有的纳入了新的分部门，有的在已有部门中作出了超越 WTO 的承诺（见表 4-19）。但总体看来，超越的幅度并不大。

表 4-19 中国运输服务业部门在 FTA 中超越 WTO 的承诺

已签署的 FTA	运输业新增承诺部门	高于 WTO 承诺的运输业部门
中国—东盟 FTA	机动车的保养和维修服务；城市间定期旅客运输	•航空器的维修：取消了设立合资企业的营业许可需进行经营需求测试的限制； •计算机订座系统服务：将“不作承诺”改为允许外国服务提供者在华与中国的计算机订座系统服务提供者成立合资企业。中方应在合资企业中控股或处于支配地位。设立合资企业的营业许可需进行经济需求测试
中国—智利 FTA	空运服务的销售与营销；机场运营服务；地勤服务；特别航空服务	同上

续表

已签署的FTA	运输业新增承诺部门	高于WTO承诺的运输业部门
中国—新加坡FTA	机动车的保养和维修服务；城市间定期旅客运输	同上
中国—新西兰FTA	机动车的保养和维修服务	同上
中国—巴基斯坦FTA	机动车的保养和维修服务；城市间定期旅客运输	无
中国—秘鲁FTA	城市间定期旅客运输	无
中国—哥斯达黎加FTA	无	无

资料来源：根据中国自由贸易区服务网（http：//fta. mofcom. gov. cn）公布的中国已签署FTA的文本整理。

（2）日本的运输服务自由化

在WTO中，日本将部分运输服务部门纳入到开放清单中，但是不同部门及不同服务贸易模式下的自由化水平有所差异。其中，对于海洋运输服务中的客运及货运服务，在市场准入和国民待遇项下，日本对于四种服务贸易模式均未作出承诺。对于拖驳服务，在市场准入和国民待遇项下，对于模式1不作承诺；对于模式2和模式3没有限制；对于模式4，除水平承诺的内容外，不作承诺。对于海运支持服务，模式1、模式2和模式3均没有限制。对于内水运输服务，日本只是将拖驳服务和内水运输支持服务部门纳入到承诺中，总体来看，对于这两个子部门，在市场准入和国民待遇项下，在商业存在方面基本上没有限制。对于航空运输服务，只有飞机的维修和保养服务、相关的销售服务、计算机订座系统服务等少数部门纳入到承诺减让表中，除了模式4以外，基本上没有限制。对于铁路运输服务，日本只承诺对于铁路运输设备的维修和保养方面取消相关限制。其他如公路运输、管道运输等，也只是少数子部门有所开放，主要体现在取消了商业存在方面的限制。

日本缔结的FTA基本参照了其在WTO中的承诺水平，在此基础上，视情况放宽了相关限制。比如，在日本—新加坡FTA中，对于海洋运输中的客运和货运服务，在市场准入项下，对于模式1，除以下情况外没有限制：没有悬挂日本国旗的船只不允许停靠在日本不对外开放的码头。对于模式2没有限制。对于模式3，则进一步承诺："提供国际海运服务的其他商业存在形式：没有限制。"此外，个别新的子部门也纳入到开放承诺中，比如带船员的船舶租赁服务、海运代理服务等。

（3）韩国的运输服务自由化

与中国和日本的情况类似，在WTO承诺中，韩国将部分运输服务部门纳入到开放清单中，但是不同部门及不同服务贸易模式下的自由化水平有所差异。总体来看，在纳入到开放的各子部门中，限制较多的是商业存在方面，主要集中在市场准入项下，有关外资持股比例、经营地域、营业许可等方面的限制。对于模式1，多数纳入承诺的子部门并未作出开放承诺。相比之下，有关模式2的限制较少，比如海运支持服务、计算机订座系统服务等，无论是市场准入或国民待遇项下均没有限制。

在FTA中，韩国基本沿袭了其在WTO中的承诺。与中国和日本的情况类似，韩国也有个别部门的自由化承诺达到了"WTO+"的水平，同时也有一定的新增部门纳入到承诺中。以韩国—东盟FTA为例，对于海洋运输中的客运和货运服务，在市场准入项下，关于模式1的承诺为："散装、不定期运输与其他国际船运：没有限制。"关于模式3，则进一步放宽了国际海上运输的经营限制。

4. 中日韩运输服务业竞争力比较

由表 4-20 可以看到，2000 至 2003 年间，中国的运输服务贸易 RCA 指数低于 0. 8；2004 年后有所提高，但是 RCA 指数始终低于 1. 25，竞争力处于一般水平。日本和韩国的 RCA 指数均介于 1. 25—2. 5 之间，说明两国的运输服务贸易有较强的竞争力，韩国稍强于日本。从 TC 指数分析中能够得出相同的规律。中日一直都是负值，韩国则一直为较小的正值，但日本强于中国。因此，总体而言，中日韩三国中，韩国运输服务贸易的竞争力最强，日本次之，中国较弱。但是从国际比较的视角出发，韩国的优势则不是那么明显。

表 4-20　中日韩运输服务贸易竞争力比较

年份		2000	2001	2002	2003	2004	2005	2006	2007	2008	2009	2010	2011
RCA 指数	中国	0. 527	0. 618	0. 654	0. 777	0. 864	0. 916	1. 023	1. 147	1. 131	0. 913	0. 955	0. 954
	日本	1. 595	1. 626	1. 636	1. 681	1. 593	1. 537	1. 455	1. 474	1. 378	1. 251	1. 332	1. 300
	韩国	1. 925	1. 977	2. 015	2. 318	2. 320	2. 169	2. 076	2. 095	2. 158	1. 973	2. 146	1. 921
TC 指数	中国	-0. 478	-0. 419	-0. 408	-0. 395	-0. 341	-0. 297	-0. 241	-0. 16	-0. 134	-0. 328	-0. 298	-0. 380
	日本	-0. 131	-0. 133	-0. 112	-0. 09	-0. 097	-0. 061	-0. 064	-0. 077	-0. 071	-0. 124	-0. 089	-0. 127
	韩国	0. 107	0. 088	0. 078	0. 116	0. 121	0. 085	0. 055	0. 072	0. 098	0. 101	0. 136	0. 143

资料来源：根据 WTO 国际服务贸易统计数据库（WTO Statistics Database）数据计算。

5. 小结

运输贸易作为一项传统的服务贸易，在各国的服务贸易中始终占据重要地位。中日韩三国中，韩国的运输贸易优势比较明显，出口额高于进口额，而中国和日本的运输贸易则缺乏竞争力，运输的进口额高于出口额，三国之间存在互补性。从发展趋势看，中国的运输贸易竞争力有缓慢提升，但是由于整体经济发展速度快，运输服务的贸易逆差在不断扩大，日本和韩国则相对稳定。由于运输服务牵涉的面比较广，各国在对其自由化的承诺上差别较多。三个国家都对国内的运输业有一定的保护倾向，为在 FTA 框架下的进一步开放增加了难度。

四、建筑服务部门

根据 WTO 的部门分类，建筑及相关的工程服务包括：建筑物的总体建筑工作、民用工程的总体建筑工作、安装和组装工作、建筑物的装修工作以及其他部门等。

1. 中日韩建筑服务业的发展

近年来，中国建筑服务业增长较快，2003—2009 年间尤为突出（见表 4-21）。2010 年，中国建筑业在 GDP 中的比重为 6.07%。就整体规模而言，2000 年，中国的建筑服务业仅相当于日本的 1/5，韩国的 2 倍；到 2010 年，已经超过日本 8.29%，相当于韩国的 6 倍。较之日本与韩国，中国的建筑业增势显著，这显然与国内房地产业的迅猛发展密切相关。

相比之下，日韩两国的建筑业均有所波动。其中，日本在 2000—2010 年间，建筑业曾经 5 次出现过负增长，自 2008 年后才有所恢复。日本的建筑业占 GDP 的比例基本维持在 6%—7%，2010 年这一比例为 5.94%。同期，韩国的建筑业也曾三度出现了负增长，特别是 2008 年和 2009 年，增长率分别为-16.15% 和-11.07%，显然是受到了全球金融危机的影响。2010 年，韩国建筑业有所恢复，增长率为 14.13%，在 GDP 中所占比重为 6.5%。

表 4-21　中日韩建筑业增加值比较

年份	中国			日本			韩国		
	增加值（亿美元）	增长率（%）	占 GDP 比重（%）	增加值（亿美元）	增长率（%）	占 GDP 比重（%）	增加值（亿美元）	增长率（%）	占 GDP 比重（%）
2000	667.06	6.77	5.57	3445.42	2.92	7.10	330.82	3.44	6.95
2001	716.64	7.43	5.41	2924.26	-15.13	6.88	320.50	-3.12	7.14
2002	781.14	9.00	5.37	2703.05	-7.56	6.61	365.85	14.15	7.17
2003	905.01	15.86	5.52	2788.91	3.18	6.32	460.03	25.74	8.04
2004	1050.44	16.07	5.44	3045.85	9.21	6.37	504.95	9.77	7.80
2005	1265.18	20.44	5.61	2890.76	-5.09	6.10	578.88	14.64	7.64
2006	1556.24	23.01	5.74	2738.55	-5.27	6.06	642.65	11.01	7.53
2007	2010.70	29.20	5.75	2670.29	-2.49	5.93	699.26	8.81	7.43
2008	2697.39	34.15	5.97	2902.25	8.69	5.80	586.29	-16.15	7.03
2009	3278.79	21.55	6.57	3123.87	7.64	6.08	521.38	-11.07	6.93
2010	3596.71	9.70	6.07	3321.47	6.33	5.94	595.06	14.13	6.50

资料来源：联合国数据库（UNODC），http：//data. un. org。

2. 中日韩建筑服务贸易的现状

（1）中国的建筑服务贸易

近十余年间，中国的建筑服务贸易迅速增长。1998 年，建筑服务贸易进出口总额仅为 17.10 亿美元。直至 2005 年，才首次突破 30 亿美元大关，达到 42.12 亿美元。此后，中国的建筑服务贸易保持高速增长态势（见表 4-22）。其中，出口增长尤为明显。尤其是 2007 年和 2008 年，均保持了翻番的增长态势。2000 年，中国的建筑服务贸易出口额仅为 6.02 亿美元。而 2011 年已达到 147.39 亿美元。2001 年以前，中国的建筑服务贸易始终处于逆差地位，但逆差额逐步缩小。2002 年开始，建筑服务贸易首次实现 2.82 亿美元的顺差，并逐步扩大，持续至今。

2011年，建筑服务贸易顺差达到104.61亿美元。

（2）日本的建筑服务贸易

2000—2011年间，日本的建筑服务贸易发展相对平稳，其占服务贸易整体的比重也基本稳定。2011年，日本的建筑服务出口额为97.79亿美元，已经连续三年出现了负增长。同期的进口额为65.66亿美元，连续四年出现下降。2000年，日本的建筑服务贸易额占服务贸易的比重为5.64%；2011年，这一比例为5.31%。就贸易差额而言，日本的建筑服务始终保持着顺差，但是规模较小。2011年，顺差额为32.13亿美元。与中国和韩国相比，在建筑服务贸易顺差方面日本的差距明显。

（3）韩国的建筑服务贸易

与中国的情况类似，近十年间，韩国的建筑服务贸易发展迅速。2000年，韩国的建筑服务贸易在服务贸易中的比例仅为1.75%，而到2011年已经达到9.53%。增长最为显著的是建筑服务出口。2000年，建筑服务贸易出口额为9.33亿美元，2011年已达到151.85亿美元，12年间增长了15.3倍。伴随着出口的迅速增长，建筑服务顺差额也持续扩大，到2011年达到120.93亿美元，在中日韩三国中是顺差规模最大的。

表4-22　中日韩建筑服务贸易总体情况

国家	类别	2000年	2001年	2002年	2003年	2004年	2005年	2006年	2007年	2008年	2009年	2010年	2011年
中国	出口额（亿美元）	6.02	8.30	12.46	12.90	14.67	25.93	27.53	53.77	103.29	94.63	144.95	147.39
	进口额（亿美元）	9.94	8.47	9.64	11.83	13.39	16.19	20.50	29.10	43.63	58.68	50.72	42.75
	比重（%）	2.42	2.33	2.59	2.44	2.10	2.68	2.50	3.30	4.83	5.35	5.40	4.54

续表

国家	类别	2000年	2001年	2002年	2003年	2004年	2005年	2006年	2007年	2008年	2009年	2010年	2011年
日本	出口额（亿美元）	58.49	47.93	46.25	45.5	68.65	72.24	89.81	103.22	138.14	124.36	106.6	97.79
	进口额（亿美元）	40.00	38.15	35.87	33.79	48.02	47.65	62.02	79.38	113.59	114.14	78.59	65.66
	比重（%）	5.64	5.26	5.01	4.62	5.57	5.34	6.10	6.62	8.02	8.74	6.28	5.31
韩国	出口额（亿美元）	9.33	11.90	21.84	20.38	26.59	47.07	70.03	96.98	136.86	145.53	119.77	151.85
	进口额（亿美元）	1.87	2.26	4.31	3.94	4.90	8.79	13.08	18.28	26.08	28.06	23.02	30.92
	比重（%）	1.75	2.28	3.96	3.28	3.38	5.21	6.67	7.42	8.81	11.42	7.88	9.53

资料来源：WTO 国际服务贸易统计数据库（WTO Statistics Database）。

3. 中日韩建筑服务贸易自由化比较分析

（1）中国的建筑服务自由化

中国加入 WTO 的建筑服务贸易承诺涉及：建筑物的总体建筑工作、民用工程的总体建筑工作、安装和组装工作、建筑物的装修工作以及其他部门等。其中，模式 1 的市场准入和国民待遇不作承诺。模式 2 的市场准入和国民待遇没有限制。模式 3 的市场准入限制规定如下："仅限于合资企业形式，允许外资拥有多数股权。中国加入 WTO 后 3 年内，允许设立外商独资企业。外商独资企业只能承揽 4 种类型的建筑项目。"模式 3 的国民待遇在加入 WTO 后 3 年内将取消限制。模式 4 除水平承诺内容外不作承诺。在各个 FTA 中，中国有关建筑服务的开放承诺与 WTO 中的承诺完全一致。

（2）日本的建筑服务自由化

在 WTO 中，日本对于建筑服务的承诺比较简单。在市场准入方面，对于模式 1 不作承诺。对于模式 2 和模式 3 没有限制。

对于模式 4，除水平承诺的内容外，不作承诺。国民待遇方面，对于模式 1 不作承诺；对于模式 2 没有限制；对于模式 3 和模式 4，除水平承诺的内容外，不作承诺。在 FTA 中，日本的建筑服务基本与其在 WTO 中的水平一致，虽然有一定的新增承诺，但是总体上没有实质性的突破。

（3）韩国的建筑服务自由化

韩国在 WTO 中的建筑服务贸易承诺分为总体建筑和特殊建筑两种类型。在市场准入方面，对于模式 1 不作承诺；对于模式 2 没有限制；对于模式 3，其承诺内容为："不允许设立分支机构。从 1996 年 1 月 1 日起，允许设立分支机构。每年在特定时间发放新的许可证。每个合同限制合同金额。"对于模式 4，除水平承诺内容外，不作承诺。在国民待遇方面，对于模式 1 不作承诺；对于模式 2 和模式 3 没有限制；对于模式 4，除水平承诺内容外，不作承诺。在 FTA 中，韩国建筑服务的限制有所放宽，主要体现在商业存在方面。以韩国—东盟 FTA 为例，对总体建筑和特殊建筑服务，在市场准入项下，均承诺对于模式 3 没有限制。

4. 中日韩建筑服务业竞争力比较

如表 4-23 所示，中国建筑服务贸易的 RCA 指数在 2000—2007 年间介于 1.25—2.5 之间，此后超过 2.5，表明建筑服务的竞争力不断提升。日本的建筑服务 RCA 指数一直高于 2.5，竞争力较强。韩国的建筑服务贸易发展迅速，2001 年以后 RCA 指数一直高于 2.5，2009 年一度高达 9.517。

从 TC 指数也可以看出中日韩三国类似的特点。中国建筑服务贸易的 TC 指数由负到正，不断提高，2011 年达到 0.55，竞争力大幅提高。韩国的 TC 指数则一直维持在 0.67 左右，具有较强的竞争力。日本的 TC 指数则一直在 0. 15 左右波动，具有一定的竞争力。

表 4-23　中日韩建筑服务贸易竞争力比较

年份		2000	2001	2002	2003	2004	2005	2006	2007	2008	2009	2010	2011
RCA指数	中国	1. 268	1. 599	1. 902	1. 770	1. 493	2. 064	1. 645	2. 463	3. 464	3. 487	3. 985	3. 733
	日本	5. 345	4. 692	4. 208	4. 034	4. 833	4. 164	4. 263	4. 527	4. 633	4. 681	3. 593	3. 155
	韩国	1. 925	2. 579	4. 446	3. 842	3. 889	5. 730	6. 917	7. 572	7. 517	9. 517	6. 499	7. 483
TC指数	中国	-0. 246	-0. 01	0. 128	0. 043	0. 046	0. 231	0. 146	0. 298	0. 406	0. 235	0. 482	0. 550
	日本	0. 188	0. 114	0. 126	0. 148	0. 177	0. 205	0. 183	0. 131	0. 098	0. 043	0. 151	0. 197
	韩国	0. 666	0. 681	0. 670	0. 676	0. 689	0. 685	0. 685	0. 683	0. 680	0. 677	0. 678	0. 662

资料来源：根据 WTO 国际服务贸易统计数据库（WTO Statistics Database）数据计算。

5. 小结

建筑服务贸易也是一项比较传统的服务贸易，在各国服务贸易中的比重并不高。但近十几年，随着新兴经济体的崛起，其房地产业的发展带动了建筑服务的快速发展。目前，中日韩三国的建筑服务具有相当的竞争力，其中韩国最强，中国次之，日本稍弱。在未来的 FTA 中，三国对于这一部门的开放谈判将会各有攻守，存在一定的不确定性。

第四节　中日韩 FTA 服务贸易自由化的发展前景

近年来，中国、日本和韩国对服务业的发展越来越重视，并将服务贸易作为促进经济增长的重要推动力，三国的服务贸易总额均取得了较快增长。但是，中日韩服务贸易的总体竞争力仍然较弱，各部门的发展很不均衡。因此，在未来的中日韩 FTA 谈判中，三国都将对服务业的开放持审慎态度。

一、中日韩 FTA 服务贸易自由化的影响因素

服务贸易自由化将是中日韩 FTA 中的重要领域，对于促进三国服务贸易发展、提高服务业竞争力、带动经济增长具有积极作用。但是，还有诸多因素将影响 FTA 的服务贸易谈判，比如服务贸易承诺方式、敏感部门的开放等。只有切实解决这些障碍，中日韩 FTA 才有可能达成较高水平的服务贸易协议。

1. 服务贸易承诺方式

可以预见，在未来的中日韩 FTA 谈判中，关于承诺方式问题，三国将会存在分歧。中国在 FTA 中一直采取“正面清单”的方式，日本和韩国则倾向于采用“负面清单”，而且将服务贸易与投资的保留措施负面清单合并。

日本和韩国认为，具有“棘轮条款”的负面清单方式更有利于服务贸易自由化，因为通过提高现存措施的透明度和确保法律的可预见性，这一方式可以更多地激励商业部门在伙伴国进行投资。而中国认为，三国之间在经济结构、发展阶段和服务贸易管理体制方面存在实质性差异，采取“正面清单”方式更适合于未来的 FTA。如果采取“负面清单”，在这种“不列入即开放”的模式下，除了在清单中明确列出的保留措施外，其他所有部门都会开放。因此，对中国的服务业开放以及政府管制措施的透明度等要求都将带来较大压力。

此外，日本和韩国还主张对电信及金融服务单独设章或附录。此举采取了美国在其 FTA 中的一贯做法。自 NAFTA 伊始，美国在所有 FTA 中都无一例外地对金融、电信两个服务部门作出了单独规定，以期实现更大程度的市场准入和国民待遇。日本和韩国也主张在 FTA 中对这两个部门作出单独的规定，体现出它们在重要的服务业部门的利益诉求。而中国则认为，应当对自

然人移动单独设章并作出承诺，以促进自然人和服务提供者的自由流动。三方在这方面的差异，实质上是在未来的FTA中为各自的优势部门寻求更大的机会，尽可能实现更大的利益。

2. 重要部门的自由化

服务业部门众多，因此，对于未来FTA进一步自由化的领域，三国都有各自的考虑。

中国强调专业服务、环境服务、航天运输服务和医疗服务，并且重视在模式4下给予合格的服务提供者更加优惠的待遇。日本则强调金融服务、信息技术及相关服务、视听和娱乐服务、分销、建筑、建筑设计、工程服务、海运服务和私人教育服务。韩国重视法律服务、金融服务、电信服务、视听和娱乐服务、分销服务以及建筑服务。但是，对于各自的敏感部门，三国也会有所保留。比如日本的广播服务、公共教育服务、健康和医疗服务，以及航天发射服务和与能源相关的服务；韩国的健康和医疗服务、社会服务、环境服务、能源服务、广播和出版服务、教育服务等。

对于日本和韩国强调的金融服务，三国也会存在差异。银行服务方面，三国的发展水平和开放程度都相对较高，分歧较小，将是未来FTA中开放障碍最小的部门。证券服务方面，三国的发展水平与监管政策存在差异，进一步开放面临较多困难。保险服务方面，三国贸易竞争力均有所欠缺，且中国和韩国贸易开放度也比较有限，出于对国内保险产业保护的原则，三国都将对保险服务业的开放持审慎态度。

二、中日韩 FTA 服务贸易自由化的前景

1. 中日韩 FTA 将达成较全面的服务贸易协定

目前，全球服务贸易量正在迅速增长，服务贸易在各国经济中的重要性日益提高，FTA 框架下的区域服务贸易自由化更是成为各国在缔结区域贸易协定中的重要目标。据统计，目前受区域服务贸易规则及相关承诺约束，通过模式 1 和模式 3 提供的服务已占世界服务贸易总量的 80% 以上。区域服务贸易协定不仅增速较快，规模不断扩大，而且自由化程度普遍高于多边服务贸易自由化的水平。乌拉圭回合谈判结束以后，曾分别达成了《金融服务协议》和《全球基础电信协议》，但是由于多种因素的影响，目前各国在 GATS 中开放的部门多数与基础设施有关。在海运、分销、建筑、政府采购项下的服务、自然人流动等敏感部门，以及航空器的商业发射服务、新衍生的金融服务等新兴服务部门，各国承诺程度普遍较低。而与 GATS 相比，在区域贸易协定中，很多国家对部分关键部门增加了承诺。通过扩展服务自由化承诺的部门覆盖率，FTA 中的区域服务贸易自由化大多达到了“WTO+”的水平，推动了区域服务贸易自由化的发展。

作为 WTO 成员，中日韩三方不仅积极推进多边服务贸易自由化，而且还通过参与 FTA 进一步扩大服务贸易，在其各自缔结的 FTA 中，服务贸易已成为核心内容之一。因此，服务贸易自由化将是中日韩 FTA 的关键组成部分，必将达成较为全面的服务贸易协定。这将有利于刺激三国经济增长、提高服务产业竞争力、增加消费者和生产者的总体福利、促进生产要素流动。如果在谈判中能够恰当地处理各方利益与关注，FTA 将有助于增加服务贸易，使三国共同受益。

2. 中日韩 FTA 服务贸易协定将以现有的自由化水平为基础，不会有重大突破

中日韩 FTA 的建立将有助于提高三国服务业市场的准入水平，加强市场竞争，进一步促进三国之间服务贸易的发展，但同时也会给三国一些服务业部门带来不同程度的市场冲击。考虑到中日韩服务贸易国际竞争力较弱、敏感部门较多的现实情况，协定将以三国在多边贸易框架下的承诺为基础，尽管会有个别新增部门或原有部门的进一步承诺，但是从总体上判断，中日韩 FTA 服务贸易协定不会有重大突破。

预计服务贸易协定会覆盖较多的部门，以体现三国广泛的利益关切。但是，具体到每一个部门的开放程度，三国会以在多哈回合谈判中的出价为底线，同时参照已有 FTA 中的自由化水平。在短期内，中日韩 FTA 服务贸易尚不可能实现高水平的进一步自由化。

3. 中日韩 FTA 服务贸易自由化将遵循灵活、渐进的原则，以使三方尽快获益

目前，中日韩三国的服务贸易均为逆差，且三方各自都有一些劣势的服务部门。以通讯服务为例，从自由化的程度来看，中日韩三国之间的自由化程度有比较大的差距。中国对电信部门存在外资比例限制；韩国与中国情况类似，除了外资比例限制之外，还有其他诸如获得许可等限制。不仅如此，鉴于通讯业开放不仅涉及经济发展，还会影响国家安全，因此在电信服务市场开放过程中，三国均面临着市场竞争、市场监管等方面的挑战，势必会谨慎对待。其他一些部门，如证券、保险、专业服务、视听、运输等也存在类似问题。有鉴于此，现阶段，中日韩达成服务贸易协定将会立足现实，遵循灵活、循序渐进的原则。为尽早

达成协议，不排除三方会将敏感部门暂时排除在外的情况。

三、中国参与中日韩FTA服务贸易自由化的对策建议

1. 积极推动中日韩FTA服务贸易自由化

在区域贸易安排持续增加的趋势下，FTA已成为各国热衷的、实现区域贸易自由化的重要载体。构建FTA不仅对参与国自身，而且对多边贸易自由化乃至全球经济都产生了重要影响。我国已将自由贸易区建设作为新时期对外开放的重要战略之一，加快了商签FTA的步伐。FTA将进一步拓展我国的区域利益；同时也与WTO互为补充，为服务于我国的全球经济战略发挥作用。

目前，我国在区域框架下逐步纳入了服务贸易自由化的内容。尽管签署的区域服务贸易协定数量较少，所涉及的服务贸易规模在我国整体服务贸易中的比重较低，其影响尚未显现，但是可以预见，随着实施和缔结FTA的不断增加，区域服务贸易自由化将在我国经济中发挥越来越重要的影响。

现阶段，我国的区域服务贸易自由化遵循了立足现实、循序渐进的原则。FTA中开放的服务业部门较之在多边框架中的承诺有所增加或深化，但是相对较为谨慎。无论是从总体上还是从具体部门来看，区域服务贸易自由化都将对提高我国服务业的竞争力、促进服务业进一步发展带来积极影响。因此，我们应当积极推进中日韩FTA早日达成服务贸易协定，减少服务贸易壁垒，提高政策透明度，促进我国服务业的进一步发展。

2. 灵活务实，寻求服务贸易自由化的最大利益

鉴于服务业整体发展水平及部门竞争力的差异，目前我国在FTA中的服务贸易自由化以在GATS中的承诺为依据，在FTA中

虽有一定的新增承诺部门和高于 WTO 承诺水平的部门，但是数量有限。其中，新增服务部门集中体现在体育和娱乐文化服务（视听服务除外）、与管理咨询相关的服务、市场调研服务、机动车保养和维修服务等方面。承诺水平进一步提高的部门集中在环境、房地产、航空器的维修、货物运输代理、计算机及其相关服务等领域。在 FTA 中，我国在市场准入方面对商业存在的限制仍然较为严格。

我国传统优势部门和领域，如旅游、运输、文化、中医药服务、自然人流动等，通过加入中日韩 FTA，提高市场准入程度和国民待遇，可以进一步巩固优势，获得更大利益。但是，服务业的敏感部门，如金融、电信、速递、视听、法律、建筑等，我国在 GATS 中已经作出了较大程度的减让，因此目前在 FTA 中保持了与多边承诺相同的水平，没有进一步突破。如果中日韩 FTA 涉及这些部门，则需要按照我国的实际情况灵活对待，以免影响这些重要服务部门的利益。

3. 坚持“正面清单”方式，实现渐进的服务贸易自由化

目前，我国在 GATS 以及各 FTA 中均采取了“正面清单”的方式。如果采取“负面清单”，则需列明现在及将来与协定背离的保留措施，除此以外的其他部门必须开放。另外，除了清单中保留条款所涵盖的领域以外，不允许出现新的不符合协定的背离措施，任何自主自由化都将通过协定延伸至 FTA 伙伴国，任何新出现的服务门类都会被添加到协定所涵盖的承诺表中。此外，在 FTA 中，我国根据 GATS 的四种服务提供方式作出相应的部门承诺。其中，商业存在对服务贸易的意义最为重大，因为它与投资紧密相连。如果将模式 3 并入投资条款，对我国服务业市场结构及本国服务企业带来的影响难以确定。因此，“负面清

单”方式的压力较大，现阶段不宜采用。

4. 加强三方合作，促进服务贸易进一步发展

为了使中日韩三国在FTA框架下共享经济利益，很重要的一点是三国不仅要认识到彼此之间的竞争关系，同时也要认识到彼此之间的相互依赖和互补关系。例如，在中日韩FTA联合研究中曾经指出，中国在旅游和通讯服务方面具有比较优势，韩国在建筑、金融和运输方面具有比较优势，日本在专利使用费和特许费方面具有比较优势。这说明三国之间的服务贸易可以进一步强化各自具有竞争力的服务业部门。此外，为了提高协定的透明度并使其更加便于应用，中日韩三国需要努力增进对彼此的商业环境的了解，并明确哪些因素会妨碍三国之间服务贸易的健康发展。因此，中国应当积极促进中日韩之间的三方合作，使三国的工商界能够更加充分地了解进入其他成员市场开展业务的相关法律和规定，并享受其稳定性和可预见性，为进一步的服务贸易自由化与服务贸易增长创造条件。

总之，服务贸易自由化是中日韩FTA中的重要组成部分，但是在达成协议的过程中还将克服重重困难。因此，三国需要采取务实的态度，随时根据谈判进展就需要解决的问题进行讨论，以各国市场的现实情况与承诺水平、国内法律与管理体制为基础，实现符合三方利益的服务贸易自由化。

第五章　中日韩 FTA 贸易便利化合作

随着区域经济一体化合作水平的不断提高，以贸易便利化合作为代表的各种边界后措施合作已经发展成为不同类型的区域经济一体化组织的重要合作领域。在未来的中日韩 FTA 中，三国在贸易便利化领域也存在着普遍的合作共识与意愿，并已经在现有合作框架下开展了相关工作。中日韩 FTA 的建立将为三国提供新的合作契机与平台，有效促进贸易便利化合作的深入开展，为三国创造更加便利的贸易环境，降低交易成本，深入加强彼此间的经济贸易联系。

本章以中日韩贸易便利化合作为主要研究对象，在理论研究的基础上，深入探讨了三国贸易便利化合作的发展特征、效果及合作潜力、未来合作的重点领域及合作方式等重要议题，提出了切实的解决思路与措施。

第一节　中日韩 FTA 贸易便利化合作的理论基础

贸易便利化合作作为 20 世纪以来区域经济合作兴起的新领域，其理论基础得到了学术界的关注。特别是近年来在亚太地区，随着便利化领域合作的不断深化发展，各成员开始就其理论内涵、经济及社会效应、合作模式以及未来合作路径等问题展开深入的理论研究，并取得了一定的成果。有关区域贸易便利化合作的理论研究为中日韩 FTA 进一步推进贸易便利化领域合作奠定了基础。

一、FTA 贸易便利化合作的内涵与发展

贸易便利化合作是 20 世纪末在国际贸易实践中逐渐兴起的一个合作领域。各主要国际和区域合作组织对其内涵与合作范围进行了阐释和界定。按照世界贸易组织、联合国贸易和发展会议的阐述，贸易便利化是指国际贸易程序（包括国际货物贸易流动所需要的收集、提供、沟通及处理数据的活动、做法和手续）的简化和协调。通常认为，贸易便利化合作的主旨在于通过简化与贸易相关的各种程序，协调和改进法律法规体系，完善相关设施，为国际贸易提供更加便利、透明和可预见的外部环境，从而降低贸易的成本，提高贸易活动的效率，缩短贸易活动的周期，为国际贸易活动注入新的活力。

贸易便利化问题的提出和发展与国际贸易规模的不断扩张以及贸易对经济发展的贡献息息相关，而贸易便利化议题的重要意义及其内涵则是随着多边贸易谈判的深入开展而逐渐受到世界各国及相关区域经济合作组织的关注。1996 年 12 月，在新加坡召开的 WTO 首届部长级会议上，贸易便利化同贸易与投资、贸易与竞争政策、政府采购的透明度等议题共同作为“新加坡议题”被列为新一轮谈判的预备议题。其后，随着新一轮多边贸易谈判的启动，贸易便利化问题作为“新加坡议题”中唯一幸存的议题而被纳入多哈发展议程。2004 年 8 月，WTO 总理事会通过了《多哈回合一揽子工作方案》，并以附件 D 的形式对贸易便利化进程的谈判模式等问题作出了原则性规定。此后，WTO 专门成立了贸易便利化谈判小组，并召开了多次会议，就谈判的基本原则、目标与机制等问题初步取得共识。截至 2012 年 12 月，WTO 没有就贸易便利化议题达成专门的协定。根据《多哈回合一揽子工作方案》附件 D，多哈回合中的贸易便利化谈判主要涉及 WTO 以下条款的澄清和改进，即《关税及贸易总协定》（GATT）1994 第 5 条（自由流通）、GATT 1994 第 8 条（进出口费用和惯例）、GATT 1994 第 10 条（贸易规则的公开和管理）。此外，在《海关估价协定》、《原产地规则协定》、《进口许可程序协定》、《装运前检验协定》、《技术性贸易壁垒协定》、《实施动植物卫生检疫措施的协定》以及《与贸易有关的知识产权协定》等协定中也均涵盖了与贸易便利化有关的问题。

目前，多哈发展议程因在其他问题上遇到阻碍而中止，贸易便利化议题的谈判进程因此也受到了一定程度的影响。尽管如此，WTO 框架下的贸易便利化谈判已引起了世界各国各地区对贸易便利化问题重要意义的普遍关注，为区域贸易合作中的便利化合作奠定了基础，并在谈判的目标、内容及具体领域的设定等方面为区域经济合作框架内的便利化合作开拓了道路。目前的区域贸易便利化合作基本以 WTO 贸易便利化合作为基础，同时根据各组织的利益要求增加了部分新的合作领域，并开创了许多具有特色的合作方式。以亚太地区为例，该地区规模最大和最有影响力的区域经济合作组织——亚太经济合作组织已将推进贸易便利化合作纳入其重点推进的合作议题，并先后于 2002 年和 2006 年推出了两个阶段共历时十年的“贸易便利化行动计划”，以集体行动计划的形式，大幅度降低了地区贸易所产生的交易成本，提高了亚太地区的贸易便利化水准。根据 APEC 地区贸易的特征及需求，该组织将海关程序、标准与一致化、商务人员流动以及电子商务确定为区域贸易便利化的优先合作领域，并倡议和敦促各成员分别针对上述优先领域制定了可行的便利化合作目标，取得了积极的进展。由于 APEC 在贸易自由化领域进展受到一定阻碍，各成员于是纷纷将推进合作的重点领域转向便利化合作，并提出了实施规制改革、加强供应链合作等与贸易便利化合作密切相关的新领域合作。

此外，亚太地区各自由贸易协定（RTA）也纷纷将贸易便利化列入其合作范畴。海关程序合作、标准与一致化合作、植物检验与检疫合作、技术性贸易壁垒的消除、商务人员流动合作等已经成为各 RTA 中不可或缺的重要内容。

二、FTA 贸易便利化合作的效应分析

贸易便利化的效应虽然不如贸易自由化直接而显著，但其影响仍然较为深远和广泛。贸易交易成本的节约可以直接转化为收入的增加，同时可引致一定的贸易促进效应。区域贸易便利化除具有多边贸易便利化的效应外，还可以引发一定程度的贸易转移效应。此外，贸易便利化合作中的政策和措施协调可能在贸易管理体制及规制合作领域对 FTA 各成员产生更加深远的影响。

1. 成本节约及收入增长效应

各主要国际组织及区域合作组织的相关研究报告显示，区域贸易便利化合作可以有效降低交易成本，提高贸易参与者的收入水平。以 APEC 为例，在完成为期 5 年的第二阶段贸易便利化行动计划后，该组织的最终评估报告显示，2007—2010 年间，贸易相关程序所需时间的节约直接降低了 650 亿美元的费用，比实施该计划之前降低了 6.2%。尽管同期与贸易便利化相关的各种费用上涨 4.8%，使交易成本增加了约 63 亿美元，但总体而言，

亚太地区的交易成本受到贸易便利化措施的影响仍然比期初降低了 587 亿美元①，贸易便利化合作的成本节约与收入增长效应得以充分显现。

2. 贸易促进效应

区域贸易便利化合作的贸易增长效应是显而易见的。通过降低交易成本，提高商品流通速度，改善贸易环境，贸易便利化可以显著提高贸易参与者的积极性，创造更多的贸易机会，拉动贸易量的增长。早在 1997 年，APEC 便针对便利化措施的贸易促进效应开展了相关研究。当时的评估结果表明，通过实施《马尼拉行动计划》所列明的全部贸易便利化措施，至 2010 年，APEC 出口变动率会有一定程度的增长，这与贸易自由化措施的实施效果相一致。当时的评估结果认为，贸易便利化将使 APEC 出口变动率和世界出口变动率分别增长 1.9%和 1.2%，高于贸易自由化措施 1.1%和 0.6%的水平。1999 年，APEC 对这一数据进行了调整，适当调低了贸易便利化措施对 APEC 和世界出口增长的影响，调整后的数据分别为 1.3%和 0.6%。② 尽管如此，便利化措施对地区贸易的促进作用仍不可小觑。

3. 贸易转移效应

根据关税同盟理论，区域贸易合作在产生贸易创造效应的同时有可能带来一定程度的贸易转移效应，区域贸易便利化合作亦

---

① APEC Policy Support Unit, *APEC Achievements in Trade Facilitation 2007-2010*, *Final Assessment of the Second TradeFacilitation Action Plan* (*TFAP II*), www. apec. org.

② APEC, *Assessing APEC Trade Liberalization and Facilitation*, 1999 Update, APEC Economic Committee, September 1999; APEC Economic Committee, *The Impact of Trade Liberalization in APEC*, Submitted to the Experts' Seminar on Impact of Trade Liberalization, Tokyo, June 1999.

是如此。贸易转移效应的存在是区域贸易便利化合作区别于多边贸易便利化合作的重要特征。通过实施贸易便利化合作，FTA成员间交易成本将有所下降，原产地产品的成本优势将相对提升，同时，物流及通关等方面的便利措施也会加快商品的流通速度，此外，标准与一致化以及动植物检验检疫等方面的合作与协调也会降低货物在技术标准等方面可能面临的歧视性待遇，进而比非成员产品获得更多的竞争优势，并引起国际贸易流向的变化，FTA成员可能将原来从非成员进口的产品转移至从成员经济体进口。但是，与贸易自由化合作所产生的贸易转移效应有所区别，贸易便利化合作可能导致的贸易转移的福利效应并不必然为负，便利化措施所引致的交易成本节约可以在一定程度上弥补贸易转移的损失，总福利效应可能是不确定的。

4. 推进规制合作

除对贸易活动的成本收益影响外，区域贸易便利化合作还可能产生另一重要的影响效应，即对地区规制合作的推进作用，而这一影响往往易被忽视。规制合作是目前区域经济合作的新领域，由于其更多触及各成员的国内制度及政策协调而引发了各国的争议。目前，APEC已将规制合作列入近期重点合作议题，并不断推出各成员在规制制定方面的最佳范例与经验。理论上讲，规制合作可以改进贸易与投资环境，创造所谓“无缝链接”，为货物、资本和人员等的跨国跨地区流动创造便利。但现实中，区域组织成员往往存在巨大的差异性，规制合作很可能沦为部分发达成员牵制和干预其他成员国内政策的工具和手段。目前主要便利化合作领域均属于规制合作的范畴，而各国在此方面的利益相对更加统一，因此协调的难度相对较低。推进区域贸易便利化合作一方面可以规避矛盾，促进规制合作的发展，另一方面也可以帮助发展中国家积累更多的合作经验，改变目前在规制合作中的弱势地位。

三、FTA 贸易便利化合作的实现路径

以合作模式为标准，区域贸易便利化合作路径可分为以自主自愿为特征的论坛性质合作和以有约束性的承诺为特征的机制化合作两种模式。

作为地区重要的经济合作论坛，APEC 在贸易便利化合作中同样采用了以自主自愿为核心原则的推进路径。此路径的一种主要合作方式即制定和实施关于贸易便利化议题的单边行动计划。各成员根据《马尼拉行动计划》、《大阪行动议程》以及《上海共识》等纲领性文件所制定的目标和重点领域定期公布各自在贸易便利化领域的单边行动计划，并自主推进计划的实施。APEC 近年来同时采用了集体行动计划方式推进贸易便利化合作。各成员同样根据自愿原则及各自情况，按照 APEC 所制定的优先领域确定行动计划的内容，然后共同努力推进。已经实施完成的两阶段《贸易便利化行动计划》即属于此类集体行动计划。此外，APEC 还积极采用了另一种具有创新意义的合作方式，即“探路者方式”推进贸易便利化。所谓“探路者方式”即由 APEC 部分成员选择共同有兴趣的议题先行开展合作，待积累一定经验后再将行动推广至其他成员的一种灵活的合作方式。目前，APEC 已在诸多贸易便利化合作领域中成功实行了“探路者方式”，如电子电器设备的相互认证、APEC 商务旅行卡项目等，参与此方式的成员数量不断增加，实施的效果也受到各成员的普遍认可。

推进区域贸易便利化合作的另一途径即通过签署具有约束力

的政府承诺文件，以机制化合作方式强制各方推进贸易便利化措施的落实。目前，世界各地兴起的 FTA 合作普遍将贸易便利化合作纳入其合作范畴，并以机制化合作方式加以推进。此种合作路径约束性更强，实施的效率也更高。但由于其缺少灵活性，各国在谈判过程中普遍采取谨慎态度，因此达成合作议向的难度更高，并且要支付较高的谈判成本。此外，机制化的便利化合作目前主要集中在海关合作、标准与一致化等传统的便利化合作领域，而在具有争议的新领域则难以通过此种方式推进便利化合作。

第二节　中日韩贸易便利化进程比较

近年来，贸易便利化合作已经发展成为 WTO 及 APEC 合作的重要领域，同时也成为上述合作中最具有活力和潜力的领域之一。作为 WTO 及 APEC 成员，中日韩三方均十分重视推进本国的贸易便利化进程，并加强在该领域的国际合作。与此同时，三国在 APEC 贸易便利化行动计划中也实施了多项行动计划，并在两阶段贸易便利化行动计划中均完成了将交易成本降低 5%的目标。此外，三国在贸易便利化的各具体领域也深入开展了单边行动，以切实改善本国的贸易便利化条件。但是，目前三国之间的贸易便利化合作仍然处于初级阶段，彼此间尚未建立成熟的合作与协调机制，合作范围有限。因此，中日韩 FTA 在贸易便利化领域存在巨大的合作潜力。

一、中国贸易便利化进程与评估

进入 21 世纪以来，随着中国对外贸易规模的不断扩大，与交易成本相关的各种贸易便利化措施的改进与发展受到广泛的关注。透明的贸易制度和政策法规，便捷的通关程序，与国际惯例相一致的管理手段与标准，这些与货物贸易成本直接相关的便利的制度安排已经成为助推贸易发展的重要力量。中国政府对贸易便利化工作给予了一定程度的重视，对其战略意义进行了宏观评价，并就主要部门政策作出了部署和安排。中国中央政府在历年的工作报告及五年规划纲要中反复强调贸易便利化工作的重要性；各部门在相关立法体系的完善、执行机构的建立、与国际组织的协调等方面也作出积极的努力，并且取得了显著成效。此外，企业和市场也已成为推进中国贸易便利化进程的重要力量，特别是在电子商务等领域，企业的自发行为也为提升便利化水平作出了积极贡献。

1. 中国推进贸易便利化的基本立场

近年来，中国对贸易便利化问题给予了高度关注，并将其作为政府对外贸易工作中的重要目标纳入《政府工作报告》之中。2006 年《政府工作报告》指出，“我国加入 WTO 过渡期将基本结束，要增强做好各项应对工作的紧迫感。进一步完善涉外经济管理体制和机制，提高贸易和投资便利化水平”。2009 年《政府工作报告》提出了在金融危机条件下为努力保持对外贸易稳定增长应采取的七项重要措施，其中之一就是要“提高贸易便利化水平”。同时强调应“优化海关、质检、外汇等方面监管和服务；加强边境口岸建设”。而 2010 年的报告则强调应在原有基础上继续“稳定各项进口促进政策和便利化措施”。以上《政府工作报告》内容显示了中国政府对贸易便利化问题从提出到细化和落实，认识不断深入的过程。特别是在 2008 年全球金融危机爆发后，为了保持贸易的持续发展，中国政府提高了对贸易便利化的重视程度，希望以此为契机，全面提升和改善我国的对外贸易政策环境，促进国民经济的恢复与发展，并更好地与国际贸易惯例和机制相融合，提高国家竞争力。

中国在多边、区域及双边经济合作领域也积极参与和推进贸易便利化进程，采取有效措施降低交易成本，减少贸易障碍，并已取得了显著成果。此外，中国还积极参与了相关国际组织合作，在各主要的贸易便利化领域履行了应尽的国际义务，并正在努力参与各种国际规则的制定工作。在海关程序领域，中国于1983年7月18日成为海关合作理事会（1994年更名为世界海关组织）的正式成员，并相继签署了该组织所制定的6个国际公约，即《关于建立海关合作理事会的公约》、《关于协调商品名称及编码制度国际公约》、《关于货物凭ATA报关单证册暂准进口海关公约》、《关于简化和协调海关业务制度国际公约》（简称《京都公约》）、《海关暂准进口公约》以及《关于在展览会、交易会、会议等事项中便利展出和需用货物进口海关公约》。中国还加入了联合国国际海事组织制定的《1972年集装箱关务公约》，世界海关组织负责有关实施该公约的行政管理工作。在标准与一致化领域，中国国家技术监督局是国际标准化组织的成员，致力于国际标准体系的制定以及在中国的落实工作，并取得重要进展。

2. 中国与多边贸易体制中的贸易便利化议题

在多边经济合作领域，自加入WTO以来，中国认真履行加入WTO承诺，积极执行有关国际组织制定的规则，在WTO贸易便利化议题所关注的GATT 1994第5、第8、第10条款方面，采取了一些卓有成效的措施。世界贸易组织贸易便利化谈判是我国加入WTO以后首次以成员资格参与制定多边贸易新规则的谈判，是奠定我国在国际经贸和海关事务中的重要地位，从而在更深层次上融入世界多边贸易体系的重要战略机遇。对我国而言，贸易便利化部分议题中所涉及的历史负担较少，议题所提出的通关便利化要求与我国的改革目标和改革实践是一致的，并能够对我国对外贸易的发展产生良好的促进作用。因此，在世界贸易组织贸易便利化议题谈判中，我国采取了积极的态度，提交了多项提案，涉及内容比较广泛，具体包括：第一，澄清和改进 GATT 第 10 条；第二，实施海关风险管理和通关后稽查；第三，建议实施特殊和差别待遇以及技术援助和能力建设支持，建议各成员评估其贸易便利化的需要、优先领域及其当前便利化的水平，并给予发展中国家更长的过渡期、必要的灵活性以及特殊和差别待遇。此外，中国还与部分发展中国家共同合作，就在具体的贸易便利化措施谈判中如何考虑发展中成员的利益，保障他们的权益并对其提供必要的技术援助和能力建设提出了相关议案。

3. 中国与区域经济合作中的贸易便利化议题

自 21 世纪起，世界区域经济合作进入快速发展阶段。各种类型的区域经济合作组织层出不穷。在追求贸易与投资自由化的同时，贸易便利化合作也已经成为区域经济合作的重要组成部分。中国也在不断强化与周边国家和地区的经济合作，除较早参与的 APEC 合作之外，又先后与部分国家和地区开展 FTA 建设。在这一过程中，中国始终重视贸易便利化议题的重要影响，并将其纳入不同层次及模式的地区经济合作范畴。

（1）中国与亚太经济合作组织的贸易便利化合作

APEC 是中国较早参与的地区性经济合作组织，同时也是目前为止，中国参与的合作范围最大、涉及成员最多、合作水平最高的区域经济合作组织。近年来，APEC 将贸易便利化合作及与其密切相关的规制合作列为优先议题，并开展了多种形式的合作。作为APEC中的重要成员，中国高度关注这一领域合作并为贯彻实施《上海共识》作出了积极的努力。为了更加有效地实施APEC的《贸易便利化行动计划》，中国努力提高政策法规的透明度及实施效率，改善海关通关效率，积极推广和使用国际标准，并努力为实施无纸贸易创造必要的环境条件。目前，上述努力已经取得了积极的成果，在各优先领域均取得了实质性进展。

（2）中国—东盟FTA框架内的贸易便利化

中国—东盟FTA是中国近年来启动建设的规模最大、经济意义最为重要的FTA。根据2002年签署的《中华人民共和国与东南亚国家联盟全面经济合作框架协议》中的第7条第3款的规定，双方应在推动和建立货物贸易、服务贸易及投资领域加强合作，其中具体的贸易便利化合作领域包括标准与一致化评定、技术性贸易壁垒和非关税措施、海关合作以及电子商务等。

（3）中国参与的双边FTA中的贸易便利化合作

近年来，中国积极推进双边FTA的谈判和建设工作，并将与贸易便利化相关的各个领域纳入FTA之中，为全面提高贸易便利化水平作出了积极的努力（见表5-1）。在中国已经签署的双边FTA中，卫生和植物卫生检疫、海关程序以及自然人流动等内容已经成为协定不可或缺的条款和内容。随着双边贸易自由化合作的不断深入，更多的贸易便利化合作将被纳入谈判议程，并为中国降低交易成本，提供更加稳定便利的贸易环境，创造更多的贸易机会。

表 5-1　中国已签署双边 FTA 中所涉及的贸易便利化领域（截至 2012 年 12 月）

序号	协定名称	协定所涉及与便利化相关领域
1	内地与香港关于建立更紧密经贸关系的安排及其补充协议	通关便利化，商品检验检疫，食品安全，质量标准，电子商务，法律法规透明度
2	内地与澳门关于建立更紧密经贸关系的安排及其补充协议	通关便利化，商品检验、动植物检验检疫、食品安全、卫生检疫、认证认可及标准化管理，电子商务，法律法规透明度
3	中国—巴基斯坦 FTA	卫生和植物卫生检疫
4	中国—智利 FTA	卫生和植物卫生检疫
5	中国—新西兰 FTA	海关程序，卫生和植物卫生检疫，自然人移动
6	中国—新加坡 FTA	海关程序，卫生和植物卫生检疫，自然人移动
7	中国—秘鲁 FTA	海关程序，卫生和植物卫生检疫，自然人移动
8	中国—哥斯达黎加 FTA	海关程序，卫生和植物卫生检疫，自然人移动

资料来源：根据商务部“中国自由贸易协定网”（http：//fta. mofcom. gov. cn）所公布的各相关 FTA 文本整理。

二、日本贸易便利化进程与评估

作为亚太地区重要的发达国家和国际贸易的积极参与者，日本在贸易便利化合作中表现出了积极的态度和立场。在多哈回合多边贸易谈判启动之初，日本采取了与美国等发达国家一致的立场，对贸易便利化议题予以支持。日本明确表示对此问题非常感兴趣，因为贸易便利化能够扩大贸易和投资流，并有利于加强多边贸易体系，它会积极参与到以后关于贸易便利化问题的谈判中来。① 在区域经济合作中，日本在 APEC 的贸易便利化合作中表现出了积极的态度，并已完成多项合作计划。在区域及多边 FTA 中，日本已将贸易便利化合作议题纳入承诺之中。此外，日本还

① 薛荣久、樊瑛：《WTO 多哈回合与中国》，对外经济贸易大学出版社 2004 年版，第 200 页。

是世界海关组织、国际标准化组织等便利化合作领域的国际合作组织的成员，在推进世界贸易便利化规则的制定与执行等方面发挥了积极的作用。在日本国内，贸易便利化相关管理机构及法律法规体系较为完善，相关技术及人员素质基本处于世界领先水平。近年来日本在贸易便利化的部分领域取得了较好发展，并已被世界贸易组织等列为贸易便利化合作的最佳范例，其经验得到认可和推广。但由于日本在农产品贸易领域存在较多的贸易壁垒，相关贸易限制措施较多，因此，在与农产品相关的海关程序、检验检疫措施以及国际标准的使用等方面还存在较大的改进空间。

1. 日本与多边贸易谈判中的贸易便利化议题

在多边贸易谈判的贸易便利化议题上，尽管日本的立场不像欧盟和美国等成员那么鲜明，但总体上仍然表现出积极的态度。日本认为，在各个层面上，无论国家、地区还是部门都有不同的目的，有必要在这些各自不同的目的上建立一个共同的基础并设立一个共同的方向。① 在贸易便利化的具体实践中，日本在海关程序等领域，特别是在货物的提前检验技术等方面积累了一些较好的经验，并得到 WTO 的认可。② 另外，日本还为 WTO 的贸易便利化谈判提供了技术支持，如应发展中成员之邀为其提供人员培训和专家咨询服务等。③

---

① 薛荣久、樊瑛：《WTO 多哈回合与中国》，对外经济贸易大学出版社 2004 年版，第 200 页。

② WTO：*Trade Facilitation Implementation of Pre-Arrival Examination*，JAPAN，www. wto. org，home > trade topics > trade facilitation > reports and case studies.

③ WTO：*Trade Facilitation*：*Technical Assistance Activities of Japan*，TN/TF/W/52，6 July 2005，www. wto. org.

2. 日本与区域经济合作中的贸易便利化议题

（1）日本与 APEC 贸易便利化合作

作为 APEC 重要成员，日本积极参与了 APEC 的两阶段贸易便利化行动计划，并已在贸易便利化各相关合作领域取得显著进展。根据 APEC 所发表的《茂物目标评估报告》，在贸易便利化行动计划中，日本共完成与海关程序相关的 56 项计划、与标准与一致化相关的 18 项计划、与自然人移动相关的 5 项计划和与电子商务相关的 10 项计划。根据该评估报告的结论，1996 年以来，日本在贸易便利化领域的成就非常显著。在标准与一致化领域，日本所采用国际标准的数量从 1996 年的 1 项提升至 2009 年的 254 项，同时参与了 APEC 的通讯设备一致性评估相互认证协定、与新加坡的电子产品相互认证协定、与泰国的电子产品相互认证协定以及与菲律宾的电子产品相互认证协定。在海关程序领域，日本已通过 HS2007，加入修订后的《京都公约》，提高了海关程序的透明度，推动无纸化贸易，同时通过采取各种先进技术及措施缩短货物放行通关时间，保障货物安全，提高海关查验速度。在自然人移动领域，1996 年与日本互免签证的国家或地区为 48 个，2009 年这一数字提高到 63 个，其中 APEC 成员为 11 个。此外，日本于 2003 年加入 APEC 商务旅行卡计划，并采取了其他相关措施为商务人员流动提供便利。①

（2）日本在 EPA 中的贸易便利化合作

如同许多亚太成员一样，日本在 2000 年之后逐渐将地区及双边合作上升为对外经济合作战略的重要组成部分，并提出了本

① APEC, *Fact Sheet on Individual Efforts Made towards the Achievement of the Bogor Goals*: *Japan*, www. apec. org.

国的 FTA 战略，积极寻求与贸易伙伴国开展 EPA 合作。在日本已签署的各 EPA 中，贸易便利化议题是其中不可或缺的内容（见表 5-2）。

表 5-2　日本已签署 EPA 中所涉及的贸易便利化领域（截至 2012 年 12 月）

序号	协定名称	生效时间	协定所涉及与便利化相关领域
1	日本—东盟 EPA	2008 年 12 月 1 日	海关程序，卫生和植物卫生检疫，标准与一致化
2	日本—文莱 EPA	2008 年 7 月 31 日	海关程序，改善商务环境，能源合作
3	日本—智利 EPA	2007 年 9 月 3 日	海关程序，卫生和植物卫生检疫，技术规则、标准与一致化，商务人员流动，竞争政策，改善商务环境
4	日本—印度 EPA	2011 年 8 月 1 日	海关程序，技术规则、标准与一致化，自然人移动，竞争政策，改善商务环境
5	日本—印度尼西亚 EPA	2008 年 7 月 1 日	海关程序，自然人移动，能源及矿产资源，竞争政策，改善商务环境
6	日本—马来西亚 EPA	2006 年 7 月 13 日	海关程序，技术规则、标准与一致化，卫生和植物卫生检疫，竞争政策，改善商务环境
7	日本—墨西哥 EPA	2005 年 4 月 1 日	自然人移动，竞争政策，改善商务环境
8	日本—秘鲁 EPA	2012 年 3 月 1 日	海关程序，卫生和植物卫生检疫，技术规则、标准与一致化，商务人员移动，竞争政策，改善商务环境
9	日本—菲律宾 EPA	2008 年 12 月 11 日	海关程序，无纸贸易，相互认证，自然人移动，竞争政策，改善商务环境
10	日本—新加坡 EPA	2002 年 11 月 30 日	海关程序，无纸贸易，相互认证，自然人移动，信息及通信技术，竞争政策，科技合作，人力资源开发，贸易与投资促进，中小企业

续表

序号	协定名称	生效时间	协定所涉及与便利化相关领域
11	日本—瑞士 EPA	2009 年 9 月 1 日	海关程序，卫生和植物卫生检疫，技术规则、标准与一致化，自然人移动，电子商务，竞争政策
12	日本—泰国 EPA	2007 年 11 月 1 日	海关程序，无纸贸易，相互认证，竞争政策
13	日本—越南 EPA	2009 年 10 月 1 日	海关程序，卫生和植物卫生检疫，技术规则、标准与一致化，自然人移动，竞争政策，改善商务环境

资料来源：世界贸易组织 RTA 数据库，www. wto. org。

三、韩国贸易便利化进程与评估

韩国在国际贸易体系中的影响力不及日本、美国等发达国家，因此其在贸易便利化进程中的态度及立场并未引起普遍关注。尽管如此，韩国在海关程序以及标准与一致化等便利化领域所取得的成就不容小觑。

近年来，韩国对海关程序进行了不断的改革，提高现代化水平，并推进其进一步向“智能型海关管理”发展。由于优惠贸易安排网络日益扩大，相关原产地规则不断细化和差异化，海关通关程序已变得更加复杂。WTO 的贸易政策评估报告认为，韩国在海关事务方面拥有较为先进的技术，并为国际社会提供了部分最佳范例。韩国尤其重视与农业、林业及渔业产品贸易相关的海关程序的改革。2007 年 8 月，韩国专门引入提前预警系统以阻止上述类别的产品通过非法进口进入韩国。

在标准与一致化领域，2005 年至 2010 年间，韩国工业标准数量增加了一倍。为了与国际标准体系相协调，韩国目前正在积极协调国内标准与国际标准，其中包括很多新技术产品的标准。

此外，韩国还对食品标签标准进行审查，以便更好地与国际标准相一致。①

韩国高度重视法律的透明度和可获得性，可在有关政府机构的网站上查找到很多法律的英文版本。与此同时，韩国将监管改革的重点从减少法律规章调整为提高法律规章的质量。韩国已经采取步骤通过履行世贸组织的通知要求来从多边层面上履行其透明度的义务。然而，对于国外合伙人而言，韩国法律法规的透明度仍需进一步提高，表现为外国投资者和贸易商仍然难以获得一些法律和法规的英文版。韩国知识经济部在《关于进出口的综合公开指南》上发布影响国外贸易的条例，并在必要时予以修订。韩国与贸易相关的主要法律在 2004 年进行了修订。2004 年 6 月，韩国总统命令引入了缔结 FTA 的规则，以保证所有自由贸易谈判的透明度。②

韩国是世贸组织成员国，也是世界海关组织、国际标准化组织等贸易便利化国际合作组织的成员，在推动贸易便利化国际合作领域发挥了重要作用。在区域经济合作领域，韩国积极参与 APEC 的贸易便利化行动计划，并已实现该计划所确定的分阶段降低贸易交易成本的目标。在双边 FTA 合作中，韩国更是努力将贸易便利化相关领域合作纳入合作议程，并取得了积极进展（见表 5-3）。韩国在其所签署的主要 FTA 中的贸易便利化承诺见表 5-4。

---

① WTO：《韩国贸易政策审议报告》，www. wto. org。

② WTO：《韩国贸易政策审议报告》，www. wto. org。

表 5-3　韩国已签署 FTA 中所涉及的贸易便利化领域（截至 2012 年 12 月）

序号	协定名称	签署及生效时间	协定所涉及与便利化相关领域
1	韩国—智利 FTA	2003 年 2 月 15 日签署，2004 年 4 月 1 日生效	海关程序，卫生和植物卫生检疫，标准相关措施，商务人员流动，竞争政策
2	韩国—新加坡 FTA	2005 年 8 月 4 日签署，2006 年 3 月 2 日生效	海关程序，卫生和植物卫生检疫，技术性贸易壁垒与相互认证，商务人员流动，电子商务，竞争政策，透明度
3	韩国—EFTA FTA	2005 年 12 月 15 日签署，2006 年 9 月 1 日生效	竞争政策，海关程序，透明度，技术规则，国际收支
4	韩国—东盟 FTA	2009 年 6 月 2 日签署，2009 年 9 月 1 日生效	海关程序，标准与一致化评估及卫生和植物卫生检疫，人力资源开发等
5	韩国—印度 FTA	2009 年 8 月 7 日签署，2010 年 1 月 1 日生效	海关合作，自然人移动，视听产品的联合制作，竞争政策
6	韩国—欧盟 FTA	2010 年 10 月 6 日签署，2011 年 7 月 1 日生效	技术性贸易壁垒，卫生和植物卫生检疫，海关和贸易便利化，电子商务，国际收支和资本流动，竞争政策，透明度
7	韩国—秘鲁 FTA	2011 年 3 月 21 日签署，2011 年 8 月 1 日生效	海关管理和贸易便利化等
8	韩国—美国 FTA	2007 年 6 月 30 日签署，2012 年 3 月 15 日生效	海关管理和贸易便利化，卫生和植物卫生检疫，技术性贸易壁垒，电子商务，竞争事务，透明度

资料来源：世界贸易组织 RTA 数据库，www. wto. org。

表 5-4　韩国已签署主要 FTA 中的贸易便利化承诺（截至 2012 年 12 月）

	韩国—美国 FTA	韩国—欧盟 FTA	韩国—印度 FTA
技术贸易壁垒（TBT）	• 主要条款包括适用范围、国际标准、双边合作、一致化评估程序、透明度、汽车技术标准和法规等 • 双方重申其在 WTO/TBT 协定中的权利和义务，并加强有关一致化评估程序的信息交换 • 双方将加快实施电信设备一致化评估相互认证安排，协调汽车产品的环境和安全标准 • 双方同意成立 TBT 委员会和汽车工作组，协调和解决相关事务	• 主要条款涉及双边合作、技术法规、技术标准、合格评定和认证、市场监控、合格评定费用、标志和标签、协调机制等 • 双方承诺以 WTO/TBT 协议为基础，更多采用国际标准、提高技术法规透明度、简化相关手续。同时，双方将分别指派 TBT 协调员，加强 TBT 事务的对话和协调	• 双方强调信息沟通的重要性，同意在该 CEPA 生效一年之内启动在电信设备和电工电气设备两个领域的 TBT 共同认证的咨询工作，并在三年之内完成双边认证工作
卫生与植物卫生措施（SPS）	• 主要条款涉及协定的目标和范围、各方的权利和义务、SPS 事务委员会以及争端解决等问题 • 协定重申各方在《SPS 协定》中的权利和义务，并要求成立由各方负责 SPS 事务人员参加的 SPS 委员会，强化 SPS 协定的执行，并加强磋商与合作。委员会应每年至少召开一次会议	• 主要条款涉及透明度和信息交流、国际标准、进口检验检疫要求、动植物健康措施、动物福利合作、合作机制等 • 双方将共同成立 SPS 委员会，负责制定相关程序和安排，监督本章的实施情况，并建立论坛对 SPS 相关事务进行讨论	• 双方同意加强在 SPS 领域的相互理解与合作，并通过人员培训、联合研究、实施多边已经批准的 SPS 标准等措施加强合作；同意建立联合工作组，监督两个领域合作安排的实施

续表

	韩国—美国 FTA	韩国—欧盟 FTA	韩国—印度 FTA
海关和贸易便利化	• 主要条款涉及法规的公布、货物放行、自动化、风险管理、合作、保密、快递货物、预裁定等 • 双方将及时公布与海关事务相关的规章，并在以下领域开展合作：简化海关程序，在货物到达后的 48 小时内放行；采用电子方式在货物到达前报送相关信息；推广信息技术的应用；采用电子或自动化的风险管理体系；强化在法规、培训以及风险管理等领域合作；为快递货物提供各种便利措施	• 主要条款涉及货物放行、简化海关程序、风险管理、透明度、预裁定、诉讼程序、保密条款、费用及收费、装运前检验、事后稽查、海关估价、海关合作等 • 双方将确保进出口货物通关的方便快捷，使海关程序更加简化、透明，并促进双方在本领域的信息交流与合作 • 双方将共同组建海关委员会，推进海关机构的联系点建设	• 主要条款涉及目标和原则、货物放行、自动化、风险管理、快递、透明度、预裁定、海关合作等 • 双方将在国际标准的基础上简化和协调海关程序，加强程序的一致性和透明度，加强风险评估的效率，通过多边合作、技术支持和信息交换来促进贸易便利化措施的实施 • 加强双方海关之间的合作，共同组建海关委员会，推进海关机构的联系点建设
自然人移动	• 没有纳入协定	• 在“服务贸易、设立企业和电子商务”章节的附件中，以“正面清单”的方式列明了“重要人员、毕业实习生和商业销售人员”在各个产业部门中就业或开展贸易投资活动的具体规定和条件	• 规定了便利自然人移动的相关措施，包括一般原则、适用范围、短期入境的许可、家属的雇佣、相关规制的透明度、争端解决等内容 • 协定附件中还规定了可归类于专家的具体工作职位
电子商务	• 双方强调了电子商务的发展和应用对于消除贸易壁垒的重要意义 • 双方承诺给予符合条件的数码产品免税待遇；对于符合要求的电子认证和电子签名，应承认其法律效率，不得采取或保留妨碍其使用的制度措施；在电子商务活动中加强对消费者的保护；推动贸易审批文件的电子化，促进无纸贸易的发展；允许信息跨国自由流动，为贸易提供便利	• 双方均认识到电子商务对于促进经济增长和增加贸易机会的重要性，因此承诺积极支持电子商务的发展，并重点在电子签名、作为中间服务的信息传输和储存、电子商务环境下的消费者保护、无纸贸易等领域开展对话与合作	• 没有纳入协定

续表

	韩国—美国 FTA	韩国—欧盟 FTA	韩国—印度 FTA
透明度	•主要条款包括公布相关规定及行政决定；允许来自另一方的人员就拟议中的规章发表评论并提出问题；公布上述人员并允许其在作出最终行政决策前发表意见；允许上述人员对行政决策进行评议	•协定其他章节也针对透明度问题作出了相关规定。目标是为两国的企业经营者创造更加高效和可预见的政策监管环境，主要条款涉及发布、咨询和联系点、行政程序、复议和上诉、监管质量和绩效及良好行政行为、非歧视原则等	•协定其他章节针对透明度问题作出了相关规定

资料来源：根据世界贸易组织 RTA 数据库（www. wto. org）所公布协定内容整理。

四、中日韩贸易便利化的比较

总体而言，中日韩三国在贸易便利化合作中存在着共同利益，具备了加强合作的基础，三方的基本态度一致，但在合作原则及关注的重点领域等方面有所差异。

1. 基本态度一致

三方在多边及区域性贸易便利化合作中均表现出了积极的态度。三方共同参与和推进了多哈回合的贸易便利化谈判，并成功完成了 APEC 的两阶段贸易便利化行动计划，取得了积极进展。在双边 FTA 谈判中，三国也均将部分贸易便利化议题纳入并达成了具有约束力的协定。

2. 基本原则有所差异

由于三国各自的经济发展水平及在世界经济分工中所处位置不同，三国在贸易便利化合作中所恪守的原则也不尽相同。作为亚太地区最大的发展中成员，中国始终坚持在国际经济合作中应贯彻共同但有差别的原则，强调应对发展中国家给予一定的特殊待遇，在贸易投资自由化合作中如此，在贸易便利化合作中亦是如此。此外，鉴于发展中国家在信息技术及管理方式等方面均落后于发达国家，中国同时主张应与 WTO 多哈发展议程的原则保持一致，加强在贸易便利化合作领域的经济技术合作，以帮助发展中国家更加有效地提高海关管理等方面的工作效率。

3. 关注领域各有侧重

鉴于中日韩三国在经济发展水平及产业比较优势方面存在的差异，三国在贸易便利化具体领域的关注程度有所不同。中国仍处于经济发展与转型时期，在贸易政策透明度、管理方式和技术水平等方面仍然与日本和韩国存在一定的差异。因此，中国更加重视在便利化合作领域的能力建设，并希望通过彼此间的经济技术合作交流先进管理经验，提高管理效率。此外，中国是世界制成品贸易大国，因此对此类商品的贸易便利化水平尤为关注。另外，在已签署的其他 FTA 中，中国对学历与学位的相互认证、技术标准的相互认证以及自然人移动等领域也给予了较高的关注。而日本和韩国的经济发展水平相对较高，贸易便利化相关技术也较为成熟，因此更加关注其政策执行经验的推广以及相关标准的普及。鉴于贸易便利化合作是国际贸易合作的新领域，作为世界主要发达国家，日韩可能更为关注的是如何参与制定游戏规则的问题。在具体产业的贸易便利化合作中，鉴于农产品在日韩对外贸易中的敏感性，两国在农产品的贸易便利化上均有所保留。

第三节 中日韩贸易便利化合作重点领域

根据目前中日韩三国在现有多边及地区合作框架内已开展的贸易便利化合作进展情况分析，海关程序、标准与一致化及自然人移动是三国普遍关注的议题。三国在各自已签署的 FTA 中，普遍就上述议题作出了相关承诺。预计在未来的中日韩 FTA 建设中，上述领域也将会成为各国共同关注并着力推进的重点领域。

一、海关程序合作

海关程序是体现一个国家贸易便利化水平的重要领域。世界贸易组织的贸易便利化谈判以及 APEC 贸易便利化合作均将其列为重要的优先领域。作为世界贸易组织以及 APEC 的成员，中日韩三国均在此领域作出了积极的努力。

1. 中国的海关程序评价

自加入 WTO 后，中国积极履行承诺，对海关程序进行了锐意改革，在通关效率、法律法规透明度、WTO 相关协定的执行等方面取得了积极进展。同时，通过与国际组织及地区性经济合作组织的合作与交流，中国海关程序与国际惯例不断接轨，便利化水平得到显著改善。

中国海关在进出境监管方面推出了区域通关、分类通关、舱单管理等一系列改革，取得显著成效。2010 年海关办理进出口报关单 5722. 7 万张，查验货物报关单 248. 7 万份，监管进出口货物 29. 46 亿吨，货值 2. 97 万亿美元，有力地促进了对外经济贸易和科技文化交往。2010 年，在中国海关的监管下，进出境旅客人数达到38611.3万人次，进出境飞机约44万架次，进出境船舶51.62万次，TEU[①]进出口货运集装箱8350万箱次。[②]2009年，中国海关全面推行企业守法管理，加快推进分类通关，进一步落实“属地申报、口岸验放”和跨关区通关货物“应转尽转”等措施。抓紧完善海关保税监管货物流转管理，实现海关特殊监管区域、保税监管场所与口岸监管现场的联动通关。[③]

中国加快推进口岸“大通关”和“电子口岸”建设，建立并发挥口岸工作联络协调机制作用，全国大部分口岸特别是重点口岸的通关效率不断提高。按照大通关（包括海关、检验检疫、运输、装卸等环节）统计，目前，海运方式进出口货物一般24小时可通行，空运方式进出口货物一般十几个小时可通行，鲜活商品等应急货物平均几小时即可通行，粤港、粤澳口岸正常通行时间已经实现车辆不超过1小时、旅客不超过30分钟。

同时，中国海关注重运用先进科技手段提高海关的管理水平和工作效率，基本形成了“电子海关”、“电子口岸”、“电子总署”的应用格局，全面实现了海关通关作业网络化、监控手段智能化、职能管理数字化和行政决策科学化。海关大力推动把

① TEU即Twenty-foot Equivalent Unit的缩写。是以长度为20英尺的集装箱为国际计量单位，也称国际标准箱单位。通常用来表示船舶装载集装箱的能力。

② 中国海关总署：《今日中国海关2011》，中国海关总署网站，http://www.customs.gov.cn，2012年4月19日。

③ 中国海关总署：《今日中国海关2009》，中国海关总署网站，http://www.customs.gov.cn，2010年3月29日。

“电子口岸”建设成为全国进出口贸易管理和服务的“单一窗口”。① 1995 年以前，海关一直实行纸质报关。1995 年，全国海关推广应用 H883 通关作业系统，开始在全国海关实行报关单电子报关，同时企业需要准备纸质报关单及随附单证，在现场作业环节，向海关提交。2000 年，中国海关总署开发了海关通关作业系统（H2000），于 2002 年在全国海关推广，海关应用计算机管理系统更加完善和成熟。在前期电子、纸质报关的基础上，2009 年，海关启动了分类通关改革，对低风险货物采取快速放行的方式办理手续，对高风险货物加大监管力度，以缩短货物的通关时间，降低成本。2012 年 8 月 1 日，中国海关总署在上海等 12 个海关正式启动通关作业无纸化改革试点，在报关单电子化的同时，报关单随附单证也实现电子化，从而实现通关全过程的无纸化。

为提高海关管理的法制化水平，保障政策管理透明度，提高海关依法行政水平，中国在完成 APEC 第一阶段贸易便利化行动计划后继续致力于完善海关管理与程序的相关法律法规体系，包括健全与完善海关各项法规，对海关人员进行法规宣传教育，培训执法人员和研究海关法理论等。目前，中国海关法律体系基本建立，执法程序和执法监督检查制度进一步完善，执法工作逐步规范化，依法行政水平明显提高。2010 年海关查获侵权货物 1.1 亿件，价值人民币 2.5 亿元。② 同时，为了提高法律法规的透明度，中国海关建立了专门网站，发布各种相关法律信息，并计划

---

① 中国海关总署：《今日中国海关 2011》，中国海关总署网站，http://www.customs.gov.cn，2012 年 4 月 19 日。

② 中国海关总署：《今日中国海关 2011》，中国海关总署网站，http://www.customs.gov.cn，2012 年 4 月 19 日。

在 2020 年之前将全部法律法规翻译为英文在网站上发布，为各种国际经贸往来提供便利。①

中国海关积极开展国际海关多边、双边和区域行政互助交流与合作。在国际合作领域，中国海关越来越多地参与国际事务，在国际经济和贸易中发挥着日益重要的作用。WTO 在多哈回合中的贸易便利化谈判主要涉及 GATT 第 5 条、第 8 条和第 10 条的内容。其中，关于 GATT 第 5 条，即过境自由，中国在《海关法》、《货物进出口管理条例》以及《海关稽查条例》等相关法律法规中均作出了详细规定，并在中国加入 WTO 后进行了更新和修订。关于 GATT 第 8 条，即进出口规费和手续，中国自加入 WTO 以来，采取了多项措施以提高通关效率，降低通关成本，支持对外贸易发展。具体措施包括深化和完善通关作业改革，提高信息技术和风险管理技术应用水平；提供通关便利，加速进出口货物验放；推动电子口岸建设，实现网上报关和无纸通关；采用联合国电子数据交换（UN/EDIFACT）标准格式和其他标准电子格式；简化关税和其他税金的归还程序；提高海关人员的业务水平和管理水平等。关于 GATT 第 10 条，即贸易法规的公布和实施，中国自加入 WTO 以来已根据承诺内容对数百项国内立法及相关行政法规进行了清理和修订，并以书面、电子等多种形式进行公示，贸易法规的透明度得到显著提高。

中国海关自 1983 年加入世界海关组织（WCO）以来，积极参加 WCO 常设技术委员会、执法委员会、协调制度委员会、海关估价技术委员会、原产地技术委员会以及自动数据处理分委员会的活动，积极参与修改《京都条约》、《内罗毕公约》，审定

① APEC：《中国单边行动计划 2009》，www. apec. org。

《协调制度》和制定原产地规则等工作。与此同时，中国海关加大多边参与力度，推荐的候选人成功当选世界海关组织守法便利司司长，并在上海成功承办世界海关组织第64届政策委员会会议，扩大了中国海关在国际海关的影响力。①

此外，中国海关积极参与地区及双边海关合作，并取得显著进展。在APEC合作中，中国全面完成了两阶段的贸易便利化行动计划所设立的目标。在2010年举行的第二轮中美战略与经济对话中，中国海关同时在战略和经济两个轨道与美国海关展开对话，签署了中美海关关于供应链安全与便利合作的谅解备忘录。在第三次中欧经贸高层对话中，签署了以我方提出的“监管互认、执法互助、信息互换（3M）”为基础的中欧海关战略合作框架。截至2009年，中国海关已与117个国家（地区）的海关建立了友好往来关系，对外签署了42个政府间海关互助合作文件。②

2. 日本的海关程序评价

作为世界贸易的重要参与者，日本十分重视海关程序的优化，为本国企业和贸易伙伴提供更加便利的贸易环境。日本海关负责管理和执行海关法规，其他与私人部门磋商和协调海关事务的部门还包括贸易便利化委员会。与海关程序相关的主要法律包括《海关法》、《海关关税法》以及其他相关法律法规。日本海关在网上公布有关海关事务的决定、裁决、条例和监管建议，涉及私人信息的除外。日本对于进口商品没有特殊的登记要求，并

① 中国海关总署：《今日中国海关2011》，中国海关总署网站，http：//www. customs. gov. cn，2012年4月19日。

② 中国海关总署：《今日中国海关2009》，中国海关总署网站，http：//www. customs. gov. cn，2010年3月29日。

允许由报关行代理报关。经营报关行需取得经营地海关的批准，对经营者没有国籍限制。

根据WTO对日本所进行的贸易政策审议，2006—2009年间，海运货物在日本办理通关手续所需的时间有所减少，但空运货物的通关时间却增加了。2009年数据显示，对于海运货物，从到关至取得入境许可的平均间隔时间是62.4小时，而2006年这一数据是63.8小时，下降了1.4小时。2009年空运货物从到达至取得入境许可的平均间隔时间是16.0小时，比2006年的14.4小时增加了1.6小时。①

根据日本相关海关法规的要求，所有进口商必须向海关提起申报；对于大多数商品，申报必须在货物到达保税区或其他指定地点之后进行。对于由海关批准的特定进口商进口的商品，可以在货物抵达保税区之前申报。此外，日本对部分货物的通关程序制定了特别管理措施以加快货物的放行速度。2009年7月，日本的经认证经营者（AEO）计划扩展至制造商。制造商、仓库运营商、报关行和物流服务商都有资格成为AEO。在AEO计划下，安全管理货物和有良好合规记录的进口商将被允许单独提起进口申报和关税申报，使他们能够在提起关税申报之前释放货物。他们还能得到在没有获得个人许可的情况下进行保税运输的便利。日本与新西兰（2008年5月）、美国（2009年6月）、欧盟和加拿大（2010年6月）就AEO计划达成了资格互认安排。在资格互认安排下，日本海关在进行自身风险评估时，会考虑其他AEO成员的资格地位。

① WTO：*Trade Policy Review*，*Japan*，*Report by the Secretariat*，WT/TPR/S/243，11 January 2011，www. wto. org.

关税可以通过多支付网络系统进行支付，该系统实现了出纳机构（政府当局）和金融机构对接。使用该系统政府不收取任何费用，涉及的金融机构可浮动收费。经进口商和其他有关各方的书面请求，可签订书面预先裁定；主管部门指出，这些裁定原则上在海关官网上公布。预先裁定没有法律效力。下一代单一窗口的通用门户已于 2010 年 2 月完成，它统一了各机构之间的电子申请手续。

日本《海关法》第 89—93 条、《行政上诉法》第 14 条和第 45 条以及《行政案件诉讼法》第 14 条规定了特定海关决定的行政复议程序。对于海关决定，可在两个月内向海关总干事提起上诉。对于海关总干事的决定，可于一个月内向大藏省提出进一步申诉。对于大藏省的决定，可于六个月内向法院提起诉讼。

自 APEC 茂物目标实施以来日本在海关程序领域的进展与成就见表 5-5。

表 5-5　APEC《茂物目标评估报告》对日本海关程序的评估

项目	1996 年情况	2009 年情况	主要进展或最佳例证
采用 HS2007	—	采用	• 实施协调关税制度是大阪行动议程中的一项集体行动计划
与修订后的京都公约保持一致	—	接受	• 大阪行动议程的集体行动计划之一，在修订后的《京都公约》基础上实现简化和协调
透明度	• 在官方公报上公布海关法律法规 • 设立海关咨询员处理公众的咨询与投诉 • 执行上诉条款	• 海关网站定期更新（主要包括海关法律法规，海关问答，关税税率） • 修订海关法规时接受公众建议	• 大阪行动议程的集体行动计划中的“信息公开提供”和“上诉条款” • 海关网站已更新，进一步提高其可获得性、可用性并充实内容，如英文版的日本关税表、事先裁定信息和 AEO 程序等

续表

项目	1996 年情况	2009 年情况	主要进展或最佳例证
利用信息技术和自动化（如单一窗口、贸易数据库、无纸贸易等）	• 引进了日本海关自动通关系统（NACCS），将海关、报关行、银行和其他相关机构紧密联系起来 • 采用系统风险管理，如海关智能管理系统（CIMAS）、海关智能数据库（CIS）	• 在 NACCS 中采纳“UN/EDIFACT”标准 • 升级 NACCS • 引进单一窗口系统，覆盖所有进出口程序和港口有关程序 • 推动无纸化程序	• 1995 年，大阪行动议程提出了一项集体行动：“UN/EDIFACT 电脑化”，旨在 1999 年之前采纳“UN/EDIFACT”标准实现海关程序的电脑化。日本于 1999 年引入了“UN/EDIFACT”标准 • 大阪行动议程的集体行动计划之一，即“共同数据要素”和“信息技术” • 日本开发了新一代的单一窗口门户系统，用于进出口程序和港口有关程序
贸易安全措施	• 采用系统风险管理，如海关智能管理系统（CIMAS）、海关智能数据库（CIS）	• 抵达前提交货物信息 • 为海运货物开发可视监控系统 • 提出集装箱安全倡议 • 引进综合性 AEO 计划 • 引进集装箱扫描仪	• 日本引入了 AEO 系统，并扩展了其覆盖范围，包括进口商、出口商、仓库经纪商、报关行、代理商和制造商 • “风险管理技术”是大阪行动议程的集体行动计划，日本强制要求货物进入港口前通报货物信息
其他贸易便利化措施，如预先分级裁决制度、货物释放时间调查等	• 采用预先分级裁决制度 • 实施货物释放时间调查 • 实施空运货物到岸前检查 • 实施空运货物到岸同步进口许可制度 • 加入 ATA 公约 • 延长主要机场的服务时间	• 实施海运货物到岸前检查 • 实施计价和原产地认证的预先裁定制度 • 实施计价和原产地认证的预先裁定制度 • 实施海运货物到岸同步进口许可制度 • 对于符合 WCO 立即释放标准的一些低价值货物，简化海关报关程序 • 对于符合 WCO 立即释放标准的一些低价值货物，简化海关报关程序 • 延长主要港口的服务时间	• “预先裁定系统”、“临时进口”、“实施 WCO 货物立即释放指引”是大阪行动议程的集体行动计划的内容之一 • 每个预先分级裁定的信息都可以在海关网站上查到 • 1991 年来，日本实施了 9 次货物释放时间调查

资料来源：APEC 茂物目标评估报告，www. apec. org。

3. 韩国的海关程序评价

韩国始终致力于不断提高海关程序效率和现代化水平，并加强对相关原产地标记的管理。WTO 的贸易政策审议报告认为，韩国海关服务可以提供部分国际最佳惯例，并已获得国际认可。通过不断采取措施提高效率，加强透明度，削减通关时间，加强诚实和廉政建设，雇用富有经验的人员并使用风险管理系统，韩国海关管理在近年来取得了令人瞩目的进步。此外，新技术的采用也对海关程序的革新起到了至关重要的作用。①

韩国法律法规规定，只有发货人、海关代理商、负责海关通关的社团或法人能够进行进口申报。需要的证明材料包括：商业发票、价格申报和提货单复本。在某些情况下，还需提交详细的装箱单、进口许可证、卫生和检验检疫证（主要涉及农产品和加工食品）以及优惠原产地证书。经过审核资质良好的进口商可以更加迅速地获得海关放行，并可以更加便捷的方式缴纳相关税费。

随着信息技术的发展，韩国的海关程序已经实现高度计算机化，进口通关程序，包括申报和货物管理等程序都是通过计算机系统进行管理的。为了进一步提高通关的效率并降低成本，韩国海关自 2005 年 10 月建成了一个基于网络的通关系统，用于处理出进口通关业务。这个单一窗口系统包括条件确认程序、检验检疫程序以及海关通关程序。韩国海关与其他 32 个负责核准特殊货物进口的机构（如健康和社会福利保障部门、农林牧副渔部门）相联系，为上述货物提供进口所需的特定电子认证。同时，

① 韩国海关程序便利化情况及数据来源于 WTO：*Trade Policy Review of Korea*，www. wto. org；APEC：*Fact Sheet on Individual Efforts Made towards the Achievement of the Bogor Goals*：*Repubic of Korea*，www. apec. org。

韩国也在不断降低需要特别认证的进口货物数量以简化海关程序。根据包括《制药条例》和《食品卫生条例》在内的49项法律的规定，需要进行上述特别检验的通关货物种类已经从2004年的4810种降低至2008年的4356种，韩国同时计划在此基础上进一步降低这一数据。此外，韩国正在采取措施扩大无纸化通关系统的适用范围。至2007年年中，共有42000家贸易公司使用了电子数据交换（EDI）系统。2008年，韩国的贸易货物管理实现了100%无纸化，而进口通关无纸化率也达到80%。同时，韩国海关还致力于将计算机自动化技术引入海关估价及关税征集工作，并不断提高其技术水平，以适应世界范围内信息技术的发展。

自2007年2月起，韩国海关代表其12个主要政府机构，通过单一窗口网络管理系统进行进出口审批认证管理。已纳入这一管理系统的政府管理机构包括韩国食品和药物管理局、韩国国家渔产品质量检验局和国家动物疾病检疫局。上述政府机构所管理的进口许可数量约占全部进口许可数量的93%。目前，仍有部分负有进口审批许可责任的政府机构尚未加入这一单一窗口网络管理系统，这些部门如果加入，将进一步提高货物通关的效率。2006年3月至2007年12月间，上述系统处理了74435项交易。与此同时，由于节约时间和成本的作用显著，系统使用者的数量也大大增长，从827家公司增至1255家，其便利化程度受到了贸易参与者的普遍认可。

2008年，韩国海关报关程序平均需要1.2小时，比2003年的1.3小时有所减少。尽管韩国海关允许部分进口货物可实行预报关，但大多数进口货物（约80%）是在存入海关仓库后进行清关的。2007年，从货物入港到放行平均通关时间是3.54天，其中空运货物为1.78天，海运货物为5.85天。而2003年这一数字是9.6天，其中空运货物为4.6天，而海运货物为16.2天。一经申请，韩国海关将在釜山、仁川和光洋等主要港口执行快速通关程序，以允许声誉良好的公司的进口在呈交进口申报前（需要在10天内）放行。大约60%内部货物使用这一系统，货物不必运到港口外的仓库就完成了通关。

在总体上简化海关程序的同时，自2005年8月起，韩国海关却针对农产品采取了更严厉的海关检验措施，以保护当地农民和生产者，对抗日益增加的低价进口农产品。此类进口农产品主要包括胡椒、大蒜、芝麻、洋葱、胡萝卜和调味粉等。需要进行价格检验的进口货样也增加了20%。韩国当局认为，采取这些措施的目的不是限制进口，而是阻止非法进口和逃税等行为。但实际上，这一措施已在一定程度上影响了其他国家对韩国的农产品出口。

韩国于2003年2月加入修订后的《京都公约》，服从特定的保留条款，这项协定在2006年2月生效。韩国海关根据国际通用的商品编码和协调制度（HS编码）对贸易货物进行分类管理。当某个特定产品分类出现争议时，由公共和私人部门组成的韩国海关关税分类委员会作出最终决定。如果该委员会不能达成一致意见，则将上报世界海关组织秘书处并听取他们的意见。

韩国海关扩大了对外公布管理信息的范围，并增加了人力以对网上咨询作出更快回应。韩国海关同时建立了违规举报和争端处理机制。2004年，韩国海关建立一个海关违规报告中心和一个网上腐败举报中心，并建议海关职员和贸易参与人将海关违规行为举报给韩国海关网站。此外，在每个海关机关都设有专门人员负责处理在通关和估值过程中发生的争端和控诉。

为了简化特定贸易活动的海关程序，韩国在国家关境之外设有特定区域，免除所需海关程序。这种保税区通常设在繁忙的航空港、海港以及其他货物存储终端，可提高货物及服务贸易的便利化水平。韩国知识经济部可以根据地方政府的请求设立此类特别区域。区域内的贸易活动将可能被免除进口程序和关税义务，并得到税收减免（如增值税和公司税减免）。外国货物可以自由进出保税区，并被许可享受简化程序。进入这一区域的韩国货物被视为出口货物，并给予关税退税的权利。进入这些区域的货物原则上是用于出口的，但如果在国内出售，将缴纳进口税和增值税等国内税收。根据韩国法律的解释，这项待遇不构成补贴，也未特别提供给一个企业或企业集团，因此它不受 WTO 协定第 25 款关于补贴和补偿措施的约束。此类保税区主要位于仁川国际机场和釜山、光洋、仁川、马山、益山、群山、大佛和东海等港口。

4. 中日韩在海关程序领域的合作进展

中日韩在海关程序领域的合作已取得积极进展。2007 年起，在中日韩三国领导人会议机制下，三国海关领导人会议机制正式建立，为三方海关加强在地区性事务方面的协调与合作提供了重要平台。截至 2011 年年底，中日韩三国海关领导人共举行了 4 次会议。三方海关领导人主要围绕贸易便利化、有效执法、安全措施以及地区贡献等开展对话和研讨。在三方海关领导人会议框架下共设有 3 个工作组，分别为知识产权工作组、海关执法与情报工作组和经认证的经营者（AEO）工作组。在人力资源开发领域三方也展开积极合作。

第一次中日韩三方海关领导人会议于 2007 年 4 月在日本东京举办。三方海关分别交流了执法经验，深入探讨了发挥海关职能作用，保障贸易安全与便利、知识产权保护、促进地区经贸往来、为企业提供优质服务等共同关心的问题，就建立三方海关合作机制达成共识，并通过了《中日韩三国海关领导人会议纪要》。

第二次中日韩三方海关领导人会议于 2008 年 11 月在韩国济州举办。三方海关领导人围绕标准框架的实施、加强贸易安全与便利化合作、知识产权保护和加强三方海关在国际事务中的协调与配合等议题交换了意见。

第三次会议于 2009 年 8 月在中国北京举办。三方海关领导人决定加强贸易便利化领域的合作，共同致力于三国经济贸易的可持续性复苏和发展。三方海关领导人围绕知识产权保护、海关执法和情报合作、AEO 互认、人力资源发展和贸易便利化等议题进行了深入讨论。三方海关领导人审议并通过了《中日韩海关合作行动计划》（又称《北京计划》），规划了三方海关未来合作的方向，对创造安全和便利的三国贸易环境，以及促进区域经济的健康可持续发展具有重要意义。

第四次会议于 2011 年 11 月在日本东京举办。三方海关领导人对第三次会议以来中日韩海关在知识产权保护、海关执法和情报合作、经认证的经营者（AEO）互认和人力资源开发领域取得的进展表示欢迎。对于知识产权保护，三方海关领导人在知识产权工作组报告的基础上，重申了为加强合作而定期开展联合行动和修订《零假冒计划》的必要性。海关执法和情报工作组报告了近来在信息交换领域开展的有关行动，及可能开展的包括打击商业瞒骗在内的新行动。三方海关领导人指示海关执法和情报工作组在下一次三方海关领导人会议上提交一份有关新行动的报告。关于 AEO 互认，三方海关领导人对执行《中日韩海关合作行动计划》所取得的进展表示欢迎，如对各自 AEO 制度的研讨及为实现双边互认所开展的工作。三方海关领导人确认将继续按照《经修订的中日韩海关合作行动计划》开展有关工作。另外，三方海关领导人对人力资源开发领域的合作进展表示赞赏，高度评价签署双边合作备忘录的推动作用，并一致同意以双边备忘录为基础，进一步深化三方海关培训机构间的经验交流。随着中日韩三国领导人会议宣言的发表，三方海关领导人强调贸易便利化以及改进海关手续的重要性，一致表示积极支持成立海关手续工作组及其工作计划。为进一步明确未来三方海关合作方向，深化务实合作，三方海关领导人通过了《经修订的中日韩海关合作行动计划》，坚信通过稳步执行这一行动计划，未来三方海关合作必将进一步加强。

二、标准与一致化合作

随着经济全球化的不断深入，世界性的生产分工体系以及全球消费网络逐渐形成，生产者和消费者均对产品的标准与一致化水平提出了更高的要求。标准与一致化水平的高低直接影响着三国企业产品在国际市场的竞争力水平以及各国的贸易状况。作为世界制造业的主要基地及贸易大国，中日韩三国对标准与一致化问题均给予了高度的重视。预计在未来的中日韩合作中，标准与一致化将会成为三国共同关注的又一合作领域。

1. 中国的标准与一致化政策评价

作为世界贸易大国及全球制造业生产基地，标准与一致化问题对中国具有重要意义。在政策上，中国将标准与一致化问题作为其发展战略的重要组成部分，鼓励本国标准发展为国际标准，同时推动将国际标准确定为国家标准，两项工作协调发展。

在国内政策方面，2001 年加入 WTO 后，中国在标准体系的重建方面作出了积极的努力。中国政府于 2006 年拨付了巨额预算支持用于标准工作，包括通过开展培训等进行标准与一致化领域的人力资源开发。中国政府设立了“中国标准创新贡献奖”用以鼓励企业标准的研发。为了加快标准的使用和更新速度，国家标准化管理委员会启用了 IT 平台。自 2005 年起，全部的申请和审批均通过国家标准化管理委员会的网络在线申请系统进行。

此外，中国政府积极参与标准化领域的地区及国际合作，并通过双边和多边途径获得测试和证明的相互认证。中国国家认证认可监督管理委员会已经与 20 多个政府或一致化评估组织就工厂检验与测试签署了多边相互认证协定。在 APEC，中国积极推进食品安全标准，并提出了 APEC 食品安全倡议。

（1）法律法规及管理机构

中国实施标准与一致化工作所依据的主要法律法规包括《标准化法》（1988 年发布，1989 年 4 月 1 日起执行）及其实施条例。

中国标准化工作实行统一管理与分工负责相结合的管理体制。按照国务院授权，在国家质量监督检验检疫总局的管理下，国家标准化管理委员会统一管理全国标准化工作。国务院有关行政主管部门和国务院授权的有关行业协会分工管理本部门、本行业的标准化工作。省、自治区、直辖市标准化行政主管部门统一管理本行政区域的标准化工作。省、自治区、直辖市政府有关行政主管部门分工管理本行政区域内本部门、本行业的标准化工作。

（2）中国的标准体系

根据《中华人民共和国标准化法》的规定，我国的标准分为国家标准、行业标准、地方标准和企业标准四级。其中，国家标准和行业标准又分为强制性标准和推荐性标准两类。保障人体健康及人身、财产安全的标准和法律、行政法规规定强制执行的标准是强制性标准，其他标准是推荐性标准。省、自治区、直辖市标准化行政主管部门制定的工业产品的安全、卫生要求的地方标准，在本行政区域内是强制性标准。另外，对于技术尚在发展中，需要有相应的标准文件引导其发展或具有标准化价值，尚不能制定为标准的项目，以及采用国际标准化组织（ISO）、国际电工委员会（IEC）及其他国际组织的技术报告的项目，可以制定国家标准化指导性技术文件。

国家标准是指对需要在全国范围内统一的技术要求所制定的标准。国家标准由国务院标准化行政主管部门制定。截至2011年6月底，中国已批准发布国家标准27114项，其中，强制性标准3408项，推荐性标准23443项，指导性技术文件263项。

行业标准是对没有国家标准而又需要在全国某个行业范围内统一的技术要求所制定的标准。行业标准由国务院有关行政主管部门制定，并报国务院标准化行政主管部门备案，行业标准在相应的国家标准实施后，自行废止。截至2011年6月底，累计备案行业标准45613项。

地方标准是对没有国家标准和行业标准而又需要在省、自治区、直辖市范围内统一的技术要求所制定的标准。地方标准由省、自治区、直辖市标准化行政主管部门制定，并报国务院标准化行政主管部门和国务院有关行政主管部门备案。地方标准在相应的国家标准或行业标准实施后，自行废止。截至2011年6月底，累计备案地方标准20299项。

企业标准是对没有国家标准、行业标准和地方标准而又需要在企业范围内协调、统一的技术要求、管理要求和工作要求所制定的标准。企业标准由企业组织制定，在企业内部适用，并按省、自治区、直辖市人民政府的规定备案。

除积极致力于自行制定各类标准外，中国积极鼓励采用国际标准。采用国际标准（简称采标）是指将国际标准的内容，经过分析研究和试验验证，等同或修改转化为我国标准（包括国家标准、行业标准、地方标准和企业标准），并按我国标准审批发布程序审批发布。我国标准采用国际标准的程度，分为等同采用和修改采用。等同采用（Identical to，简称为 IDT）指与国际标准在技术内容和文本结构上相同，或者与国际标准在技术内容上相同，只存在少量编辑性修改。修改采用（Modified in Relation to，简称为 MOD）指与国际标准之间存在技术性差异，并清楚地标明这些差异以及解释其产生的原因，允许包含编辑性修改。修改采用不包括只保留国际标准中少量或者不重要的条款的情况。修改采用时，我国标准与国际标准在文本结构上应当对应，只有在不影响与国际标准的内容和文本结构进行比较的情况下才允许改变文本结构。

（3）中国标准与一致化工作进展及评价

2001 年加入 WTO 后，为了与 TBT 和 SPS 协定保持一致，中国作出了巨大努力，其国内标准体系也发生了很大的变化。此外，由于相当一部分出口商品是由外资企业生产的，而这些企业又各自遵守其本国标准，因此，中国已经开始成为国际标准的积极使用者。2007 年，中国对《采用国际标准管理办法》进行了修订以提高国际标准的使用比率。2009 年 1 月国家标准化管理委员会宣布允许中国境内设立的外资企业作为技术委员会的投票方参与国家标准的制定工作。国家标准化管理委员会还代表中国参加了国家和地区性标准化组织的合作。此外，根据 WTO 协议有关规定，成员在修订技术法规、标准、合格评定程序时，没有国际标准或与有关国际标准不一致，且可能对其他成员的贸易有明显影响时，必须在批准发布前 60 天向 WTO 秘书处通报，给予其他成员一定的评议时间并尽可能考虑它们的合理意见。截至 2011 年 6 月底，我国已向 WTO 通报强制性国家标准 718 项。①

为了加强对国内标准化工作的管理，提高其国际化水平，中国国家标准化管理委员会还开发了国家强制标准的电子阅读系统，可通过中国国家标准化管理委员会网站（http：//www. sac. gov. cn）自由进入。中国国家标准的分类也可在此网站查询。每月在有关期刊发布新的国家标准。根据 TBT 和 SPS 协定的规定，中国改进了国家强制标准的发布及管理措施，并向 WTO 成员报告。同时每半年向 WTO 报告国家标准的修改计划。公众可以通过 SAC 网站提交有关新标准的建议。为了进一步提高中国标准的透明度，使之符合 WTO/TBT 协定的规定，国家标准化管理委员会与国家质检总局开展了中国《标准化法》的修订工作。为保证国家标准与 TBT 协定第 2. 4 条相一致，中国每 5 年对技术法规进行一次评估。中国正在致力于派遣更多的专家参与国际标准化组织的技术委员会或分技术委员会的工作，并将努力主持更多的 TC/SC 会议。此外，中国还利用 APEC 贸易便利化行动计划基金项目开展了一系列研讨会及培训，并参与了 APEC 的电子电器设备一致化评估相互认证协定（APEC EE MRA）。

2011 年，中国国务院发布了《质量发展纲要（2011—2020）》，就如何加强标准与一致化工作提出了工作目标和重点

① 中国国家标准化管理委员会网站，http：//www. sac. gov. cn。

推进领域。其中，在标准化领域，中国政府提出应加快现代农业、先进制造业、战略性新兴产业、现代服务业、节能减排、社会管理和公共服务等领域国家标准体系建设。实施标准分类管理，加强强制性标准管理。缩短标准制修订周期，提升标准的先进性、有效性和适用性。积极采用国际标准，增强实质性参与国际标准化活动的能力，推动我国优势技术与标准成为国际标准，积极参与制修订影响我国相关产业发展的国际标准，提高应对全球技术标准竞争的能力。完善标准化管理体制，创新标准化工作机制，加强标准化与科技、经济和社会发展政策的有效衔接，促进军民标准化工作的有效融合。构建标准化科技支撑体系和公共服务体系，健全国家技术标准资源服务平台。① 在认证认可体系建设中，纲要要求参照国际通行规则，建立健全法律规范、行政监管、认可约束、行业自律、社会监督相结合的认证认可管理模式，完善认证认可体系，提升认证认可服务能力，提高强制性产品认证的有效性，推动自愿性产品认证健康有序发展，完善管理体系和服务认证制度。进一步培育和规范认证、检测市场，加强对认证机构、实验室和检查机构的监督管理。稳步推进国际互认，提高认证认可国际规则制定的参与度和话语权，提升中国认证认可国际影响力。②《质量发展纲要（2011—2020)》为2011—2020年我国的标准与一致化工作勾勒了清晰的蓝图，将会成为中国参与和深化中日韩三国间标准与一致化合作的重要政策指导。

---

① 中国国务院：《质量发展纲要（2011—2020)》，中国国家标准化管理委员会网站，http：//www. sac. gov. cn。

② 中国国务院：《质量发展纲要（2011—2020)》，中国国家标准化管理委员会网站，http：//www. sac. gov. cn。

2. 日本的标准与一致化政策评价

日本的技术法规和合格评定程序得到了政府在法律方面的支持，涉及的主要法律法规包括《医药法》、《工业标准法》以及关于农林业产品标准化和标签的相关法律。这些法律是日本实施WTO《技术性贸易壁垒协定》的基础。负责和外国进行贸易标准政策谈判和协调的政府机构包括外务省、通商产业省、农林水产省、厚生省和运输省等，各部门各司其职。其中，日本外务省的国际贸易局主要负责提供与药物、化妆品、医疗器械、食品、食品添加剂、通讯设施、汽车、船舶、飞机和铁路设备等相关的标准信息服务，而日本贸易振兴机构（JETRO）的信息服务部则主要负责提供与电力设备、燃气用具、计量秤、食品、食品添加剂、相关医疗器械、汽车、船舶、飞机、铁路设备等相关的标准信息服务。此外，日本十分注重标准制定程序的公开和透明性。作为技术法规和合格评定程序的一个环节，负责机构必须公开正在拟议的相关法规，并且为所有利益方及公众提供发表意见的渠道和机会。

日本积极参与标准与一致化领域的国际合作。根据 APEC 的评估报告，日本先后参与了 APEC 通讯设备的一致性评定相互认证协定，并与欧盟、新加坡、泰国和菲律宾签署了电子产品相互认证协定。

（1）自愿标准

2009 年，日本的自愿标准包括了 10179 项工业标准（JIS）和 214 项农业标准（JAS）（见表 5-6）。日本已经努力调整其工业标准以符合国际标准要求。截至 2009 年，已有约 48%的日本工业标准与国际标准一致，这其中有 96%是在 2009 年进行的调整。2008 年 4 月至 2010 年 2 月，日本对 597 项工业标准进行了修订，撤销297项，另外新制定了412项。

日本的《农业标准法》规定，制定或修订农业标准时，必须考虑应与国际标准相一致。例如，在制定有机农产品标准时，需参照世界食品法典委员会标准中“有机食品生产、加工、标签和营销准则”。2008年以来，日本共制定了2个新的农业标准、废除了2项，同时修订了39项农业标准。

除有关法律规定要求国内销售时必须有JIS认证的产品外，日本工业标准是自愿实施的。截至2010年，已有约8300个日本国内企业和600个来自19个国家或经济体的外国企业认证加盖了JIS的标志。在处理有关JIS标志认证方面，日本对国内国外厂商采用统一标准。目前，25个组织被认可为JIS标志认证机构。

日本并不强制进口商品必须遵守日本农业标准。根据日本相关法律，农林水产省、注册认证机构以及在海外注册的认证机构负责监督和管理JAS标志。农林水产大臣有权命令认证机构遵守注册标准和改善服务。被日本国内外认证机构认证的外国厂商和制造商可以进行自我评级和在自己的产品上加盖JAS标志。日本现已有27家海外注册的认证机构，其中18家负责有机产品认证，9家负责林业产品认证。

表5-6　2009年日本主要标准和技术法规情况

	标准/法规数量	符合国际标准	等价于国际标准	接受海外认证的比例（%）	接受海外测试数据的比例（%）
A. 强制性技术法规					
医药法	1954	..	..	..	..
食品卫生法	618	..	..	..	..

续表

	标准/法规数量	符合国际标准	等价于国际标准	接受海外认证的比例（%）	接受海外测试数据的比例（%）
电器设备和材料安全法	454	..	..	..	..
消费者产品安全法	9	0	0	0	..
高压气体安全法	2	..	..	..	100
建筑标准法	..	..	..	..	..
道路车辆安全法规	237	29	4	11	33
关于饲料的质量提高和安全保障的法律	..	..	..	..	..
关于化学物品及其生产和检查的法律	7	..	..	..	100
工业安全和健康法	..				
通讯事业法	..	..	..	..	..
无线电法	..	..	..	..	..
肥料管理法	..	..	..	..	..
B. 自愿标准					
日本工业标准（JIS）	10179	48	96	..	..
日本农业标准（JAS）	214	32	74	..	..

资料来源：WTO：*Trade Policy Review*，*Japan*，Report by the Secretariat，WT/TPR/S/243，11 January 2011，www. wto. org。

（2）强制性技术法规

为了应对一系列电器产品意外和非法销售受污染大米的事件，日本已经修改了法律，引进了多项关于产品安全和产品经销方面的技术要求法规。自 2009 年 9 月 1 日，这些法规的实施由消费者事务局和其他政府机构负责协调。此外，为了评估化学物质的风险，化学物质控制法于 2009 年进行了修订，并于 2010 年 4 月 1 日部分生效。2009 年 4 月 1 日，燃油锅炉和油灶被纳入了

《消费者产品安全法》规定的技术要求。2009 年 8 月 27 日，对有机植物的强制性技术法规进行了修订；允许生产的有机植物物质名单中添加或删除了一些物质。2010 年 5 月 12 日，家用的压力锅和消毒炉（特定容器）以及头盔被纳入了《消费者产品安全法》规定的技术要求。2005 年，日本制定有 204 项关于道路车辆安全标准的法规，其中 20%符合国际标准。2009 年此类法规已增加至 237 项（见表 5-6）。

日本在产品的合格评定和认证等方面为生产企业提供了一定的便利。例如，生产电气产品和消费类产品的外国制造商可以依照《电气设施及材料安全法》和《消费者产品安全法》等有关法律的规定，在国外注册的合格评定机构进行合格评定和认证。此外，根据《高压气体安全法》的规定，生产高压气体的容器或指定设备的外国制造商若得到政府注册，可以自行对产品进行合格证明。日本接受其他国家化工产品的测试数据，但这些数据需基于 OECD 测试标准，并且符合 OECD 的相关规定。

日本通商产业省（METI）指定了 22 个检验机构，其中 7 个外国机构，根据日本经济产业省管辖下的主要标准和认证体系对产品进行检验。这些机构包括：7 个基于《消费者产品安全法》的检验机构、12 个基于《电子设备和材料安全法》的检验机构、2 个基于《关于确保液化石油气交易的安全和优化法》的检验机构和 2 个基于《天然气公用事业行业法》的检验机构。2010 年，大约有 9%的 JIS 标准被指定为政府或部级强制性技术法规的条例。根据《工业安全和健康法》，“指定的外国检验机构”制度允许进口锅炉、压力容器和在爆炸性气体环境中使用的电气设备接受外国检验机构的检验，这些机构须由厚生劳动大臣指定，符合日本行业标准。检验结果提交给日本主管当局或日方检验机构进行检查。医疗器械的第三方认证系统于 2005 年 4 月推出，目前有 13 家注册机构（6 家外国的）。对于 JAS 标准，至 2010 年 3 月已有 25 家海外注册认证机构。

（3）动植物检验检疫措施（SPS 措施）

食品安全是日本近年来颇为关注的合作领域，与此相关的动植物检验检疫法规和措施也在不断完善。负责日本 SPS 措施的机构包括农林水产省、厚生省以及食品安全委员会。农林水产省通过提高相关标准从生产到消费各个环节来确保国内食品生产的安全，其职责包括动物健康和植物保护。厚生省的职责是保护公众健康。食品安全委员会（FSC）对“风险管理者”（如上述两部门）提出的要求进行风险评估，并将评估结果向风险管理者反馈。对于转基因食品的评估，由食品安全委员会按照世界食品法典委员会标准（Codex 标准）进行。

SPS 措施的建立受一系列法律法规的约束，包括：《食品卫生法》、《检疫法》、《植物保护法》和《家禽传染病防治法》等。日本政府声称其在制定、修订或废止与 SPS 相关的法律法规时，会进行风险评估并公布评估结果。上述相关法律的实施细则制定了对国产和进口农产品的检验方法。根据这些法律法规，产品都接受同样的检验方法的检验。对植物动物的检验检疫措施由植物检验站和动物检疫站实施，两者都附属于农林水产省。

参考世界食品法典委员会标准和其他国家的最高残留量标准，日本在 2006 年制定了 758 种农业化合物或组合物的临时最高残留量认可表，但由于时间紧迫，没有对其进行风险评估。根据《食品卫生法》，2009 年以来日本食品规范标准经历了数次修改，其中包括对农药最高残留量和食品添加剂的修改。政府称其考虑到日本人的食物摄入量，从纯科学的角度系统地对目标化合物最大残留量的风险进行了评估，对允许的最大残留量进行了修订。日本农林水产省设立了进口需求，允许从贸易伙伴进口新鲜水果，包括澳大利亚的柚子、中国台湾的火龙果、哥伦比亚的芒果、秘鲁的芒果、南非的葡萄、土耳其的柚子、美国的樱桃和越南的火龙果等。日本根据上述认可表考察进口农产品的农药最高残留量，并将标准调整到较小的程度。自 2009 年，日本已经向 WTO 提交了 39 个关于新 SPS 措施或修订 SPS 措施的通知。

日本在世界贸易组织 SPS 协定下所确定的咨询单位和通报机构是外务省所辖经济事务局国际贸易科的标准信息服务部。日本的检疫程序从 2009 年后没有大的变化。在世界贸易组织的 SPS 委员会，部分成员国指出，在很多情况下日本 SPS 比国际标准和风险评估程序更严格，这其中包括农药最高残留量标准。

日本目前规定禁止从很多国家进口牛肉和家禽，以防止疯牛病和禽流感的传播。当局解除进口禁令的程序包括技术磋商和对进口需求的考虑。对进口需求的考虑涉及世界动物卫生组织规定的风险评估和涉及国内相关产业和消费者的协商。自从 2005 年 12 月，日本允许从美国和加拿大以“指定风险物质”的方式进口牛肉，所有出口到日本的牛肉都是来自于不到 20 个月或者更小的牛。

根据《食品卫生法》，对于日本进口的食品，如果货物在出口国官方检验机构接受了检验并承担检验结果，可以豁免进口检验。这些检验机构必须通过出口国政府在日本政府完成注册。截至 2010 年 6 月，3778 家这样的检验机构完成了注册。

（4）标签和包装要求

2008 年后日本在包装要求方面的主要变化包括：取消调味

鱼糕和特殊包装的起酥油、精炼猪油和鱼糕（清蒸鱼酱）的质量标签标准（于 2009 年 8 月 31 日）；方便面和原料型方便面的质量标签标准的统一（于 2009 年 5 月 9 日）。这些标签标准由日本进口商实施。

日本食品标签由 JAS 法律和食品卫生法规定。共有 54 个技术法规基于 JAS 法生效，包括：加工食品、新鲜食品和转基因食品的跨类质量标签标准；个别质量标签标准；有机植物和用植物生产的有机加工食品标准。含有食品添加剂的食品必须标明所有食品添加剂的名称。进口的加工食品免除了强制性标明食品原材料产地。所有在日本市场上销售的有机植物和有机加工食品必须符合 JAS 有机标准，并贴上 JAS 有机标志。

根据《食品卫生法》，加工食品中的任何过敏物质必须在标签上注明。目前，有 26 项被列入指定成分：其中 8 个是强制性的（鸡蛋、牛奶、小麦、荞麦、花生、对虾、蟹、小虾），18 个是建议标明的（鲍鱼、鱿鱼、鲑鱼卵、橙子、猕猴桃、牛肉、核桃、鲭鱼、鲑鱼、明胶、大豆、鸡肉、猪肉、松茸及蘑菇、桃子、山药、苹果和香蕉）。

根据《食品卫生法》和 JAS 法，强制性规定转基因食品需在标签上标明；清单中包括 7 种作物（大豆、玉米、油菜种子、马铃薯、棉花种子、紫花苜蓿和甜菜）和 32 种指定加工食品（主要由大豆或玉米，以及新加入的甜菜，高赖氨酸玉米加工而成）和以这些作物为主要成分的加工食品。厚生劳动省不批准不符合其安全要求的转基因食品的进口。

（5）标准与一致化措施的国际协调与安排

日本是世界食品法典委员会成员，是世界动物卫生组织（OIE）成员，是国际植物保护公约（IPPC）的缔约方。它的政府联络机构包括农林水产省和文部省的各有关下属机构。此外，日本还积极参与了许多与标准的制定和法规的协调相关的国际组织和会议。

在缔结双边 FTA 的进程中，日本也将标准与一致化及其他相关问题列为其重要谈判领域。在日本已签署的各项经济伙伴关系协定中，标准与一致化问题均是合作的重要内容。此外，日本还通过与其他国家签署产品的相互认可协定来提高贸易的便利化程度。例如，日本与欧盟签署了关于产品合格评定的双边认可协定，从 2002 年 1 月起执行，其内容涉及电子产品、通讯终端和广播设备、化学试验仪器、医药产品生产仪器。2002 年 11 月，日本与新加坡签署的相互认可协定，涉及电子产品、通讯终端和广播设备。2008 年 1 月，日本与美国签署相互认可协定，涉及通讯终端和广播设备。日本指出，当满足以下条件时，可以开展"相互认可协定"的谈判：预期对方国家对于工业品技术性贸易壁垒确实会减少；对双方法规的可容性作出承诺；双方在认证和监管方面的平等地位得到确保。①

3. 韩国的标准与一致化政策评价

（1）标准管理

韩国技术标准署（KATS）是知识经济部下属的韩国国家标准化机构，负责韩国国家标准工作，同时，KATS 代表韩国参加国际标准化组织（ISO）、国际电子委员会（IEC）、太平洋地区标准大会（PASC）等国际和区域性标准化组织，并发挥着重要

① 日本标准与一致化情况及数据来源于 WTO：*Trade Policy Review*，*Japan*，Report by the Secretariat，WT/TPR/S/243，11 January 2011，www. wto. org；APEC，*Fact Sheet on Individual Efforts Made towards the Achievement of the Bogor Goals*：*Japan*，www. apec. org。

作用。KATS 还是 WTO《技术性贸易壁垒协议》中关于工业品标准的官方咨询点。

KATS 始建于 1883 年，1996 年成为中小企业厅的下属机构，并增加了负责工业基准和质量安全的功能；1999 年，KATS 变更为产业资源部的下属机构后，成为名副其实的国家标准代表机构，主管国家工业标准（KS）、工业品的安全管理和质量管理、工业品的法定计量和测定、新技术和新产品的技术评价和认证等业务。2006 年，为了加强标准和产品的安全政策功能，KATS 进行了改组。2008 年，根据新政府精简实用型的机构改组要求，KATS 又改组为知识经济部下属机构。目前，KATS 内设有技术标准政策局、产品安全政策局、知识产业标准局和标准技术基础局 4 个局，其他一些由 KATS 设立的机构也从事标准相关的工作，其中包括如韩国标准和科学研究所等负责计量标准和测量的私营机构。

与标准问题相关的法律法规包括《国家标准条例》与《工业标准条例》等。1999 年 2 月，《国家标准条例》生效。2000 年 11 月，作为《国家标准条例》的补充，《国家标准计划》被提交给总理。《国家标准条例》和《国家标准计划》是国家标准的基础。为了更好地与国际标准相一致，相关机构会对技术规章和一致性评估系统进行修订。韩国在 2006 年 5 月通过了第二个《国家标准计划》（2006—2010 年）。这个计划的核心目标是，继续推进韩国国家标准与国际标准的一致性，通过改进国家一致性评估系统来消除技术壁垒，并积极参与国际标准化运动与多边协议。在建立或修正技术或自愿标准的时候，监管当局将尽可能采用国际标准。国家标准委员会负责检查所有标准并协调国内与国外标准。

截至 2009 年 12 月，KATS 共在 21 个行业制定国家标准 23372 项①，并已对 14661 项标准进行调整和修订，以与相关国际标准相适应。国际标准的采用率达到 62. 7%，韩国国内标准与国际标准的一致率达到 99. 9%。② 韩国标准化体系由部委和国家机构制定的技术规则与由 KATS 制定的标准这两部分组成。

韩国十分重视以信息技术和服务为代表的新型技术产品的标准与一致化。2007 年，KATS 选择了 5 项优先领域发展 916 项新标准，这些领域包括：下一代增长引擎、服务行业、公共安全和便利部门、能源开发部门和国家基础设施部门。韩国标准越来越频繁地被作为国际标准采用，尤其在半导体和电子领域。四项由韩国提出的数字签名技术已经作为 ISO/IEC 标准被公布。还有五项电子技术作为 IEC 标准被公布。IEC 正在评估将韩国在半导体和显示设备领域的 16 项技术采纳为国际标准的可行性。

韩国技术标准署还努力提高透明度和标准的客观性。为提高透明度，新的或修订的标准在政府公报上公布。2003 年，为支持标准的订立、修订和撤销，KATS 建立起一个基于网络的韩国标准发展系统。根据 WTO TBT/SPS 协议，韩国也对相关信息发布通知。KATS 通过其网站（www. kats. go. kr）向公众提供信息。

2007 年年末，韩国与来自 24 个国家的 30 个机构达成协议或双边谅解备忘录，约定在以下领域开展相互合作：全球标准化运动、标准与一致性评估的技术交流、标准化会议组织、联合教育计划的运作以及专家交流。为帮助韩国公司迅速及时地

① 资料来源：中国国家标准化管理委员会网站，www. sac. gov. cn。

② APEC：*Fact Sheet on Individual Efforts Made towards the Achievement of the Bogor Goals*：*Republic of Korea*，www. apec. org.

应对技术性贸易壁垒，KATS 建立起 TBT 机构解决相关问题。这个部门专门负责 WTO/TBT 相关的事件。从 2007 年 2 月 1 日开始，KATS 建立起有关国家的技术规则的信息服务机构。在 2007 年 2 月，KATS 也开始提供 TBT 警告通知服务，这项服务将以电子邮件形式将 TBT 通知传送给权益相关人并鼓励他们提交他们的意见。①

（2）一致性评估

KATS 负责一致性评估，证明、登记和检测工业品是否符合自愿性标准。韩国鼓励认证机构与国外相关部门磋商建立相互认证协定体系（MRAs）。韩国实验室认可机构（KOLAS）签订了国际实验室认可合作组织（ILAC）的多边认可安排。韩国拥有一个广泛的相互认证协定网络，特别是与 APEC 经济体。韩国在 2001 年参加了太平洋认证体系。在 1999 年，韩国签署了国际认可论坛（IAF）的多边承认协定（MLA）质量管理体系，在 2004 年加入 IAF 的 MLA 环境管理体系。作为 APEC 成员，韩国积极参与了该组织在标准与一致化领域的多项活动倡议。韩国是 APEC 的电子电器设备一致化评估相互认证协定（APEC EE MRA）中第一和第二阶段的一员，并正在考虑加入第三阶段。此外，韩国分别与加拿大（1997 年）、美国（2005 年）和越南（2006 年）签订了 APEC 通讯设备检测相互认证协定，这项协定是关于通讯设备的检验结果认证。1998 年，韩国加入亚太实验室认证联盟（APLAC）相互认证协定中的检验领域，2001 年加入口径测定领域。2006 年韩国与新加坡在韩国—新加坡 FTA 框架下签订了通讯设备和电子电器设备检测相互认证协定。

---

① WTO：*Trade Policy Review*，*Republic of Korea 2008*，www. wto. org.

（3）标记与标签

韩国十分关注对食品标签与标记进行检验，并保持更新使之与国际标准相一致。韩国对于食品和其他许多进口品（674 种 HS4 位产品）强制要求使用原产地标签。自 2005 年 11 月，韩国海关服务部建立起一个原产地标志和检索系统，这个系统记录进口商品的原产地标志的电子图像，使用者可以通过交易商或货物核对标志。韩国海关严厉制裁伪造和毁坏标志的行为。在 2007 年 12 月底，系统资料库中登记了 923166 个原产地标志。

4. 中日韩标准与一致化化合作

中日韩三国已开始重视和提升在标准与一致化领域的合作。2010 年 5 月 29 日，在第三次中日韩领导人会议期间，三国发表了《中日韩标准化合作联合声明》，肯定了标准化合作对于经济增长所具有的重要意义，并确定了未来合作的优先领域。该声明指出，中日韩三国“认为应加强三国标准化合作，对近期三国此类合作的进展及其为国际标准化领域作出的贡献表示满意。我们认识到标准化合作能够消除不必要的技术壁垒，为促进贸易发挥重要作用。我们认为标准化合作能为东北亚地区经济增长创造新动力。我们认为应讨论加强三国标准化合作的具体措施，确认我们需要通过促进东北亚地区工业和技术合作，为全球经济复苏发挥更大作用。我们强调三国政府、产业界和学术界的积极参与，对于建立促进标准化合作的基础十分关键。基于上述理由，我们决心在以下领域推动合作：

- 研究协调共同关心的重点领域的标准，以共同制定和提出协调一致的国际标准；
- 开展信息和专家交流，通过东北亚标准合作论坛推动国际标准化以及相应的东北亚地区标准的协调一致；

• 研究通过标准化和合格评定促进贸易的最好方式。

——我们将全力开展标准化合作，为取得显著成果不断努力。”

三、自然人移动合作

1. 中国的自然人移动政策评价

投资与贸易飞速增长使中国对人员流动的需求不断提高。近年来，中国已在单边行动计划（IAP）中公布多项措施实现APEC商务人员流动目标。中国已加入APEC商务旅行卡计划，并在不断压缩旅行卡的申请审批时间。签证申请也较为方便和快捷。旅游和商务签证申请可1天内批准，1—5年的工作签证申请可在1—5天内完成。同时，中国还可为特定人员提供口岸签证便利。

中国于2002年2月22日加入APEC商务旅行卡计划，并于2003年10月正式生效。自2009年起，中国在各出入境口岸为APEC商务旅行卡持卡人开辟了专门通道。

自2009年起，为了给旅客提供更加方便快捷的出入境服务，中国又推行了以下便利化措施：

• 全国所有海港口岸的出入境检查站实行每周7天每天24小时的通关服务；

• 开通出入境车辆提供网上提前申报和检验系统，以及相关文件申请的预约服务；

• 2009年12月发布了《边检标准化手册》，使出入境通关程序进一步标准化以改进相关服务。

2. 日本的自然人移动政策评价

根据《APEC茂物目标评估报告》的评估结果，1996年至2009年间，日本自然人移动政策制度的便利化水平得以显著改善。1996年，对日本给予免签证待遇或订有签证豁免协定的国家和地区为48个，2009年，这一数字上升至63个。截至2009年，在所有APEC成员中，对日本给予免签证待遇或订有豁免签证协定的成员包括：澳大利亚、文莱、加拿大、智利、中国香港、韩国、墨西哥、新西兰、新加坡、中国台湾和美国。日本于2003年4月1日参与APEC商务旅行卡计划。获得日本短期商务访问签证的平均审批时间是5个工作日。为了促进贸易便利化水平的提高，日本还采取了其他与商务人员移动相关的政策措施。日本政府修订了《入境控制和难民识别法案》，目的在于引进新的居民管理系统，有助于公平管理外籍人士。法案包括了延长最大停留时间至3—5年的条款，对于持有有效国民护照和居留卡的外国人，允许在不申请再入境许可的情况下再入境一年，对于获得了再入境许可的人，再入境最长有效期限从3年延长到5年。此外，日本是APEC工程师计划创始人之一，并于2000年11月开始登记注册。2001年12月，日本修订了一个部级条例，放宽了外国IT工程师入境和停留的要求。2003年12月，日本简化了企业内部转移的签证申请文件。2004年3月，日本加快和简化了对于良好表现公司提出的居留资格的申请考试。2005年以来，日本在全球海外机构简化了签证程序，特别是不要出现资格认证程序和签证程序的重叠。日本加入了APEC建筑师计划，并于2005年开始注册登记。日本与澳大利亚（2008年7月）和新西兰（2009年7月）在APEC建筑师计划范围内完成了建筑师注册授权合作备忘录。备忘录加快了授权注册建筑师的注册过程。①

---

① APEC：*Fact Sheet on Individual Efforts Made towards the Achievement of the Bogor Goals*：*Japan*，www. apec. org.

3. 韩国的自然人移动政策评价

据《APEC 茂物目标评估报告》的评估结果，1996 年至 2009 年间，韩国的自然人移动政策制度的便利化水平不断提高。1996 年，与韩国订有签证豁免协定的国家和地区为 61 个，而至 2009 年，共有 51 个国家或地区给予韩国免签证待遇，90 个国家或地区与韩国定有签证豁免安排。1996 年，在所有 APEC 成员中，只有加拿大一个国家对韩国给予免签证待遇，而与韩国定有签证豁免安排的国家和地区共 6 个，即新西兰、泰国、马来西亚、秘鲁、新加坡和墨西哥。而 2009 年，对韩国给予免签证待遇的 APEC 成员数量上升至 8 个，分别为：澳大利亚、中国台湾、日本、中国香港、文莱、加拿大、美国和印度尼西亚（仅限外交及公务护照），而与韩国定有签证豁免安排的 APEC 成员达到 9 个，分别为新西兰、泰国、智利、马来西亚、秘鲁、新加坡、墨西哥、越南（仅限外交和公务护照）和菲律宾（仅限外交和公务护照）。韩国于 1997 年加入 APEC 商务旅行卡计划。获得韩国短期商务访问签证的平均审批时间是 5 个工作日。同时，韩国还采取了其他措施为商务人员流动提供便利。2004 年 2 月，韩国在其国内主要国际机场为外国投资者开通了快速移民通道。2006 年，韩国政府为外国人开通了专门网站提供有关移民政策、程序和签证事项等相关信息。2009 年，韩国为本国的国外分支机构雇佣人员提供了企业内人员流动签证；开始为有意在其国内开设企业的知识产权、企业产权等的持有人签发投资者签证；还将外国投资者获得永久居住许可的标准从 500 万美元降至 200 万美元。①

---

① APEC：*Fact Sheet on Individual Efforts Made towards the Achievement of the Bogor Goals*：*Republic of Korea*，www. apec. org.

4. 中日韩自然人移动合作

自然人移动领域的便利化合作是中日韩未来合作的重要领域，其重要意义已经得到了三方的普遍认可。但截至目前，三方的合作仍然以单边措施的改进及 APEC 范畴内的合作为主导，并未形成有效的三边合作机制。三国领导人已经充分认识到了这一领域合作的重要意义，并在近几次中日韩领导人峰会期间强调了该领域合作的必要性及未来增强合作的决心。2011 年发表的《第四次中日韩领导人会议宣言》中指出，“我们支持 2010 年第五次中日韩旅游部长会议确定的目标，即到 2015 年将三国人员往来规模扩大到 2600 万。我们一致认为，三国应共同努力，为实现这一目标，为促进旅游和友好往来营造并坚定维护良好的环境。我们确认，三国在互惠基础上通过进一步自由化扩大航空服务网络十分重要。我们也确认在签证程序便利化方面所作的努力。”在 2012 年中日韩领导人第五次会议期间，温家宝总理就简化签证手续、促进人员往来便利化等问题也表达了中方的积极态度。目前，三方在自然人移动领域的便利化措施主要集中于与旅游及教育相关的签证便利化方面，包括降低对旅游者的签证申请资格要求，为“亚洲校园”计划相关学生提供签证便利等。在未来的中日韩 FTA 建设中，三方在商务人员移动合作领域（包括公司内部人员移动以及商务人员的暂准入境等）存有较大的合作空间。

第四节　中日韩 FTA 贸易便利化合作的发展前景

贸易便利化是中日韩三国近年来在对外经济合作中普遍关注的领域，三国均在此领域作出了积极的努力，并已在部分议题上达成了初步共识。在以中日韩领导人会议为代表的现有中日韩合作框架内，也已就贸易便利化合作问题建立了部分部长级会晤机制。鉴于贸易便利化对于扩大中日韩三国间贸易往来，提高三国经济福利所具有的重要意义，在未来的中日韩 FTA 中，该领域合作具有较大的潜力。

一、中日韩 FTA 贸易便利化合作的前景展望

总体而言，中日韩 FTA 框架内的贸易便利化合作充满潜力，具有广阔的合作空间。首先，三国紧密的贸易投资联系是开展便利化合作的基础，贸易参与者的需求会促使便利化议题成为合作的重要领域，并促进贸易投资活动。目前，三国间的经贸活动已经向更深层次发展，跨国投资活动的不断扩展进一步密切了彼此的经济联系，三国经济的一体化水平不断增强。上述发展趋势对三国间的海关程序、检验检疫、技术标准、商务人员往来以及物流运输等便利化合作都提出了更高的要求。其次，世界范围内贸易便利化合作的加强也会为中日韩 FTA 的贸易便利化合作提供良好的外部动力。尽管多边贸易谈判中的便利化议题承诺暂时无法落实，但 APEC 等地区合作组织却对便利化合作格外关注，并将供应链合作以及规制改革等相关议题列为近年合作的主要议题。最后，中日韩三国均已认识到，加强合作有利于深化三国经济领域的一体化进程，并在世界经济中形成共同力量。尽管如此，三国间的贸易便利化合作同时也会受到外部因素及三国国内政治经济因素的干扰，因此，这一合作将会是一种曲折前进的过程。

二、中日韩 FTA 贸易便利化合作的主要影响因素

中日韩 FTA 贸易便利化合作可能受到诸多因素的影响，其中，最为重要的影响因素包括多边及区域贸易便利化合作的进展，三国间贸易相关性的发展，三国对待贸易便利化的态度和立场，以及其他政治经济因素的干扰等。

1. 多边及区域贸易便利化合作的进展

中日韩 FTA 框架内的贸易便利化合作与世界及地区贸易便利化合作格局的变化息息相关。由于多边贸易谈判目前处于停滞状态，因此，作为多哈回合重要议题的贸易便利化合作的前景也存在很大变数。尽管各成员在部分贸易便利化议题上的谈判取得了积极进展，但由于其他领域的矛盾在短期内无法调和，达成最终成果的希望较为迷茫，多边谈判对区域性合作的推进作用也无法得到落实。然而，部分地区性组织正在加紧落实和深化贸易便利化合作，也可能对中日韩 FTA 框架内的贸易便利化合作起到很好的推动作用。以 APEC 为例，近年来，该组织所倡导的贸易便利化合作及规制改革等行动已经唤起了各成员对相关便利化议题的高度关注，并正在逐步促进合作的深化与细化。此外，三国各自与其他国家或地区达成的贸易便利化相关承诺也会在一定程度上影响中日韩 FTA 贸易便利化合作的承诺水平。以日本为例，目前，该国政府已明确表态将加入 TPP，由于该协定是以美国为主导，并将合作目标定位为高度自由化和全面的 FTA，则日本一旦加入该协定谈判，势必会在贸易便利化议题上作出更多承诺，而这种承诺也会促使日本对中国和韩国提出更多的贸易便利化条件要求。

2. 三国贸易相关性

开展贸易便利化合作的最终目的是为三国间日益增长的贸易

活动提供方便快捷的服务，这也是三国间日益紧密的经济联系的客观要求。在中日韩 FTA 建立后，随着贸易创造效应的落实，三国间的贸易和经济联系有可能在现有基础上进一步增强，因此，对贸易便利化程度的要求也会不断提高。这种引致需求将会促使三国深化彼此间在贸易便利化领域的合作。

3. 三国对贸易便利化的态度及立场

中日韩三国在贸易便利化相关议题上所持有的基本立场及态度可能会对未来 FTA 框架下的便利化合作程度及范围造成很大影响。中国在区域合作进程中始终强调其发展中国家地位，并坚持共同但有差别的待遇原则。在中日韩 FTA 的贸易便利化合作中，特别是在一些涉及较高的技术要求或开放度要求的合作领域，中国的这一原则和立场能否得到尊重和落实将会直接影响三方贸易便利化合作的进展。而日本和韩国在农林渔产品贸易便利化措施上的诚意与承诺水平也会影响三方的合作效果。

4. 其他政治经济因素干扰

与贸易自由化及投资等经济领域的地区合作相类似，贸易便利化合作也会受到各国间政治经济外交等各种关系的影响。目前，中日韩三国在政治外交领域的摩擦时有发生。第二次世界大战遗留的历史问题仍未彻底解决，影响了中日及韩日间的互信关系。此外，美国等外部势力的干扰和介入也加重了地区局势的复杂化程度。由于便利化合作更多表现为政府间行为，并且涉及各国国内法律、法规及政策调整，因此，彼此间的政治交往程度、互信关系及政策协调意愿显得尤为重要。而上述矛盾及摩擦的存在与发展可能对未来中日韩 FTA 框架下的贸易便利化合作带来更多不确定因素。

三、中国推进中日韩 FTA 贸易便利化合作的政策建议

为了在未来的中日韩 FTA 框架下全面深入地推进贸易便利化合作，并在维护我国国家利益的基础上深化贸易便利化政策与措施的改革进程，适应中日韩三国间日益密切的经贸合作往来，并为三国贸易参与者提供更加快捷便利和透明的商务环境，我国应在未来着重做好以下工作。

第一，中国应继续保持在推进贸易便利化领域的立场和原则，在 FTA 框架内深化和共同推进三国间的贸易便利化进程。深化和推进贸易便利化进程是世界经济发展的趋势所在。随着经济全球化的不断深化，各国对贸易便利化程度的要求日益提高。中日韩 FTA 框架内的经济及贸易活动也将对贸易便利化合作提出更高要求。因此，中国应坚持现有的立场和观点，积极推进和深化贸易便利化合作，使其发展成为中日韩 FTA 框架内新的合作亮点。在合作的进程中，中国应注意坚持区域经济合作的基本原则，实现互利共赢，并应强调我国作为发展中国家的特殊需要和要求，在某些重点和敏感领域应注意坚持共同但有区别的合作原则，以有效维护我国的根本利益。

第二，应倡议进一步提升现有的贸易便利化合作机制，落实有关部门的机制化合作。中日韩三国在各自已签署的 FTA 中，均在海关合作、SPS、标准与一致化以及其他与便利化相关领域建立专门的委员会制度，由各相关政府部门及专家组成专门委员会定期会晤，以进一步改进和协调各方的政策措施，更好地提高合作效率。中日韩 FTA 中的贸易便利化合作也可采取此种形式，以在现有部级非机制化交流模式的基础上进一步提升对合作的重视程度，提高工作效率。

第三，倡议加强信息共享，进一步增进三国在政策层面的交

流与理解。贸易便利化合作更多涉及各国政府间的政策沟通与协调，因此，加强政府间的信息公开透明与信息共享非常重要。目前，三国在政策透明度领域都已作出了积极的努力，相关法律法规的英语译本也在不断完善，为彼此间的相互理解与沟通奠定了良好的基础。在未来的 FTA 合作框架内，中国应倡议加强三国间政策沟通与交流，促进信息共享，同时深化政策措施的协同与合作。应主张建立和发展各种形式的政府间论坛及研讨活动，了解彼此便利化政策措施，并寻找最佳政策及措施范例加以推广和普及。

第四，主张重视相关能力建设工作，增强经济技术合作。快捷便利的现代化贸易政策和措施是以先进的信息、网络、检验检疫以及物流等技术和高素质的人才为依托的。而作为发展中国家，我国的相关技术和人员素质还有很大的提升空间。因此，在未来的中日韩 FTA 中，我们应主张重视和加强相关能力建设，并深入开展在此领域的经济技术合作，争取在较短时间内在海关管理、动植物检验检疫及人员流动等领域达到世界先进水平，更好地满足未来中日韩日益增强的经贸往来需求。

第六章　中日韩 FTA 的发展趋势

作为一项备受瞩目的区域自由贸易安排，中日韩 FTA 不仅将成为东亚区域经济一体化进程中的一座里程碑，而且还将为亚太地区乃至全世界的繁荣与稳定作出重要的贡献。但是，客观而言，中日韩三国之间目前在政治、经济等方面还存在各种各样的问题和隐忧，要使中日韩关系提升到能够满足建立和实施 FTA 的水平，绝非易事。清楚地认识中日韩合作面临的困难并找到化解这些困难的途径，将使中日韩 FTA 的未来发展之路更加平坦。

第一节　影响中日韩 FTA 发展的内部因素

中日韩 FTA 能否早日建成并顺利实施，首先取决于内部因素。作为一衣带水的东北亚邻国，中日韩之间有着漫长的交往历史，并形成了当前密切而复杂的政治经济关系。这些政治和经济因素将对中日韩 FTA 的发展前景产生重要的影响。

一、影响中日韩 FTA 发展的经济因素

1. 三国产业结构的竞争关系逐渐加剧

从 20 世纪 50 年代开始，中日韩三国在推进工业化的过程中，依次经历着类似的产业发展和结构调整模式，即从石化、钢

铁、纺织等劳动密集型为主的产业向电子、汽车等技术和资本密集型的产业转移。在较长的一段时间内，三国之间的产业分工保持着以“雁行模式”为主要特征的垂直型分工，其中日本处于引领地位，韩国居中，中国居后。但是，20 世纪 90 年代以来，日本制造业的发展速度明显趋缓。与此同时，韩国和中国的技术水平和生产能力不断提高，从而使三国之间的产业分工逐渐从“垂直—互补”向“水平—竞争”的方向发展。

目前，日本制造业企业以海外投资为主，但核心技术的内部化特征非常明显，因此在家电、汽车等产业领域仍然保持着很强的竞争力。相对而言，日本与韩国产业结构的相似性更加突出，因此两国在大多数传统制造业领域都存在比较激烈的竞争关系。

近年来，中国引进吸收先进技术和自主创新的能力不断增强，中国制造业的整体技术水平和国际竞争力得到了显著提高。此外，由于中国的原材料和劳动成本相对较低，所以无论从产品质量还是价格而言，中国的家电、办公机械、纺织等产品已经成为日韩两国同类产品的有力竞争对手。例如，在欧美市场上，中国的纺织产品和小型家电产品的市场份额已经超过了日本、韩国的份额。从前景来看，随着中国产业结构优化升级速度的不断加快，将会有越来越多的制造业产品与日韩产品在国际市场上形成激烈竞争，这一趋势将会给三国在中日韩 FTA 框架下构建新的产业分工体系带来客观困难。

2. 三国之间的贸易仍然不平衡

作为世界性的贸易大国，中日韩三国近年来的对外贸易基本保持顺差，但就三国之间的贸易而言，却长期存在着不平衡的现象。造成三国之间贸易不平衡的原因是多方面的，例如比较优势的转移、外商投资企业的加工贸易等，而且不同国家之间双边贸易的不平衡程度和原因也有所差异。

相比较而言，中韩双边贸易的不平衡程度是最严重的。自1992年正式建交以来，中韩双边贸易迅速增长，但韩国对中国出口的增速明显快于自中国的进口增速，从而使中国连年处于逆差状态。特别是1998年以后，中国在某些年份对韩国的出口额甚至不及从韩国进口额的一半。2001年，中国对韩国的贸易逆差为108.7亿美元，十年之后的2010年，中国对韩国的贸易逆差达到创纪录的695.7亿美元。造成中国对韩国贸易长期逆差的原因是多方面的：首先是结构性因素。多年来中国向韩国出口的商品主要是以初级产品或低技术含量、低附加值的劳动密集型工业制成品为主，如原材料、农矿产品、纺织服装、皮革等，而韩国向中国出口的商品则主要是技术密集型和资本密集型工业制成品，如化工产品、电子通讯产品、机电产品等。其次，韩国对华直接投资的不断增长带动了韩国产零部件的进口增加。韩国国内市场相对狭小，在完成工业化进程后，随着国内生产成本的上升，企业需要通过投资开拓海外市场，保持或提高国际竞争力。中国凭借其市场和成本优势，很快成为韩国对外直接投资的主要目的国之一，三星、LG、现代等韩国企业均在中国建立了大型生产基地，从而带动了韩国的化工、塑料、化纤、电子零部件、汽车零配件等产品的对华出口。最后，韩国在进口政策方面颇为保守，不仅关税水平较高，而且实行各种形式的非关税措施，甚至还针对部分种类的中国产品（如农产品）设置了“特别保护条款”，从而给中国扩大对韩出口带来了很多困难。

日韩之间的贸易不平衡现象也比较突出，韩国多年来始终处于逆差状态。2010年，韩国对日本的贸易逆差达到了创纪录的337.87亿美元。造成这一现象的根本原因是韩国对日本产业的结构依赖性过高。韩国经济在起步阶段，主要依靠引进日本的资本、机械设备和零部件。此后，虽然韩国逐渐建立起了比较完备的现代制造业工业体系，但韩国出口的主要产品，如半导体、电子产品等核心中间材料（包括原料和关键零部件）仍然需要大量从日本进口。因此，随着近年来韩国此类产品的出口增加，从日本的中间材料进口量也呈现出不断增长的态势，这种长期依赖性也导致了慢性的对日贸易赤字扩大。此外，日元的升值和韩元的贬值也导致了从日本进口产品价格的提高，从而加重了韩国的贸易逆差。韩国三星经济研究院在 2011 年 1 月 4 日公布的题为《应对日元升值的对策》报告中指出："日本把出口交易中日元结算的比率由 2000 年的 36%提高到 2010 年的 41%，通过这种方法降低汇率变动所造成的销售减少的影响。日本以压倒性的产品质量优势和市场占有率来提高价格协商能力，同时将汇率变动造成的成本负担向海外进行转移。"由此不难看出，日韩之间的贸易不平衡现象仍将长期存在。

中日双边贸易的不平衡近年来也有不断加剧的态势。2001 年以来，中国对日本贸易连年逆差，2010 年达到 556. 5 亿美元，相当于 2001 年逆差额 51. 3 亿美元的 10. 8 倍。中国对日本贸易逆差的原因和对韩国贸易逆差有很多相似之处，主要是由于中国加工贸易比重大，出口产品——特别是向美欧出口产品——对日本关键零部件、优质原材料以及机械设备等的依赖性很大，近年来日本对华加工机械、机电设备、半导体、集成电路、汽车配件以及钢材、塑料乃至服装面料的出口迅速增加都充分说明了这一点。此外，日本对进口农产品设置了极高的关税，关税配额和进口许可制度等非关税措施也存在管理程序复杂、透明度不高等问题，在一定程度上限制了中国对日本出口的增长。

中日韩三国的外贸依存度都很高，都非常重视对外贸易对本国经济增长的带动作用。基于这一背景，三国对双边贸易的不平衡问题都比较敏感，担心中日韩 FTA 的建立有可能进一步加剧本国的国际收支失衡。因此，为了促进中日韩 FTA 的早日建成和实施，三国应该加强协商与合作，有效解决或缓解三国之间存在的贸易不均衡问题。

3. 敏感产业的市场开放

在未来的中日韩 FTA 框架下，敏感产业的市场开放问题必然会受到各方的高度关注。对于区域自由贸易安排的市场开放问题，GATT/WTO 作出了明确的规定，其核心条款是 GATT 第 24 条所规定的取消“实质上所有贸易”的关税，以及 GATT 第 5 条所规定的在“涵盖众多服务部门”中“取消现有歧视性措施”和“禁止新的或更多的歧视性措施”。在已完成的中日韩 FTA 联合可行性研究中，三国达成了共识，即努力将中日韩 FTA 建设成为涵盖广泛领域的高水平自由贸易安排。这就意味着中日韩三国都将比较全面地开放本国市场，只有涉及国民经济安全的特殊领域的部分产品才可采取例外措施，这必然会对三国的敏感产业部门造成不同程度的影响和冲击。

对于日本而言，开放压力最大的是农业部门。事实上，日本的农产品问题是一个涉及复杂政治经济因素的综合性问题。首先，对于国内资源匮乏、人口众多的日本来说，粮食安全是极为重要的国家安全问题。农业产值虽然仅占国民生产总值的极小比例，却得到国家战略层面的重视。其次，日本经济及产业发展极不平衡，农业生产成本很高，得到大量的政府出口补贴和国内政策支持，再加上执行各种显性的和隐性的贸易保护措施，使日本农业畸形发展，难以在短时期内完成结构改革和体制调整，全面开放农产品市场将给农业生产带来巨大的冲击。最后，日本开放国内农产品市场已不仅仅是一个经济问题，更是一个敏感的政治问题。1300 多万农村人口是一块任何党派都不能忽视的“票田”，正是依靠这块“票田”，日本国会议员中的“农水族”才得以保持强大的传统势力，在日本政坛占有举足轻重的地位。对任何一届日本内阁来说，得罪这股势力都要冒极大的政治风险。正是迫于国内政治压力，日本政府多年来采取了过度保护农业的政策。长期以来受到高度保护的日本农产品包括大米、面粉、糖、牛肉、猪肉、奶制品等，这些产品目前都已基本被排除在日本 WTO 出价和自由贸易协定之外。如前文所述，日本之所以选择新加坡作为签订第一个 EPA 的伙伴国，重要原因之一就是新加坡是一个基本没有农业的国家，不会对其农业产生冲击。尽管日本将日—墨 FTA 称为第一个真正把农产品贸易纳入谈判的 FTA，但事实上这也成为谈判最大的难点，最终日本仅对部分农产品实行了开放。此外，日本与韩国、秘鲁、澳大利亚的自由贸易谈判也都是由于农产品问题而受阻。需要指出的是，日本不仅在建立自由贸易区问题上会尽力维持对农业的保护，甚至在正常的贸易关系中也经常采取一些旨在保护农业的关税与非关税壁垒措施。例如，日本曾经对从中国进口的香菇、蔺草席、大葱等农产品实行紧急限制进口措施，还采用苛刻的技术标准对从中国进口的蔬菜进行严格检验，在一定程度上限制了中国农产品的对日出口。值得注意的是，在国内外压力之下，日本农林水产省的态度近年来也发生了相应的变化，从“FTA 谈判将不涉及农产品问题”到“FTA 谈判中将全部农产品贸易作例外处理是不现实的”，再转变到“积极争取把具有竞争力和竞争潜力的农产品打入国际市场”。但是，政府部门态度的转变，并不意味着日本将迅速开放农产品市场。从前景来看，由于日本国内农业改革的滞后以及保守的农业相关利益集团的抵抗，短期内实现农产品贸易自由化的可能性很小。

从韩国的情况看，市场开放难度最大的敏感部门也是农林渔业。总体而言，韩国的国内市场狭小，农产品生产成本高，自给率低，无论从价格和品种而言，都难以和进口农产品竞争。因此，韩国政府对进口农产品实施了高关税，并利用严格的配额制度、进口许可证制度和其他多种非关税壁垒来限制农产品进口。在自由贸易协定谈判中，韩国也对农产品市场的开放采取了保守立场。即使在韩国最为重视、作出让步最多、自由化水平最高的韩国—欧盟 FTA 和韩国—美国 FTA 中，韩国也将大米、柑橘、大蒜、洋葱、辣椒、红糖、大豆、大麦、人参等数十种农产品列为例外产品，并对其他多种农产品设立了 5—20 年的过渡期。从中日韩三国之间的情况来看，韩国农产品的最大出口对象国是日本，多年来保持着规模较大的顺差，这表明韩国的农产品对于日本来说具有相对优势。但是，与中国的农产品相比，韩国明显处于竞争劣势。近年来，随着中国对韩国农产品出口的不断增长，中国已成为韩国最重要的农产品进口来源国，但两国的农产品贸易摩擦也时有发生。在韩国征收进口调节税的 20 余种农产品中，绝大多数涉及从中国进口的农产品，其中近半数产品全部或大部分从中国进口。此外，韩国对大蒜、生姜、洋葱、辣椒干、绿豆、红小豆、芝麻、花生、大豆、荞麦等农产品实行关税配额制度，配额分配由政府委托韩国农水产物流通公社负责统一实施进口招标。配额外民间贸易部分则采取征收高关税的方法，例如，绿豆的配额内税率为 30%，配额外税率高达 607.5%；红小豆的配额内税率为 30%，配额外税率为 420.8%；大豆的配额内税率为 5%，配额外税率为 487%，事实上相当于禁止配额外的进口。即使参与进口招标，中国的农产品出口企业也处于非常被动的地位，因为韩国对进口招标实行代理制，中国企业不能直接参加韩国政府进口采购投标，必须委托其韩国代理公司方可参加。同时，韩国规定企业在投标前需交纳 5%的投标保证金，中标后需交纳 10%的中标保证金。根据国际惯例，卖方履约后，买方应及时将履约保证金全额退还对方。但韩国规定履约保证金要在 6 个月（大蒜为 4 个月）以后才能退还。如卖方货物在 6 个月内出现质量问题，韩方仍有权要求索赔。上述情况表明，在中日韩 FTA 框架下，韩国的农产品市场开放问题也将面临重重困难。

从中国的情况来看，对中日韩 FTA 框架下的市场开放相对比较敏感的部门主要集中在工业领域，特别是资本与技术密集型工业。事实上，在中国加入 WTO 的谈判过程中，除了农产品市场的开放外，资本与技术密集型工业的市场开放程度与时间表也是中国最为关切的问题。虽然经过多年的发展，特别是加入 WTO 后进一步适应国际竞争环境，中国的资本与技术密集型工业的生产能力和市场竞争力有很大程度的提高，但是与日本、韩国相比，中国的汽车制造、钢铁、石化以及高新技术产业都存在比较明显的劣势，在短时间内进行全面市场开放将对这些产业造成非常剧烈的市场冲击。对此，在官产学联合可行性研究过程中，来自上述产业部门的中国企业界代表都表达了不同程度的担忧。

二、影响中日韩 FTA 发展的政治因素

虽然建立中日韩 FTA 是一种经济层面的区域合作，但是不

可否认的是，政治互信对于区域经济合作具有非常重要的影响。事实上，即使在经济全球化和区域经济一体化的大背景之下，国际政治环境仍然将在一定程度上决定国与国之间经贸关系的基本格局。政治关系的不断改善将为中日韩 FTA 的早日建成和顺利实施提供有效的保障，而政治摩擦、争端甚至冲突则必然会给中日韩 FTA 的未来发展带来障碍。目前，中日韩之间的关系确实受到一些政治因素的羁绊，其中最突出的是领土和海洋权益之争、国家战略和民族主义的冲突，以及日本对待侵略历史的态度。

1. 领土和海洋权益之争

领土主权问题历来是国家关系中最敏感的问题，它不仅涉及国家和民族的尊严，而且还蕴涵着巨大的经济利益。因此，各国在处理领土主权问题时都不肯轻易让步。由于各种历史原因，中日、韩日、中韩之间都存在着一些悬而未决的领土或领海主权争端问题。这些争端如果得不到有效解决，就存在激化的可能性，从而对中日韩三国的经济一体化合作构成巨大挑战。

中日之间领土和海洋权益争端的焦点是钓鱼岛和东海油气田问题。钓鱼岛是中国东海大陆架东部边缘的一组群岛，由钓鱼岛、黄尾屿、赤尾屿、南小岛、北小岛 5 个岛屿与大北小岛、大南小岛、飞濑岛 3 块小岛礁组成，总面积约 6.34 平方公里。从地质结构和海底地形上看，钓鱼岛是中国台湾的附属岛屿，而且自古就是中国的固有领土。中日甲午战争后，日本强迫清政府签订了《马关条约》，将台湾及其附属岛屿（其中包括钓鱼岛）和澎湖列岛割让给了日本。第二次世界大战结束后，根据《开罗宣言》、《波茨坦公告》等国际文件的规定，日本作为战败国，理应将台湾及其全部附属岛屿归还中国。但是，钓鱼岛一直被美国所占领，直到1972年美国将冲绳归还日本时，将钓鱼岛一同交给了日本，这引起了中国的强烈抗议。近年来，日本窃取钓鱼岛的意图越来越明显，不仅公开宣称钓鱼岛是日本的“固有领土”，而且加强了对钓鱼岛的实际军事控制，严重影响了中日关系的发展。

中日之间关于东海油气田问题的争议和钓鱼岛问题有着密切的内在联系。钓鱼岛所在的东海大陆架地区蕴藏着丰富的石油和天然气资源，对于中日两国而言都具有极其重要的经济和战略意义。但是，中日双方在东海大陆架如何划界的问题上存在巨大分歧。按照《联合国海洋法公约》的规定，沿岸国可以从海岸基线开始计算，把200海里以内的海域作为自己的专属经济区，专属经济区内的所有资源归沿岸国拥有。然而，中日两国之间的东海海域很多海面的宽度不到400海里。为此，中国主张根据东海海底的地形和地貌结构采用“大陆架自然延伸”的原则决定中日之间的专属经济区界线划分，而日本则主张以两国海岸基准线的中间线来确定专属经济区的界线。对于这一争议，中方一贯主张双方应该秉承“搁置争议、共同开发”的原则，通过谈判加以解决。从2004年开始，中日两国进行了多轮东海问题磋商，但双方提出的方案严重对立，没有取得实质性的进展。从前景来看，东海油气田问题的解决需要中日两国在互利共赢基础上作出政治决断。

日韩之间的领土和海洋权益之争集中在独岛（日本称为竹岛）问题上，近年来这一问题出现了不断激化的趋势。独岛是一座位于日本海（韩国称之为东海）的火山岛，由东、西两个小岛组成，总面积约18.6平方公里。该岛距韩国郁陵岛约90公里，而距离日本最近的隐岐诸岛约为160公里。根据朝鲜史料，早在新罗王朝（公元500年）就有独岛的记录。1881年，该岛被朝鲜正式命名为独岛，并在1914年行政区域改编时划入庆尚北道。最初日本政府确认独岛是韩鲜的领土，但是在1905年日俄战争后，日本认识到独岛的重要价值，于当年2月单方面将独岛改称为竹岛，并划入日本岛根县，此后一直主张对独岛的领土所有权。从20世纪50年代开始，独岛始终处于韩国的实际控制之下，岛上常年派驻武装警察，并兴建了永久性的码头。而日本从来也没有放弃过对竹岛主权的声明，1999年12月，日本岛根县一些居民曾宣称要将户籍迁移到竹岛，使日韩关系骤然紧张，此后两国围绕独岛问题的纷争不断。事实上，对于同属于濒临海洋的日韩两国而言，独岛主权之争的背后是巨大的海洋权益之争。独岛周边海域的渔业和石油资源非常丰富，经济价值巨大。不仅如此，独岛的归属还直接关系到韩日两国在总宽不足400海里的日本海西南部海区如何划定两国专属经济水域界线的问题。因此，日韩两国近年来在这一问题上的立场都变得更加强硬，给两国的政治关系造成了极大的负面影响。

2. 国家战略和民族主义的冲突

随着近年来综合国力的不断增强，中国已经成为亚太地区的大国，距离世界大国的目标也越来越近。在自身的发展进程中，中国始终坚持着一项根本原则，即只做和平友好的大国，绝不称霸。作为中国的邻国，日本和韩国的经济都很发达，但政治实力和影响力难以和中国相比。因此，中国的迅速崛起不可避免地使日韩两国产生了不安和压力，“中国威胁论”在日本和韩国都有市场。尤其是日本，多年来始终希望凭借强大的经济力量提升国家的政治地位，与中国争取东亚地区的主导权，从而产生了国家战略之间的结构性冲突。

此外，中日韩三国的民众都具有强烈的民族自信心、自豪感和凝聚力。民族主义一方面有利于国家的发展，但在某些特定情况下，也可能会成为国家关系的阻碍。中日韩三国之间一旦出现矛盾和摩擦，在某些媒体的负面报道影响之下，民族主义就会演化成排外主义，造成民众之间的不友好气氛，从而阻碍三国合作的进一步深化和发展。

3. 日本对待侵略历史的态度

中韩两国在近代都遭受过日本帝国主义的野蛮侵略和奴役，给两国人民带来了深重的灾难。战后，日本对那段曾给中韩两国带来沉重灾难的历史却缺乏足够的反省和认识。日本朝野一些人时常出现为日本军国主义侵略史翻案的言论和行为，一些日本政要不顾中韩两国的强烈反对，每年定期参拜供奉有日本第二次世界大战甲级战犯的靖国神社。此外，日本文部省还审定通过了右翼组织编写的篡改侵略历史的教科书。上述行为严重伤害了中韩人民的民族感情，给中日、韩日之间的外交关系制造了很大的障碍。

由于上述客观因素的存在，造成了目前三国之间的战略互信度不足。根据国际关系的相关理论，所谓“战略互信”是指国际行为体之间对彼此战略意图、战略能力和重要行为进行判断的正面利己倾向，是对相互关系的积极预期，是一种能够减少追求传统及非传统安全利益行动的不确定性和风险性的认知。基于这一理论，有学者将影响中日韩三国战略互信度的因素归纳为三个方面，即历史因素、三国之间对彼此外交政策和现实行为的理解，以及三国遵守国际规则或协议的意愿和行动能力，具体的影响因子则包括传统的交往历史和东亚身份认同、近代日本侵略中韩的历史、政治制度、意识形态和价值观、领土、海洋权益和岛屿争端、国家政策的透明度等。根据测算，目前阶段中韩之间的战略互信度为56%，韩日之间的战略互信度为46%，中日之间的战略互信度为40%，中日韩三国之间总体的战略互信度为42%。① 由此可见，为了使中日韩FTA得以建立并顺利实施，三国必须努力化解影响彼此战略互信的消极因素，努力构筑更加稳定的战略伙伴关系，并以此带动区域经济一体化的发展。

第二节　影响中日韩FTA发展的外部因素

在经济全球化的背景下，中日韩FTA这样一个大型区域贸易安排的建立将产生地区性乃至世界性的影响，必然会引起一些非成员国家和地区的关注。从另一个角度而言，区域外的某些因素也将给中日韩FTA的发展带来外部影响或压力。对这些因素进行深入的分析有助于我们对中日韩FTA的前景进行更加客观的预判。

一、亚太地区其他多边合作机制对中日韩FTA的影响

在中日韩FTA推进的同时，亚太区域经济一体化进程方兴未艾，各种类型的合作机制都取得了不同程度的进展，如“10+3”、“10+6”和东亚峰会（East Asia Summit，EAS）、跨太平洋伙伴关系协定，酝酿中的亚太自由贸易区（Free Trade Area of the Asia-Pacific，FTAAP）和即将启动谈判的区域全面经济伙伴关系协定（Regional Comprehensive Economic Partnership，RCEP）等。那么，这些合作机制是否会对中日韩FTA带来影响

① 魏志江：《中日韩三国的战略信赖度分析》，《东疆学刊》2011年第1期，第86页。

和冲击呢?

1. “10+3” 合作及其对中日韩 FTA 的影响

多年以来，“10+3” 合作机制始终秉承以东盟为主导、协商一致、循序渐进、照顾各方舒适度、平等互利、相互尊重、求同存异为特征的合作原则，保持了良好的发展势头和旺盛的活力。在此框架下，逐渐建立起了领导人会议、部长会议和高官会议等一整套对话和合作机制，并且在贸易、投资、金融、人力资源开发、基础设施建设、减灾等广泛领域取得了众多实质性的合作成果。

上述合作为东盟和中日韩之间建立更加紧密的一体化合作机制奠定了坚实的基础。为此，在 2004 年第八次 “10+3” 领导人会议上，各国领导人决定成立联合专家组，就 “10+3” 成员建立东亚自由贸易区（East Asia Free Trade Area，EAFTA）问题开展可行性研究。2005—2009 年，联合专家组开展了 EAFTA 第一阶段和第二阶段的可行性研究，并完成了学术研究报告。研究结果表明，东亚自由贸易区的建成将使东亚各国的 GDP 总体提高 1.2%，经济收益增加 1046 亿美元，其中东盟各国总体 GDP 将提升 3.6%，中日韩三国国内生产总值平均增长 0.9%。①

在全球金融危机发生后，东亚地区各国进一步认识到实现贸易自由化和经济一体化对本地区经济发展的重大意义，并认为推进建立 EAFTA 的时机更加成熟。其原因主要体现在以下几个方面：第一，“10+3” 国家 2010 年的区内贸易占比已超过 50%，而且东亚地区的区域生产网络主要是构建在 “10+3” 国家内。因此，在本地区建设 EAFTA 是实现贸易自由化和区域经济一体

① Joint Expert Group: *Towards an East Asia FTA: Modality and Road Map*, A Report by Joint Expert Group for Feasibility Study on EAFTA, July 2006, p. 21.

化的迫切需要。第二，东盟一体化进程正在加速推进，并致力于在2015年建立东盟经济共同体，这进一步增强了东盟在EAFTA建设中的牵引作用。第三，中日韩三国已经先后与东盟签订了三个“10+1”自由贸易协定，并已顺利实施。在2010—2018年间，三国同东盟之间90%以上的产品将实现零关税。此外，中日韩与东盟之间的三个自由贸易协定都涵盖共同的自由化核心内容，框架模式比较相似，例如：货物贸易降税模式都分为正常产品和例外产品，都给予越南、老挝、柬埔寨、缅甸等东盟新成员特殊差别待遇，都涉及加强能力建设和经济技术合作等内容。在此基础上探讨整合三个“10+1”自由贸易协定，无疑具备了更加成熟的条件。

2011年，为了加快推进东亚一体化进程，中日韩和东盟各国开始针对EAFTA的实现路径进行深入的探讨，具体思路是以东盟经济共同体各项协议的内容和模式作为核心，对中日韩和东盟之间的三个“10+1”协定进行协调和整合。为此，各国高官建议领导人尽快授权，在现有的四个由东盟牵头的“10+3”工作组（分别为原产地规则工作组、税则分类工作组、海关程序工作组和经济合作工作组）基础上，新成立货物贸易、服务贸易和投资三个工作组，开展自由化问题的研究工作，并着手撰写官方可行性研究报告。其中，货物贸易工作组重点研究三个“10+1”自由贸易区降税模式的整合问题、例外产品和降税过渡期的设置问题，致力于更高水平的关税减免和自由化。服务贸易工作组重点对比分析现有协议各国高出WTO承诺部分的开放内容，致力于提高服务协议的开放质量和具体承诺开放水平。投资工作组重点探讨投资自由化、投资促进和保护等内容，整合现有协议的相似条款，致力于为本地区构建更为良好的投资环境和体制。三个工作组的可行性研究报告计划于 2012 年完成并提交“10+3”领导人会议，以便为领导人决定何时启动 EAFTA 谈判提供参考。

综上所述，“10+3”合作在近期取得了实质性的进展，而这一趋势对于中日韩 FTA 的发展是有利的。实际上，就地域和成员构成而言，中日韩 FTA 是涵盖于“10+3”范畴下的一个次区域自由贸易安排，双方本来就不存在竞争关系。由于“10+3”合作下一阶段的目标是建立 EAFTA，而东盟和中日韩之间已经分别缔结了自由贸易协定，因此，建立中日韩 FTA 并使之与三个“10+1”自由贸易协定整合，就成为实现 EAFTA 目标最有效率、成本最低的推进路径。基于这一现实，“10+3”合作的实质性进展可以为早日建成中日韩 FTA 施加外部推动力。不仅如此，在“10+3”框架下开展的各项合作，如清迈倡议多边化、区域外汇储备库建立、亚洲债券市场建设、基础设施互联互通建设等，在客观上也有助于加强中日韩三国之间的经济联系，从而为中日韩 FTA 的建立提供更加良好的基础条件。

2. 东亚峰会合作及其对中日韩 FTA 的影响

在“10+3”谋求加快发展的同时，“10+6”的动向也非常值得关注。所谓“10+6”是指在“10+3”基础上纳入澳大利亚、新西兰和印度三个新成员后形成的东亚峰会机制。东亚峰会的建立和当年马哈蒂尔提出的“东亚经济共同体”构想有着密切的关系。事实上，“10+3”合作机制可以被看作是“东亚经济共同体”构想的雏形，而东亚峰会则是为实现这一构想所作的新的尝试。“10+3”成立以后，于 1999 年 10 月成立了由各成员专家学者组成的“东亚展望小组”，就如何深化东亚区域一体化合作开展全面研究。在 2001 年第五次“10+3”领导人会议上，

"东亚展望小组"提交了题为《迈向东亚共同体》的研究报告。该报告除了在经济合作方面提出建立"东亚自由贸易区"和"东亚投资区"、协调地区汇率机制并最终形成东亚共同货币区等建议之外，还在制度建设方面正式提出将"10+3"合作演化为东亚峰会。

日本为了防止中国在"10+3"中处于主导地位，对建立东亚峰会持积极态度，并明确提出将澳大利亚和新西兰纳入东亚峰会之中。东盟为了维持其在东亚合作中的轴心地位，为新成员加入东亚峰会设立了三项标准：其一，加入《东南亚友好条约》；其二，与东盟国家建立对话伙伴关系；其三，与东盟国家具有广泛而密切的关系。最终，在澳大利亚、新西兰和印度同意上述条件的情况下，东盟各成员达成了一致，邀请这三个国家加入东亚峰会。2005 年 12 月，首届东盟峰会在马来西亚吉隆坡举行。此后，东亚峰会与东盟峰会和"10+3"领导人会议同期举行，由东盟轮值主席国主办。

东亚峰会 16 个成员的人口总数达 30 亿，约占世界总人口的一半，GDP 总额约占世界的 22%，外汇储备远超欧元区，经济互补性突出，具有极大的发展潜力和合作空间。正如温家宝同志所言，东亚峰会的召开是东亚合作进程中的一件大事，是经济全球化与区域合作加快发展的客观要求，是本地区各国相互依存、共同利益不断扩大的必然结果，标志着东亚合作进入一个新的发展阶段。东亚峰会为与会各国共商发展大计提供了一个新的平台，必将推动东亚合作向更大范围、更广领域和更高水平迈进。①

① 温家宝：《支持东亚合作透明开放　实现互利共赢》，在首届东亚峰会上的讲话，www. xinhuanet. com，2005 年 12 月 14 日。

除此之外，东亚峰会的重要意义还体现在以下几个方面：第一，它为区域合作的模式创新提供了一个良好的范例。东亚峰会的成员来自三个不同地区，16 个成员不是基于区域的一致性，而是基于战略利益的共同性走到了一起，从而打破了区域合作的地域限制。第二，它为推进东亚区域合作提供了新的有效渠道。虽然东亚峰会是在“10+3”基础上发展起来的，但并不会取代“10+3”。这两个合作机制的成员不同，功能不同，目标也不尽一致。东亚峰会定位为“论坛”性质，使各成员有机会就共同感兴趣和关切的政治、经济和安全问题展开全面对话。第三，东亚峰会的开放性为吸引更多的成员参与东亚区域合作提供了机遇。与“10+3”成员只限于东亚地区的主权国家不同，东亚峰会采用的是以东盟居中协调，对区域内外的成员开放的形式，具有很大的发展潜力。第四，它为东亚地区开展“南北合作”构建了新的平台。在“10+3”中，只有日本一个发达国家，“南北合作”的特征并不明显。而澳、新两国都是发达经济体，它们的加入增加了成员的“北方”浓度，使东亚峰会的“南北合作”特征进一步强化。

值得关注的是，2010 年东亚峰会在扩员方面又取得了重大进展。2010 年 10 月，在越南河内举行的第五届东亚峰会上，与会领导人一致同意从 2011 年起邀请俄罗斯、美国加入东亚峰会。在这次扩员背后，东盟、美国和俄罗斯都有着各自的战略动机。

对东盟来说，如何“以小搏大”，在大国夹缝中求生存、求发展既是现实目标，也是长期面临的挑战。因此，依托集团力量，实行大国平衡战略，捆绑经济利益，重点推进东亚地区的合作已经在东盟内部达成共识。对于东亚峰会合作机制，东盟一方面持开放性的态度，另一方面基于自身综合实力的考虑，也担心丧失话语权。因此，在强化内部整体性合作的同时，东盟倾向于将更多有实力的国家引入东亚峰会，通过大国间的力量平衡来拓展自身的政治、经济和安全空间。

对于美国而言，加入东亚峰会是实施其21世纪亚太新战略的重要步骤。随着“亚太世纪”的出现，近年来美国的全球利益和战略重点不断“东移”，原有的以安全—贸易为主轴的东亚战略面临着中国崛起以及东亚经济一体化迅速发展的挑战。为安抚亚洲盟友，并瓦解地区一体化形成排斥或削弱美国主导权的倾向，美国确立了基于共同战略、共同价值和共同利益的亚太三环外交体系。[①] 通过这一体系，美国旨在摆脱目前游离于东亚地区合作机制之外的困境，进而主导东亚和亚太经济合作的未来，塑造以美国为中心的亚太地区新秩序。显然，东亚峰会这一涵盖政治、经济和安全等广泛领域的战略对话合作机制为美国实现上述战略目标提供了一个非常好的平台。

俄罗斯加入东亚峰会有着政治和经济上的多重考虑。一是要为俄罗斯争取更大的战略空间。鉴于俄罗斯在欧洲地区遭到以美国为首的西方的全面挤压，亚太地区随之成为其扩大战略空间的一个重要方向。二是努力维护俄罗斯的传统大国地位。21世纪的亚太地区毫无疑问已经成为世界经济政治的一个重要舞台，对于三分之二国土在亚洲的俄罗斯来说，积极参与亚太事务有利于其树立大国形象及维护大国地位。三是谋取经济利益。亚太地区是目前世界上经济发展最快和最具有活力的地区，俄罗斯与该地区在经济领域有很强的互补性，有很多促使其拓展经济利益的有

① 王义桅：《美国亚太秩序观的新变化及其面临的挑战》，《国际观察》2009年第3期，第4页。

利条件。出于以上考虑，俄罗斯从 2005 年第一届东亚峰会开始就以观察员身份参加会议，并一直要求成为正式成员，历经五年的努力后终于得偿所愿。

美国和俄罗斯加入东亚峰会可能会成为地区体系调整的催化剂，由此引发的多方博弈将对东亚区域经济一体化的未来发展产生重大影响，从而给中日韩 FTA 的前景增加不确定因素。从前景来看，如果东亚峰会能够有效促进各成员之间的良性互动，弥补东亚地区现有区域合作机制功能的缺失，使东亚地区一体化程度进一步加深，无疑将为中日韩 FTA 的建立创造更加良好的外部环境。反之，如果美、俄的加入打破了东亚地区原有的均衡，使各方在利益分配，以及权利和义务的界定方面产生新的分歧，故而采取消极观望的态度，甚至导致各方利益冲突难以调和，从而使东亚峰会成为大国竞争的又一场所，则必然会成为中日韩 FTA 未来发展的不利因素。

3. RCEP 对中日韩 FTA 的影响

区域全面经济伙伴关系协定（RCEP）是由东盟发起的、以“10+6”为基础的东亚区域经济一体化新框架。在 2011 年 2 月 26 日举行的第十八次东盟经济部长会议上，与会部长们优先讨论了如何与东盟经济伙伴国共同达成一个综合性的自由贸易协议，并由此产生了组建 RCEP 的草案。RCEP 的成员国计划包括与东盟已经签署“10+1”自由贸易协定的中国、日本、韩国、澳大利亚、新西兰和印度，其目标是削减 16 国内部的贸易壁垒，进一步完善投资环境，扩大服务贸易，并在知识产权保护、竞争政策等多个领域开展合作，从而使 RECP 的自由化水平高于目前东盟与 6 国达成的自由贸易协定。

2011 年 11 月，在印尼巴厘岛召开的第 19 届东盟领导人会议通过了建立 RCEP 框架的专门共识文件。共识文件指出，RCEP 旨在达成一个全面互利的经济伙伴协议，此协议具有开放性，允许东盟的所有自由贸易区伙伴国参与。共识文件还规定了建立 RCEP 的一般原则，包括：①涵盖范围；②进程；③开放加入；④透明性，签署协议将予以公开，确保利益相关者理解和利用经济一体化与合作；⑤经济技术合作将成为协议中不可分割的一部分，以支持东盟成员国和执行协议利益最大化；⑥便利化，此协议应包含切实可行的措施和共同努力促使贸易和投资便利，包括降低交易成本；⑦经济一体化，此协议应有利于东盟经济一体化，经济均衡发展，加强东盟成员国之间以及东盟与其伙伴国之间的经济合作；⑧特殊和差别待遇，此协议应为东盟成员国提供特殊差别待遇，特别是柬埔寨、老挝、缅甸和越南；⑨该协议应符合 WTO 协议；⑩此协议应进行定期审查，确保有效且有益的执行。

2012 年 8 月底召开的“10+6”经济部长会议就启动 RCEP 谈判达成原则共识，并通过了《RCEP 谈判指导原则和目标》。随后，RCEP 谈判货物贸易工作组、服务工作组和投资工作组相继建立。2012 年 11 月，在柬埔寨金边举行的东亚领导人系列峰会签署了《启动〈区域全面经济伙伴关系协定〉（RCEP）谈判的联合声明》，决定于 2013 年年初启动 RCEP 谈判，2015 年年底完成谈判并进入实施阶段。若 RCEP 得以建立，将涵盖约 35 亿人口，GDP 总和将达 23 万亿美元，占全球总量的 1/3，成为世界最大的自由贸易区。

东盟之所以积极推进 RCEP，主要是希望借助 RCEP 巩固和发展其在东亚区域经济一体化合作中的主导作用，进一步提升东盟的国际地位。近年来，在东亚独特的地缘政治环境影响下，该地区的区域经济一体化进程始终缺乏大国主导，东盟则利用自身优势巧妙地填补了这一空缺位置，建立了以自身为中心的“10+1”自由贸易区网络，从而为其在 RCEP 奠定了有利的基础条件。

与此同时，RCEP 还平衡了中日两国在东亚区域经济一体化未来发展方向上的不同立场。中国始终坚持以“10+3”自由贸易区为主渠道，日本则力主建立“10+6”自由贸易区。而 RCEP 采取了自愿加入的原则，也就是说 RCEP 在最初未必有 16 个国家参加，将来的成员数量也可能超过 16 个，从而化解了“10+3”和“10+6”的方案之争，为东亚区域经济一体化进程提供了一条新的路径。从时间表上看，RCEP 将和中日韩 FTA 同时启动，而且中日韩三国均已表态积极参与 RCEP 谈判。因此，二者之间可以起到相辅相成、相互促进的作用。

4. FTAAP 设想对中日韩 FTA 的影响

FTAAP 是在 APEC 框架内提出的一个颇具雄心的自由贸易安排设想，最早由研究 APEC 问题的学者在 2003 年提出，并很快得到了 APEC 工商界的响应。2004 年 11 月，APEC 工商咨询理事会（APEC Business Advisory Council，ABAC）汇总各方观点后发表了正式报告，建议 APEC 领导人“作出强有力的政治承诺”，着手磋商建立 FTAAP。对于该建议，既有 APEC 成员表示支持，也有不少成员提出了反对意见和质疑。有鉴于此，2004 年的 APEC 领导人会议仅对该建议表示欢迎，没有作出实质性的承诺。

为了加快推进 FTAAP 议题，ABAC 在 2005 年邀请来自美国、日本、中国、新西兰、新加坡和印尼的多位专家针对建立 FTAAP 问题开展了可行性研究，并撰写了研究报告。① 在研究报

① 该报告的英文全称为“*An APEC Trade Agenda? The Political Economy of a Free Trade Area of the Asia Pacific*”，包括 8 篇子报告。

告中，专家们对建立 FTAAP 的成本与收益、可能遇到的问题与障碍等进行了多视角、多维度的政治经济分析。其中，专家们认为建立 FTAAP 可以带来以下几个方面的收益：第一，为 APEC 的贸易自由化进程注入活力和动力。第二，激励陷于停滞状态的 WTO 多哈回合谈判的进展，从而对多边贸易体制起催化作用。第三，为 WTO 多哈回合谈判失败作替代性的准备，即所谓的"方案 B"。第四，阻止 APEC 地区 FTAs/RTAs 泛滥的趋势，将其统一于单一的区域协定框架下，规避不同原产地规则带来的高额交易成本，从而产生规模经济、更有效的竞争等动态效应。第五，阻止东亚自由贸易区或类似的贸易集团的形成，从而避免 APEC 分裂成为东西两个内向型的板块（即东亚自由贸易区和美洲自由贸易区）。①

2006 年 11 月 18—19 日，在越南河内举行的第 14 届 APEC 领导人会议上，FTAAP 议题有了重大进展。美国一改以往对 FTAAP 的保留态度，建议在加紧促成 WTO 多哈回合谈判的同时，加大对 FTAAP 的宣传和研究，以早日就 FTAAP 的一些细则和定义达成广泛共识。在美国的大力推动下，APEC 领导人首次同意正式考虑建立 FTAAP 的建议，并要求各自官员针对 FTAAP 的推进方式开展进一步的研究，从而使 FTAAP 问题首次纳入了 APEC 议程。2007 年和 2008 年的 APEC 领导人会议宣言都强调了对 FTAAP 问题进展的关注，并要求 APEC 部长级会议和高官会就建立 FTAAP 的前景和模式进行更为深入的研究。

---

① C. Fred Bergsten："A Free Area of the Asia Pacific in the Wake of the Faltering Doha Round：Trade Policy Alternatives for APEC"，*An APEC Trade Agenda? The Political Economy of a Free Trade Area of the Asia Pacific 2006*，PECC and ABAC，October 2006，pp. 16-20.

综上所述，FTAAP 是一个仍处于推进过程之中的、涵盖整个亚太地区的多成员自由贸易安排，其初衷是通过整合地区资源，应对亚太范围内各种双边和次区域 FTAs/RTAs 的大量衍生给 APEC 合作进程带来的挑战，并防止东亚和美洲地区形成相互对抗的两大贸易集团。就此而言，推进中的中日韩 FTA 属于 FTAAP 的重点整合对象。如果 FTAAP 能够在近期正式启动，将给中日韩 FTA 带来不小的外部压力。但从目前的情况来看，由于 APEC 各成员在经济发展水平、政治体制、社会制度和文化等领域都有着显著的多样化特征，使得他们在 FTAAP 的推进路径、涵盖领域和自由化水平等重大问题上仍存在巨大的分歧。此外，很多成员从自身利益、谈判成本和时效性等因素考虑，都将商签双边和次区域自由贸易安排置于优先地位。因此，FTAAP 的未来之路仍然很漫长，不会在实质上成为中日韩 FTA 的制约因素。

5. TPP 对中日韩 FTA 的影响

作为第一个跨越太平洋东西两岸，覆盖亚洲、拉丁美洲和大洋洲的多成员自由贸易安排，TPP 最初源于 21 世纪初美国所倡议的 P5（美国、澳大利亚、新西兰、智利和新加坡）自由贸易区协定，但随后美国开始将主要精力投向双边 FTA，从而使 P5 陷入停顿。然而，智利、新西兰和新加坡等国商签跨太平洋区域贸易安排的热情并未因此而减退。2002 年 10 月，在墨西哥洛斯卡沃斯举行的 APEC 领导人非正式会议期间，智利、新西兰和新加坡的首脑宣布“太平洋三国更紧密经济伙伴协定”（简称 P3）谈判正式启动。2004 年，文莱成为 P3 的观察员，并于 2005 年 4 月成为正式谈判方。2005 年 7 月，四国签署了《跨太平洋战略经济伙伴协定》，该协定于 2006 年 5 月正式生效。

TPP 的内容较为全面，不仅涉及货物贸易的市场准入，还包括海关程序、原产地规则、动植物检验检疫、贸易技术壁垒和贸易救济、知识产权、政府采购、竞争政策和争端解决机制等方面的条款。在货物贸易方面，该协定致力于降低关税，协定生效后，四国间 90%以上的贸易商品免除了关税，并最终将在 2015 年前消除所有进口关税。投资和金融服务的谈判在协定生效两年后开始。此外，TPP 缔约方还签署了具有约束力的《环境合作协议》和《劳工合作备忘录》。

TPP 的四个初始成员国经济规模不大，市场开放程度较高，协定自身的福利效应和影响力并不显著。但是，曾作为 P5 发起者的美国在 2008 年年初重新将目光投向 TPP，明确表示将加入 TPP 即将开始的有关投资和金融服务业的谈判。美国此举不仅使 TPP 的受关注程度大大提高，也在亚太地区其他经济体中起到了引领作用。以此为契机，TPP 缔约方在 2008 年 6 月举行的 APEC 贸易部长会议期间宣称，将在 2009 年 3 月前广泛征询 APEC 成员的意愿，以吸引更多成员加入 TPP。2008 年 9 月，时任美国贸易谈判代表施瓦布表示，美国将考虑从 2009 年开始参与 TPP 框架下的自由贸易谈判。2008 年 11 月，澳大利亚、秘鲁和马来西亚相继正式作出了加入 TPP 谈判的承诺。

2009 年以来，TPP 的扩容取得了新的进展。2009 年 3 月，TPP 的四个初始缔约方同意接受越南以“联结成员”的身份加入 TPP 谈判。2009 年 11 月 14 日，在日本进行国事访问的美国总统奥巴马宣布，美国将正式加入 TPP 谈判进程。至此，参与 TPP 第二阶段谈判的经济体已经增至 9 个。此外，日本、加拿大、墨西哥、菲律宾等国也相继表达了加入 TPP 谈判的意愿或兴趣。2010 年 3 月，TPP 第二阶段的首轮谈判在澳大利亚启动。

截至 2012 年 5 月，9 国已进行了 12 轮谈判。2012 年 6 月，在墨西哥举行的 20 国集团峰会期间，墨西哥和加拿大获准加入 TPP 谈判。日本则由于国内分歧严重，同时未获得美国、澳大利亚、新西兰等成员的正式认可而推迟加入 TPP 谈判。

TPP 被明确定位为一个横跨太平洋东西两岸的区域贸易安排，在规模上有超越亚太地区现有任何 FTAs/RTAs 的发展潜力。同时，TPP 作为一个新兴的贸易集团，必然会在亚太地区成员中引发很强的竞争性自由化效应，更多的成员会努力寻求加入该集团，以避免因边缘化而带来的损失。类似的动机还可能会促使现有的一些 FTAs/RTAs 寻求扩张或合并，以建成更大规模的贸易集团，制衡 TPP 的影响力。

由此可见，TPP 将有可能从根本上改变亚太区域经济一体化的格局，显然也会对推进中的中日韩 FTA 构成冲击。由于美国主导 TPP 的扩容主要意在牵制东亚一体化进程，尤其是遏制中国在区域经济合作中的影响力，加之 TPP 本身的自由化水平很高，并且有中国难以接受的劳工、环境和国有企业方面的条款，所以中国加入 TPP 的条件还不成熟。在这种情况下，日韩是否会在近期加入 TPP 就成为中日韩 FTA 未来发展的重要变数。

事实上，美国在决定加入 TPP 谈判后，始终在积极争取日本加入。出于维系美日同盟关系的考虑，日本对此作出了比较积极的回应。2009 年 12 月 10 日，日本时任外相冈田克首次公开表示，日本对 TPP 合作框架很感兴趣，正在考虑参与。日本国内的诸多学者认为，加入 TPP 这一涵盖贸易、投资和服务等广泛领域的亚太经济合作重要机制有助于日本全面开放国门，带动包括农业在内的国内经济改革，激发经济活力和竞争力。2010 年

11 月，日本内阁通过了一份名为《全面经济伙伴基本政策》的重要文件，全面阐述了日本政府新的 FTA 战略，并特别提出通过加入 TPP 对农业政策实行大胆改革，逐步扩大国内农业市场的开放水平。同年 11 月，日本作为 APEC 横滨领导人会议的东道主，在其参与并主持起草的第 18 次 APEC 领导人宣言——《横滨愿景》中，不仅提出了建立贸易和投资更为自由化、更为开放的 APEC 共同体的目标，而且还强调以“10+3”、“10+6”和 TPP 这三个现有的区域性合作机制为基础，使之进一步发展，最终实现建立亚太自由贸易区的目标。2011 年 1 月 13 日，日美两国政府在华盛顿举行了有关 TPP 的首轮双边工作级别磋商。美国是 TPP 谈判 9 国的核心，磋商的启动意味着日本为参与 TPP 谈判迈出了重要一步。在此之后，日本政府多次派遣外务省、经济产业省以及农林水产省等相关省厅官员赴海外与 TPP 相关国家进行磋商，收集 TPP 谈判的信息，并计划在 2011 年 6 月底之前作出是否参加 TPP 谈判的最终决定。但是，由于日本在 2011 年 3 月发生了强烈地震和海啸，经济受到重创，加入 TPP 的计划不得不有所推迟。与此同时，日本国内对于是否加入 TPP 的争论也日趋激烈。以经团联为首的工商产业界极力主张日本加入 TPP 谈判，宣称加入 TPP 是日本搭乘贸易自由化快车的最后机会。以农协为代表的农林业界则坚决反对，称加入 TPP 将摧毁日本农业。另据日本农林水产省测算，加入 TPP 将使日本农业产值减少 7.9 万亿日元，农业部门就业岗位减少 350 万个。在日本国会两院中，也有近半数的议员对加入 TPP 持反对态度，其中不仅包括小泽一郎和前首相鸠山由纪夫等自民党重量级人物，甚至还包括一百多名执政的民主党议员。在巨大的国内压力面前，日本民主党政府综合政治、经济、外交等各方面的考虑，仍然作出了加入 TPP 谈判的决定。2011 年 11 月 11 日，日本首相野田佳彦在赴美国夏威夷出席 APEC 领导人会议之前，正式宣布日本将与相关各方就参加 TPP 谈判问题展开正式磋商和交涉。但是，为了安抚国内对此持反对态度的各界人士，野田佳彦同时表示，日本参与谈判，不意味着全面放弃，而是该坚守的地方坚守，该争取的地方争取。至此，日本在参与 TPP 问题上迈出了重要的一步。

需要指出的是，虽然日本政府作出了加入 TPP 谈判的官方表态，但是无论从日本国内的情况还是 TPP 的现有标准来看，日本在政治、经济和社会等方面仍然面临着一系列困难和制约因素，能否最终加入 TPP 还存在不确定性。从前景分析，日本将从国内和国外两方面着手，力争为加入 TPP 创造更好的基础条件和内外部环境。从国内层面来看，日本需要积极推进经济社会的结构改革，重点是农业部门的改革，尽快改变通过高关税、税收优惠和补贴等方式对国内农业进行严格保护的做法。此外，日本式经济体制和经营模式中也存在一些具有封闭性和垄断性的规制或商业惯例，制约了日本的对外开放和贸易自由化进程。为此，日本还应加强规制改革，在废除显性和隐性的非关税壁垒方面加大力度，进一步提高国内市场的开放度。就国外层面而言，鉴于亚太地区复杂的政治经济格局和成员的多样性，TPP 绝不会成为亚太区域经济一体化舞台上的唯一主角。因此，日本从自身利益考虑，仍然会以“见机行事，多头并进”的方式参与亚太区域经济一体化进程。这不仅可以和 TPP 谈判进程起到相辅相成的作用，从战略和技术层面为日本增加谈判砝码，还可以在 TPP 谈判陷入僵局的情况下为日本提供替代选择，缓解谈判压力。

韩国对于加入 TPP 的态度远没有日本积极。究其原因，主要是因为韩国已经与大多数 TPP 现有成员签署或即将签署双边 FTA，尤其是韩国最为看重的美韩 FTA，在 2011 年重新修订后只等美国国会批准即可生效。因此，从经济效益而言，加入 TPP 对韩国的吸引力并不大。其次，和日本的情况类似，韩国在农业部门开放的问题上也面临着巨大的困难。2011 年年初，在韩国政府试探性地作出考虑加入 TPP 的表态之后，立刻招致国内农业组织的强烈反对和示威游行。此外，韩国也试图在中美之间保持战略均衡，担心加入 TPP 会在经济领域打破这种均衡，使中日韩 FTA 陷入僵局，从而损害本国的利益。有鉴于此，韩国对于加入 TPP 会持审慎态度，在格局明朗之前将保持观望。

综上所述，TPP 之所以取得了引人注目的快速发展并不是偶然的，而是蕴含着深刻的政治经济动因。近年来，亚太各国的实力对比不断变化，从而引发了亚太地区整体战略格局的调整和演变。尤其是 2008 年以来，国际金融危机的发生进一步加快了亚太战略格局调整的步伐。正所谓醉翁之意不在酒，TPP 作为经济意义上的区域贸易安排，同时也承载了相关各方深层次的战略意图，其核心是谈判各方的国际地位之争，以及对亚太区域合作的主导权之争。① 如果 TPP 第二阶段谈判接纳日本作为正式谈判方，并在近期达成高标准的最终协议，将对中日韩 FTA 产生很大的离心作用。

---

① 刘晨阳：《“跨太平洋战略经济伙伴协定”发展及影响的政治经济分析》，《亚太经济》2010 年第 3 期，第 13 页。

二、美国对中日韩 FTA 发展的影响

作为当今世界上政治、经济实力最强的国家，美国多年来一直致力于建立以本国为中心的亚太多边合作机制，并对中日韩三国所在的东亚地区给予高度重视。中日韩 FTA 的建立将使东亚区域经济一体化进程产生结构性的变化，并对美国在亚太地区的战略利益造成重大影响。有鉴于此，美国必然会通过各种方式对中日韩 FTA 进程施加外部压力，其动向值得密切关注。

1. 美国的亚太经济战略及其对中日韩 FTA 的影响

第二次世界大战以后，美国主要是根据关贸总协定（GATT）的自由贸易原则推行其全球经济战略。然而，自 20 世纪 80 年代中后期以来，面对自身经济发展速度趋缓、区域经济一体化浪潮在世界范围内蓬勃兴起的内部和外部压力，美国政府开始采取多边合作与地区合作并重的政策，地区主义逐渐成为美国对外经济战略的重要一环。在美国的对外经济战略发生转变的同时，也正是亚太地区经济开始高速增长的时期，一个崭新的“亚太世纪”呼之欲出。随着美国与太平洋周边国家和地区贸易和投资规模的不断扩大，亚太地区自 20 世纪 90 年代起成为美国最大和最具潜力的出口市场和投资区域。因此，美国对亚太地区的重视程度不断提高，并根据形势变化，着手制定新的亚太地区战略。

由于亚太地区地域辽阔，经济体数量众多，因此该地区经济一体化的演进过程比较复杂，并且呈现出显著的多元化特征。在这种情况下，美国亟须一个以本国为主导的、有效的区域合作多边机制来维护其在亚太地区的经济和政治利益。

美国首先选择的主推对象是 APEC。作为亚太地区覆盖地域最广、纳入成员最多的区域经济合作组织，APEC 不仅为美国打

开了一条开拓全球经济增长最快地区市场的通道，而且也为美国全面实施其亚太战略提供了有利的基础条件。1993年，时任美国总统克林顿向APEC各成员提出了建立“新亚洲太平洋共同体”的倡议，促使亚太地区转变成“一个真正的共同体，不仅仅是一个正式合法的机构，而是一个利益共享、目标共享和责任共享的互利合作的共同体”。为了推进该倡议，美国1993年在西雅图主办了首次APEC领导人非正式会议。但是，由于APEC众多发展中成员对是否应在亚太地区建立一个过于机制化和宽泛的“共同体”持保留态度，克林顿的“新亚洲太平洋共同体”设想未被峰会所接受，而且被排除在会议发表的《领导人宣言》之外。此后，随着1994年茂物目标的确立，APEC走上了以自主自愿原则为基础，以贸易投资自由化、便利化和经济技术合作为支柱，以集体行动计划和单边行动计划相结合为推进方式的合作道路，从而使美国所倡导的“新亚洲太平洋共同体”无果而终。

20世纪90年代以来，世界范围内掀起了新的区域经济一体化浪潮，亚太地区也很快涌现出大量的自由贸易区和区域贸易安排（FTAs/RTAs）。针对这一情况，美国也迫切需要实施FTA战略，并在复杂的FTAs/RTAs“轴心—辐条”结构中缔结属于自己的网络体系，使其服务于本国的全球和地区利益。从2003年开始，美国在短短几年里相继与新加坡、智利、澳大利亚、秘鲁等几个亚太国家签订了双边FTA协议。在缔结双边FTA的同时，美国在亚太地区实施FTA战略的核心目标仍然是努力构建成员广泛参与、覆盖内容全面的自由贸易安排，并借此确立美国的主导地位。出于这一考虑，美国将亚太自由贸易区（FTAAP）作为推进重点。

如前文所述，FTAAP 的目标是在 APEC 框架下建立一个覆盖整个亚太地区的自由贸易区安排。显然，在亚太地区进行全方位、高质量、带有强制约束力性质的 FTAAP 谈判，符合美国主导亚太区域经济一体化合作进程，维持在本地区政治经济霸权地位的战略诉求。因此，在美国的推动下，从 2006 年开始，历届 APEC 领导人会议都对 FTAAP 议题给予了关注，并指示有关部门对 FTAAP 的模式选择和实施路径开展可行性研究。但是，由于 APEC 成员在经济发展水平、政治、文化等领域都存在着巨大的差异，FTAAP 的建立给每个成员带来的影响必然是不同的，甚至带来负面影响。因此，出于自身利益的考虑，大多数 APEC 核心成员都采取了谨慎观望的态度，这使得 FTAAP 始终没有取得实质性进展。

正是在这种情况下，美国深刻意识到了 TPP 所蕴含的战略价值，并很快将其定位为实施本国亚太战略和 FTA 战略的新平台。与尚未确定以何种方式启动的 FTAAP 相比，TPP 是一个已经生效并且极具开放性的 FTA。随着成员数量的不断增加，TPP 具备了成为亚太地区乃至世界范围内最大的自由贸易安排的潜力。如果 TPP 能够不断扩张，那么即使将来 FTAAP 夭折，美国也可以通过 TPP 另辟蹊径，使之成为美国主导下推进亚太区域经济一体化的主渠道。① 美国寄希望借助 TPP 在亚太地区建立一个成员众多、内容广泛的高质量 FTA，有效缓解该地区大量 FTAs/RTAs 衍生所带来的“意大利面碗”效应，为美国谋求更多的经济利益。

① 刘晨阳：《“跨太平洋战略经济伙伴协定”与美国的亚太区域合作新战略》，《国际贸易》2010 年第 6 期，第 58 页。

综上所述，多年以来美国的亚太经济战略体现出很强的延续性和整体性，逐渐形成了以传统同盟体系为基础、以干预地区热点议题为抓手、以应对新兴国家崛起与地区格局变化为重点、以强化美亚太主导地位为目标的全方位亚太战略布局。① 进入21世纪以来，尤其是全球金融危机之后，亚太地区愈发成为美国全球战略的重中之重。客观而言，作为近年来全球范围内经济增长最具活力的地区，亚太地区在“后危机”时代的世界经济重心地位更加突出，这使得美国加快建立由其主导的亚太多边合作机制的愿望也越来越强烈。显然，作为一个规模巨大的封闭性次区域贸易安排，中日韩FTA是不符合美国的战略利益的，将对美国亚太经济战略的实施构成比较大的冲击。因此，出于一种理性的判断，美国将对中日韩FTA进行掣肘和阻挠。

2. 美国的东亚战略及其对中日韩FTA的影响

从政治、安全、经济等各个方面来看，东亚地区都是美国亚太乃至全球战略中的重中之重。强化美国在东亚的主导和优势地位，是美战略东移进程中的核心要务。因此，从亚太战略这一相对宏观的视角分析了美国对中日韩FTA发展的外部影响之后，我们还需要从美国的东亚战略入手，对这一问题进行深入的剖析。

东亚地区地缘政治关系复杂，集中了第二次世界大战和冷战后的一系列遗留问题。尤其是东北亚地区，与中日韩三国的双边关系对美国而言都具有重大的战略利益。其中，美韩关系主要涉及朝鲜半岛稳定和朝核问题。这些问题虽然没有上升到美国亚太

① 王鸿刚：《美国的亚太战略与中美关系的未来》，《现代国际关系》2011年第1期，第9页。

战略的最高层面，但长期受到美国的高度关注。就美国和日本的双边关系而言，美日同盟一直是美亚太战略的基石之一。但是，近年来日本政府出于本国政治经济利益的考虑，开始尝试“远美入亚”、在中美之间实现“再平衡”等新的战略，在支持和配合美国全球行动方面的热情有所下降。此外，日本朝野对美驻日军事基地的抱怨越来越多，围绕冲绳普田间机场搬迁问题所展开的争议，正是美日关系龃龉不断的写照。

美中关系对于美国的重要性更是毋庸赘言。近年来，中国的综合国力不断提升，与亚太各国之间的政治经济联系越来越密切。中国的影响力已深入亚太地区的各个角落，使中国成为该地区举足轻重的“利益攸关方”之一。美国在实施其亚太战略的过程中，在各个层面都难以绕开中国。从另一个角度说，美国在该地区的行动都会对中国的利益和周边关系造成程度不同的影响。事实上，近几年来的很多实际例证已经表明，美国不仅试图在亚太各国中为“中国威胁论”寻找市场，证明其“重返”亚太的必要性与合理性，而且经常寻机在一些地区热点问题上对中国实行战略“对冲”。作为 21 世纪以来两大引人注目的历史性进程，中国的崛起和美国全面“重返”亚太在时间和空间上都出现了重叠。因此，从前景来看，中美两国在亚太地区的互动与博弈将在很大程度上决定该地区的格局与秩序。①

需要补充的是，由于历史和地缘政治的原因，中日韩三国之间不时会出现一些矛盾和摩擦，这给美国见机行事、坐收渔利提供了机会，有利于美国在实施其东亚战略过程中掌握主动权。但

① 王鸿刚：《美国的亚太战略与中美关系的未来》，《现代国际关系》2011 年第 1 期，第 9 页。

是，如果中日韩 FTA 得以建立，经贸联系的加强将为三国政治关系的改善提供有效的平台和渠道，从而有可能改变既有的、由美国主导的地区安全格局，导致其在东亚地区的战略空间进一步被压缩，这显然是美国难以接受的。

除了政治方面的考虑之外，美国更加担心的是中日韩 FTA 在经济方面对其造成的负面影响。具体而言，美国不希望任何一个地区强国主导东亚一体化进程，也绝不愿意被排斥在东亚一体化进程之外。对美国来说，东亚不仅是巨大的海外市场和重要的投资场所，而且是引领整个亚太地区经济发展的核心区域，加强与亚太地区的经贸关系，对美国实现扩大出口、促进就业和纠正经济结构失衡的目标具有重要意义。

作为“次贷”危机所引发的全球金融危机的发源地，美国经济受到了比较沉重的打击，失业率大幅提高。为了使美国经济尽快走出困境，奥巴马政府将出口促进战略提升到了一个新高度，并提出了在五年内使出口翻番的口号。事实上，此举的根本目标是促进美国经济由“消费驱动型”向“出口驱动型”转变，以不断扩大出口拉动国内就业，为经济持续增长提供动能，从而在未来的国际竞争中保持美国的优势地位。为此，美国不仅专门成立了“出口促进内阁”和“总统出口委员会”，而且从 2009 年开始陆续出台了快捷融资、简化审批程序等一系列刺激措施。与此同时，美国政府对推进自由贸易协定的态度也发生了由冷到热的转变。奥巴马本人公开表示，在其他经济体积极推进自由贸易谈判的情况下，美国坐视不理只会“令我们失去创造就业的机会”。从区位上看，欧元区和东亚地区在美国的对外贸易中占有重要地位。但是，欧元区经济目前也面临困境，预计未来几年都要和高赤字、高失业率作斗争，而东亚地区的经济增速至少在

2015 年前将高于世界经济平均增速。在这种情况下，东亚地区就成为美国实施出口促进战略和 FTA 战略的首选之地。正如美国贸易代表柯克所言，“东亚地区作为全球经济增长和复苏的催化剂，扮演着特殊的角色，拥有特别的潜力，对美国的贸易发展至关重要。”①

为了防止被充满活力、高速发展的东亚经济一体化进程排除在外，美国显然不愿看到东亚地区出现中日韩 FTA 这样一个不包括美国的大型自由贸易安排，必然会想方设法对其进程进行阻挠或牵制。近几年来，美国之所以不遗余力地积极推进 TPP 的发展并力促日韩的加入，在很大程度上正是出于这方面的考虑。由此可见，在中日韩 FTA 的未来发展道路上，必然面对来自美国的制约因素。

第三节　中日韩 FTA 的趋势展望

在新的国际和地区环境下，中日韩三国通过缔结 FTA 加强经济一体化合作已成为大势所趋，并且具有多方面的重要意义。中日韩 FTA 的建立不仅可以有效促进三国之间的贸易和投资，还可以使三国在一个制度性的框架之下开展内容广泛、形式多样的合作，从而全面提升三国之间的战略伙伴关系。因此，中日韩 FTA 能否顺利推进并早日建成备受关注。

---

① 资料来源：摘自美国贸易代表柯克 2009 年 11 月 14 日在 2009 年 APEC 工商领导人峰会上的讲话，http://www.ustr.gov/about-us/press-office/blog/2009/november/ambassador-kirk-delivers-address-asia-pacific-trade-apec-ce。

一、推进中日韩 FTA 的总体思路

如前文所述，建立中日韩 FTA 已经具备了多方面的基础条件，但同时也面临着来自内部和外部的各种制约因素，可谓机遇和挑战并存。在这种情况下，三国应该本着求同存异的原则和共识，从增强政治互信、优化经贸结构、促进民间和企业界的交流等各个方面入手，积极寻求利益交汇点，在互利共赢的基础上推进中日韩 FTA。

1. 努力增强政治互信

良好的政治关系是国与国之间开展经济一体化合作的先决条件之一，尤其是考虑到中日韩之间目前还存在一些政治上的不稳定因素，三国能否从大局出发，不断增强政治互信，将对中日韩 FTA 的前景产生重要影响。

从过去很长一段时期的现实情况来看，中日韩三国之间的政治关系与经贸关系既相对独立，又不可分割。所谓相对独立，有时表现为三国之间政治关系的“冷”而经贸关系的“热”，有时则表现为三国之间政治关系的升温而经贸关系的降温，即政治与经贸关系的“冷热不均”；所谓不可分割，表现为三国之间政治问题的经济化，或经济问题的政治化，即政治与经贸关系的相互制约。尤其是进入 21 世纪以后，中日、韩日双边政治关系“冷”而经贸关系“热”的现象经常出现，使三国之间的贸易投资在总体上保持了持续增长的态势。但是，建立中日韩 FTA 的目标给中日韩三国之间的政治关系提出了更高的要求，“政冷”不能解决，“经热”终究会难以为继。在中日韩 FTA 这一区域经济一体化合作框架之下，三个国家各自的核心利益不可能是单边获得的，而是取决于双向或者三边的合力，加强政治互信是取得三方共赢结果的必然前提。

2. 建立多层面、多形式的对话合作机制

建立中日韩 FTA 的目标需要三国政府通过谈判来实现，但是民间和地方的推动作用也很重要，特别是在目前的政治和经济形势下，应当鼓励更多的企业和学术团体开展灵活多样的对话与合作，为中日韩 FTA 的建立营造良好的氛围。同时，三国还可以在条件成熟的地区开展次区域合作，如环渤海地区和图们江地区等。这不仅可以为中日韩 FTA 起到先行先试的作用，同时也可以使三国民众切身体验中日韩经济一体化合作所产生的正面效果。

3. 优先开展企业和产业间的合作

中日韩 FTA 的建立和实施将需要一个较长的过程，基于这一现实，三国可以优先开展企业间及产业间的合作，以此促进中日韩 FTA 的建立和未来的顺利实施。企业作为市场的微观主体，是未来中日韩 FTA 框架下各种一体化安排的实践者，同时也将直接面对市场环境变化所带来的各种挑战。因此，三国之间开展产业合作可以使各国企业更好地明确在地区产业结构中的角色定位，及时调整生产布局，增强自身的市场竞争力。根据 2010 年 5 月举行的第三届中日韩领导人会议所发布的《中日韩 2020 年合作展望》，中日韩三国未来十年将在信息、电信、文化产业和其他领域进一步加强合作。由此可见，未来的中日韩 FTA 将为三国之间的产业合作提供诸多机会。为了提高合作效率，并创造一个透明的政策环境，三国应促进私营部门之间的沟通，并在重点领域的产业合作方面加强政策和信息共享。

二、中日韩 FTA 框架下重要议题的处理

建立中日韩 FTA 的核心目标是使三国都能从中获得经济收益和福利水平的提高。因此，在未来的中日韩 FTA 谈判过程中，三国将努力达成切实可行和利益平衡的协定。其中，三国对关税减让、原产地规则、贸易救济等重要议题如何处理尤为引人关注。

1. 关税减让

随着近年来中日韩之间货物贸易的持续快速增长，三国已经相互成为最重要的贸易伙伴。从贸易结构来看，三国之间的贸易兼具互补性和竞争性，优势产业部门和劣势产业部门都比较突出。有鉴于此，关税减让问题必然会成为中日韩 FTA 谈判的重中之重，三国对于关税减让的幅度、产品覆盖范围、降税时间表和过渡期，以及例外产品等一系列问题将如何规定非常令人关注。

目前，从总体关税水平来看，日本最低，中国居中，韩国最高。从关税结构来看，日本的非农产品关税水平很低，但农产品的关税水平较高，而且存在数量众多的关税峰和非从价税目。中国的农产品关税水平明显低于韩国和日本，非农产品关税水平相对较高，但中国的非从价税数目很少，而且关税结构也比较平坦，没有太高的关税峰。韩国的非农产品关税水平较低，但农产品关税水平极高，关税峰和非从价税的数量也较多。显然，在未来的中日韩 FTA 框架下，三国都将面临不小的关税调整压力，日韩的压力体现在农产品领域，中国的压力则主要集中于非农产品领域。

表 6-1　日本—印度 FTA、韩国—印度 FTA 货物贸易市场准入情况对比

	日本—印度 FTA	韩国—印度 FTA
货物贸易市场准入	• 自协定生效之日起（2011 年 8 月 1 日），日本自印度进口产品种类的 44.75% 和印度自日本进口产品种类的 18.44%立即取消关税 • 在协定生效 5 年后，日本自印度进口产品种类的 44.75%和印度自日本进口产品种类的 22.96%将取消关税 • 在协定生效 10 年后，印度将完成全部关税减让，自日本进口产品种类的 86.36%将取消关税 • 协定生效 15 年后，日本将完成全部关税减让，自印度进口产品种类的 79.28%将取消关税 • 印度保留 1540 种不参加降税的例外产品，占自日本进口产品种类的 13.64% • 日本保留 363 种不参加降税的例外产品，占自印度进口产品种类的 20.72%，绝大多数为农产品	• 自协定生效之日起（2010 年 1 月 1 日），韩国自印度进口产品种类的 60.60% 和印度自韩国进口产品种类的 3.93%立即取消关税 • 在协定生效 5 年后，韩国自印度进口产品种类的 81.11%和印度自韩国进口产品种类的 7.76%将取消关税 • 在协定生效 8 年后，韩国将完成全部关税减让，自印度进口产品种类的 88.66%将取消关税，另有 0.3%的产品关税将减至 1%—5%，4.24%的产品与关税协定生效时相比削减 50% • 韩国保留 765 种不参加降税的例外产品，占自印度进口产品种类的 6.79%，其中，除成品油、木材和板材等少数工业制成品外，绝大多数例外产品为农产品 • 在协定生效 8 年后，印度自韩国进口产品种类的 69.70% 将取消关税，另有 8.07%的产品关税将减至 1%—5%；协定生效 10 年后，印度将完成全部关税减让，另有 6.02%的产品与关税协定生效时相比削减 50% • 印度保留 1897 种不参加降税的例外产品，占自韩国进口产品种类的 16.21%；其中农产品约占 30%，工业制成品约占 70%

资料来源：根据 WTO RTA Database 公布的日本—印度 FTA、日本—韩国 FTA 协定文本计算整理。

鉴于以上现实情况，在未来的中日韩 FTA 的货物贸易谈判中，三国将在接受产品覆盖范围全面性原则的基础上，强调灵活性原则，在尽可能保护本国敏感产业部门的同时，力争在优势产业部门使谈判伙伴作出更高水平的减让承诺。与中国同为新兴市场经济大国的印度已经分别与日本和韩国签订了 FTA，因此，我们可以参照日本—印度 FTA、韩国—印度 FTA 的条款内容，对中日韩 FTA 在货物贸易市场准入方面的谈判前景进行预判。在与印度签订的 FTA 中，日韩两国均将众多税目的农产品列为不参加降税的例外产品，并为大部分农产品设立了 10—15 年的过渡期。与日韩两国相比，印度则保留了数量更多的例外产品，其中非农产品占有很高比例，关税减让全部完成后达到的市场准入水平也明显低于日韩（见表 6-1）。综合考虑中日韩三国之间的贸易结构、产业竞争力和其他相关因素，中日韩 FTA 在货物贸易市场准入方面将很难超越日本—印度 FTA 和韩国—印度 FTA 的水平。

2. *原产地规则*

原产地规则是保证 FTA 这种经济一体化形式能够正常运行的基本前提条件之一。根据 WTO 的《原产地规则协定》和《京都公约》，确定货物原产地的标准主要有两个，即“完全获得”和“实质性改变”，这两种标准已被广泛认可并普遍应用于现有自由贸易区安排的优惠原产地规则之中。“完全获得”标准主要用于检验进口货物是否完全在某一成员的领土成长、收获，或从其土壤中提取。“实质性改变”则是在确定利用非原产材料生产的非完全获得货物的原产地时所采用的标准。检验“实质性改变”的具体方法有三种，即税则归类改变（CTC）、区域价值成分要求（RVC），以及特定工序（SP）。

在日本和韩国已签署的 FTA/EPA 中，对于非完全获得和生产的商品，大多数以税则归类改变标准为主、以区域价值成分要求为辅的原产地判定标准，两种标准有时单独采用，有时综合采用。从中国的情况来看，前期签订的几个 FTA 都采用单一的最低区域价值成分标准（通常不低于 40%）来判定非完全获得和生产的商品是否发生“实质性改变”，如中国—东盟 FTA、中国—巴基斯坦 FTA、中国—智利 FTA 和中国—新加坡 FTA 等。

这一标准比较宽松，但在实际应用中比较容易产生漏洞。有鉴于此，中国在此后与新西兰、秘鲁、哥斯达黎加等国签订的双边 FTA 中对原产地规则进行了改进，也采用了以税则归类改变标准为主、以区域价值成分要求为辅的原产地规则。因此，在未来的中日韩 FTA 框架下，三国综合采用上述两种方法的可能性很大。

除了具体的判定标准之外，中日韩 FTA 针对所有纳入关税减让的产品采取哪种原产地规则实施方式也值得关注。一种可行的方式是制定一项总体规则，适用于大多数税号的产品，其余税号的产品则制定数量有限的特定规则。这一方式的优点是可以简化规则，减少 FTA 谈判的工作量，但也会在一定程度上忽略不同产品的特征，在实施过程中形成一些漏洞。另一种方式是为每一税号的产品建立特定规则，而不再制定总体规则。这种方式的优点是可以最大限度地关注到每一种产品的特征，并方便使用者确定任一税目产品所适用的原产地规则，但缺点是谈判难度和工作量大，并需要在协定文本中列出冗长的产品特定原产地规则表格。以上两种方式在中日韩三国已签署的 FTAs/RTAs 中均有所采用。例如，中国在与东盟、巴基斯坦、智利和新加坡签订的 FTA 中制定了“40%区域价值成分”的总体规则，在与新西兰、秘鲁和哥斯达黎加达成的 FTA 中则针对每一税号产品列明了特定原产地规则。日本在大多数 EPA 中为每一税号产品列明了特定原产地规则，但在与东盟、越南和瑞士缔结的 EPA 中制定了总体规则。韩国在与美国、欧盟和秘鲁签订的 FTA 中为每一税号产品列明了特定原产地规则，在与印度和东盟签订的 FTA 中则制定了总体规则。

总体而言，为了促进三国之间的贸易发展，并降低执行和管理成本，中日韩 FTA 框架下的原产地规则应建立于三国以往的经验和现行需求基础之上，并尽量简化。除了在税则归类改变和区域价值成分要求等主体规则之间进行选择之外，还应纳入微小含量规则、累积规则和中间产品规则等附加规则，以使原产地规则更加完善。同时，三国还应该在原产地证明的核发与认证、原产地核查等方面开展全面深入的合作。

3. 贸易救济措施

贸易救济措施包括反倾销、反补贴和贸易保障措施。贸易救济制度的主要目标是纠正倾销和补贴等不公平的贸易行为，或向进口国相关产业所遭受的损害或威胁提供补偿救助。在多边贸易体制下，贸易救济措施是规则导向的，并得到了 WTO 的许可。但是，在 FTA 所创造的贸易自由化环境下，进口国一些缺乏竞争力的产业倾向于利用贸易救济措施来保护自己，以减小进口产品竞争所带来的市场压力。滥用贸易救济措施将造成 FTA 正面效应的损失，这就需要 FTA 各方制定适当的贸易救济规则，以保持贸易自由化效应与国内产业适度保护之间的平衡。因此，在未来的中日韩 FTA 框架下，三国应严格遵照 WTO 有关协议的规则和精神来制定和实施贸易救济措施，以防止其被滥用。

中日韩三国已签署的 FTA/EPA 均纳入了贸易救济章节，主要条款包括：允许协定各方根据 GATT 第 19 条的相关规定采用全球性贸易救济措施，或根据 GATT 第 6 条的规定采用反倾销和反补贴税措施；允许协定方采用双边贸易救济机制，在一方的出口激增对另一方的国内相关产业和直接竞争产品构成严重损害的情况下，进口国可以采取暂停降税或临时提高关税等措施。

尤其需要指出的是，日本和韩国出于对国内农业部门的保护，在已签订的多数 FTA/EPA 中都专门制定了农产品特殊保障措施。从具体情况来看，日韩两国农产品特殊保障措施所涉及的产品种类不尽相同，主要包括牛肉、猪肉、苹果、大麦、土豆、糖、酒等，实施期限通常为 10—25 年。当这些种类的农产品的进口量触发最高限额后，日韩两国就会根据协定征收高关税。由于中国是日韩两国重要的农产品进口来源国，日本和韩国必然会倾向于在中日韩 FTA 框架下制定农产品特殊保障措施，并力争纳入更多种类的农产品。对于中国而言，农业将是对日韩谈判的重点要价部门，不会轻易作出过多让步。因此，贸易救济措施，尤其是农产品的特殊保障措施问题将成为中日韩 FTA 谈判的焦点之一。

三、中日韩 FTA 框架下多领域合作的前景

在中日韩 FTA 联合研究报告中，三国达成了重要共识，将共同努力把中日韩 FTA 建设成为涵盖广泛领域的高水平 FTA。此前，三国在联合研究中不仅深入探讨了货物贸易、服务贸易和投资自由化的前景，还针对其他广泛领域的三边合作充分交流了信息和意见。

未来的中日韩 FTA 之所以设立多领域的合作目标，首先体现了当前以 FTA 为载体的区域经济一体化的特点和趋势。与 20 世纪 90 年代以前的 FTA 相比，近年来新缔结的 FTA 不仅逐渐摆脱了地理距离和经济发展水平差异等因素的制约，而且在合作的领域和内容上也得到了极大的拓展。从性质来看，当前的大多数 FTA 已不仅仅是各成员以促进自由贸易为主要目标的经济协定，同时也是协定各方谋求全方位经济伙伴关系的有效工具。内容广泛的 FTA 可以为协定各方开展全面的经济制度协调提供有效的平台，为贸易投资自由化进程创造更加良好的市场环境，并有利于各方利益的平衡，在某些情况下还可以淡化各方在一些高度敏

感议题上的分歧，增加各方在谈判过程中的回旋余地。事实上，在中日韩三国近年来签署的一系列自由贸易协定中，绝大多数都涉及广泛的领域。通过这些协定的实施，中日韩三国不仅完善了本国的相关政策和措施，同时也在各领域积累了合作经验，从而为中日韩 FTA 框架下的多领域合作奠定了更加坚实的基础。

其次，作为一衣带水的邻国，中日韩三国不仅长期保持着密切的经贸往来，而且利用各种区域、次区域、三边和双边机制开展了形式多样的合作，为中日韩 FTA 框架下的多领域合作起到了先行先试的作用。例如，在 APEC、“10+3”、东亚峰会等机制下，中日韩三国在贸易、投资、金融、人力资源开发、基础设施建设、环境保护、防灾减灾等广泛领域取得了众多实质性的合作成果。此外，在 2008 年开始的中日韩领导人年度会晤机制下，三国已在科技、信息通信、财政、人力资源、环保、运输及物流、经贸、文化、卫生、海关、知识产权、旅游、灾害管理等众多领域建立了 16 个部长级会议机制，并签署了多项合作协定或谅解备忘录。随着中日韩 FTA 的建立，无疑将为三国开展多领域合作提供更加稳定、透明和具有约束力的制度性保障。

具体而言，除了贸易和投资领域的自由化之外，中日韩 FTA 框架下的其他合作领域大体上可以分为三类：第一类与贸易便利化密切相关，如海关程序、商务人员流动、卫生与植物卫生措施（SPS）、技术性贸易壁垒（TBT）、电子商务等；第二类属于国内规制的范畴，如竞争政策、透明度、知识产权、政府采购等；第三类涉及更为广泛的经济技术合作，如产业合作、环境保护、粮食和能源安全等。虽然上述合作领域并不会全部以正式条款的形式纳入最终的协定，但仍然使我们对未来中日韩 FTA 框架下经济一体化合作的广度和深度充满期待。

从各个领域的具体情况来看，与贸易便利化相关的几个领域，如海关程序、SPS 和 TBT 等，将成为中日韩 FTA 的重要组成部分。贸易便利化在减少贸易成本，加强成员之间的贸易联系和促进贸易自由化等方面发挥着显著的作用，而且敏感程度相对较低，比较容易在各成员之间达成共识，从而成为中日韩三国近年来签订的绝大多数 FTA 的"必选项"。例如，在海关程序领域，三国将共同努力提高海关应急处理能力，简化海关程序，推广信息技术和电子方式的应用，逐步改善货物流动的通关环境，为企业降低交易成本。在 SPS 领域，三国将进一步强化 WTO/SPS 协定的实施，充分考虑相关国际组织制定的标准、指南和建议，并基于科学原则和依据，通过协商和合作的方式，对事关共同利益并有可能直接或间接影响三国之间贸易的 SPS 事宜进行适当的处理。TBT 领域的合作也非常值得关注。近年来，日韩出于对国内农产品市场的保护，经常采用苛刻的技术标准对从中国进口的蔬菜、水果等农产品进行严格检验，在一定程度上限制了中国农产品的出口。在未来的中日韩 FTA 框架下，三国将努力避免和减少因为设立和实施技术规章、标准和合格评定程序所造成的不必要的贸易壁垒，推广使用国际标准，加强三国之间技术标准的相互认可，促进政府相关部门的信息交流和协商，恰当处理三国在技术贸易壁垒方面出现的问题。

近年来，中日韩三国在参与区域经济一体化的过程中，不仅致力于消除关税和非关税等边境壁垒，同时也对国内规制的改善在提高国家整体竞争力，推动市场开放与合作方面的重要性有了越来越深刻的认识。因此，和国内规制有关的几个重点领域，如竞争政策、透明度和知识产权等，基本都被纳入了中日韩三国近年来签订的 FTA，旨在消除阻碍竞争、创新和经济增长的一系列障碍，使政府的管理体制、法律和规章能够更好地服务于经济和社会目标，完善市场环境。在中日韩 FTA 框架下，三国将在加强透明度方面开展全方位的合作，重点促进贸易投资法规和政策的信息交流和实施，以提高市场效率，维护公平的市场竞争。在知识产权领域，三国将以《WTO 与贸易有关的知识产权协定》为基础，简化知识产权行政管理程序，完善知识产权的申请、注册和司法程序，并各自加强知识产权保护法规的执行。

在未来的中日韩 FTA 框架下，三国开展经济技术合作的前景同样十分广阔。中日韩三国的自然资源禀赋差异较大，经济发展水平目前也处于不同的层次，这使得三国在产业结构和技术水平上具有比较显著的互补性和传递性，从而为三国之间的经济技术合作创造了良好的基础条件。此外，未来的中日韩 FTA 还将为三国在互利共赢的基础上进一步加强环境保护、粮食和能源安全等领域的合作提供新的平台，以实现可持续发展的共同目标。

参 考 文 献

[1]邓力平、陈贺菁:《国际服务贸易理论与实践》,高等教育出版社 2005 年版。

[2]东艳:《区域经济一体化新模式——“轮轴—辐条”双边主义的理论与实证分析》,《财经研究》2006 年第 9 期。

[3]范小新:《服务贸易发展史与自由化研究》,中国社会科学院博士学位论文 2002 年。

[4]富景筠:《一体化次序视角下的东亚合作》,《世界经济与政治》2012 年第 6 期。

[5]韩国知识经济部:《统计公布》,http://www. mke. go. kr/ language/ chn/ economic/ key_list. Jsp。

[6]黄继炜:《中日韩与东盟自由贸易协定的比较》,《亚太经济》2011 年第 4 期。

[7]李明权:《从农业视角探析日本参与 TPP 的可行性》,《世界农业》2011 年第 6 期。

[8]联合国贸易和发展会议:《世界投资报告》,2011 年。

[9]联合国贸易和发展会议:《世界投资报告》,2012 年。

[10]刘昌黎:《日本参加 TPP 谈判的动因、制约因素与政策措施》,《日本学刊》2011 年第 1 期。

[11]刘晨阳:《“跨太平洋战略经济伙伴协定”发展及影响的政治经济分析》,《亚太经济》2010 年第 3 期。

[12]刘晨阳:《“跨太平洋战略经济伙伴协定”与美国的亚太区域合作新战略》,《国际贸易》2010 年第 6 期。

[13]门洪华:《中国国际战略理念的变革》,《理论前沿》2004 年第 12 期。

[14]门洪华:《中国和平崛起的国家战略框架》,《世界经济与政治》2004 年第 6 期。

[15][美]彼得·罗布森:《国际一体化经济学》,商务印书馆2001年版。

[16]王鸿刚:《美国的亚太战略与中美关系的未来》,《现代国际关系》2011年第1期。

[17]王喜文:《韩国经济国际地位快速提升的原因分析》,《当代韩国》2011年第2期。

[18]王义桅:《美国亚太秩序观的新变化及其面临的挑战》,《国际观察》2009年第3期。

[19]王英英:《论东亚区域合作中的美国因素和主导权问题》,《亚太经济》2012年第3期。

[20]魏志江:《中日韩三国的战略信赖度分析》,《东疆学刊》2011年第1期。

[21]温家宝:《支持东亚合作透明开放　实现互利共赢》,在首届东亚峰会上的讲话,www.xinhuanet.com,2005年12月14日。

[22]谢康:《国际服务贸易》,中山大学出版社1998年版。

[23]徐梅:《中日韩FTA的进展、影响及前景探析》,《日本学刊》2012年第5期。

[24]徐强:《全球自由贸易协定发展与中国策略——兼论区域经济合作兴起对世界政治经济进程的影响》,《国际经济合作》2004年第12期。

[25]许祥云:《从韩国FTA政策变化历程看中韩FTA的前景》,《当代韩国》2009年第4期。

[26]薛荣久、樊瑛:《WTO多哈回合与中国》,对外经济贸易大学出版社2004年版。

[27]张彬等:《国际区域经济一体化比较研究》,人民出版社2010年版。

[28]张汉林:《国际服务贸易》,中国对外贸易出版社2002年版。

[29]张震:《FTA:东亚合作的新浪潮》,《东南亚》2004年第3期。

[30]赵雪燕、郭世信:《90年代以来日本经济萧条的原因分析》,《现代日本经济》2004年第1期。

[31]中国国务院:《质量发展纲要(2011—2020)》,中国国家标准化管理委员会网站,www.sac.gov.cn。

[32]中国海关总署:《今日中国海关2009》,中国海关总署网站,http://www.customs.gov.cn,2010年3月29日。

[33]中国海关总署:《今日中国海关2011》,中国海关总署网站,http://www.customs.gov.cn,2012年4月19日。

[34]钟声:《中日韩自贸区促进东亚经济一体化》,《人民日报》2012 年 5 月 11 日。

[35]中国商务部官方网站:www.mofcom.gov.cn。

[36]中国外交部官方网站:www.mfa.gov.cn。

[37]中国自由贸易区服务网:www.fta.mofcom.gov.cn。

[38] Adlung Rudol, Martin Roy: "Turning Hills into Mountains? Current Commitments Under the General Agreement on Trade in Services and Prospects for Change", *Journal of World Trade*, Vol. 39, No. 6, 2005, pp. 1161-1194.

[39] Ali M. El-Agraa: *Regional Integration: Experience, Theory and Measurement*, Div of Rowmand & Littlefield Pubs., 1999, p. 126.

[40] Amiti, M., Wei, S. J.: "Fear of Service Outsourcing: Is It Justified?" *Economic Policy*, Vol. 20, No. 42, 2005, pp. 308-347.

[41] APEC Policy Support Unit: *APEC Achievements in Trade Facilitation* 2007-2010, *Final Assessment of the Second Trade Facilitation Action Plan(TFAP II)*.

[42] APEC: *Assessing APEC Trade Liberalization and Facilitation*, September 1999.

[43] APEC Economic Committee: *The Impact of Trade Liberalization in APEC*, Submitted to the Experts' Seminar on Impact of Trade Liberalization, Tokyo, June 1999.

[44] APEC: *Fact Sheet on Individual Efforts Made towards the Achievement of the Bogor Goals: Republic of Korea*, www.apec.org.

[45] APEC: *Fact Sheet on Individual Efforts Made towards the Achievement of the Bogor Goals: Japan*, www.apec.org.

[46] Ashizawa, Kuniko: "Japan's Approach toward Asia Regional Security: From Hub-and-Spoke Bilateralism to Multi-Tiered", *The Pacific Review*, Vol. 16, No. 3, 2003, pp. 361-382.

[47] Baier, S. L., Bergstrand, J. H.: "Do Free Trade Agreements Actually Increase Members' International Trade?" *Journal of international Economics*, Vol. 71, No. 1, 2007, pp. 72-95.

[48] Baldwin, R. E.: "A Domino Theory of Regionalism", *NBER Working Paper*, No. 4465, 1993.

[49] Baldwin, R.E.: "The Causes of Regionalism", *The World Economy*, Vol. 20, No. 7, 1997, pp.865-888.

[50] Baldwin, R.E., Krugman, P.: "Agglomeration, Integration and Tax Harmonization", *European Economic Review*, Vol. 48, No. 1, 2004, pp. 1–23.

[51] Behrens, T.E., Berg, H.J., Jbabdi, S. et al.: "Probabilistic Diffusion Tractography with Multiple Fibre Orientations: What Can We Gain?" *Neuroimage*, Vol. 34, No. 1, 2007, pp. 144–155.

[52] Bin, C.H.: *FDI in the Financial Sector: The Experience of ASEAN Countries over the Last Decade*, in CGFS, Central bank papers submitted by Working Group members, 2004, http://www.bis.org/publ/cgfs22cbpapers.htm.

[53] Blomstrom, M., and A. Kokko: "Regional Integration and Foreign Direct Investment: A Conceptual Framework and Three Cases", *Policy Research Working Paper, No.* 1750, Washington DC, Unitd States, World Bank, 1997.

[54] Borck, R., Pflüger, M.: "Agglomeration and Tax Competition", *European Economic Review*, Vol. 50, No. 3, 2006, pp. 647–668.

[55] Brakman, S., Garretsen, H., Schramm, M.: "The Strategic Bombing of German Cities during World War II and its Impact on City Growth", *Journal of Economic Geography*, Vol. 4, No. 2, 2004, pp. 201–218.

[56] Burgess, David F.: "Is Trade Liberalization in the Service Sector in the National Interest?" *Oxford Economic Papers*, Vol. 47, No. 1, 1995, pp. 60–78.

[57] Burgess, David F.: "Services as Intermediate Goods: The Issue of Trade Liberalization", in Ronald Jones and Anne Krueger (eds.), *The Political Economy of International Trade*, Oxford: Basil Blackwell, 1990.

[58] C. Fred Bergsten: "A Free Area of the Asia Pacific in the Wake of the Faltering Doha Round: Trade Policy Alternatives for APEC", *An APEC Trade Agenda? The Political Economy of a Free Trade Area of the Asia Pacific* 2006, PECC and ABAC, October 2006, pp. 15–28.

[59] Chang Jae Lee: *Rationale for a China-Japan-Korea FTA and Its Impact on the Korean Economy*, Korea Institute for International Economic Policy, 2005, pp. 5–7.

[60] Cooper, C. A., Massell, B. F.: "Towards a General Theory of Customs Unions for Developing Countries", *Journal of Political Economy*, Vol. 73, 1965, pp. 461–476.

[61] Cummins, J. David, Maria Rubio-Misas: "Deregulation Consolidation and

Efficiency: Evidence from the Spanish Insurance Industry", *Journal of Money, Credit and Banking*, Vol. 38, No. 2, 2006, pp. 323–355.

[62] Deardorff, Alan V.: "Comparative Advantage and International Trade and Investment in Services", in Robert M. Stern (ed.), *Trade and Investment in Services: Canada/US Perspectives*, Toronto: Ontario Economic Council, 1985, pp. 39–71.

[63] DeGrauwe, P.: *The Economics of Monetary Integration*, Oxford University Press, 1997.

[64] Egger, H., Egger, P., Greenaway, D.: "The Trade Structure Effects of Endogenous Regional Trade Agreements", *Journal of International Economics*, Vol. 74, No. 2, 2008, pp. 278–298.

[65] Ekholm, K., R. Forslid, and J. Markusen: "Export-Platform Foreign Direct Investment", *Journal of the European Economic Association*, Vol. 5, No. 4, 2007, pp. 776–795.

[66] Feketekuty, G.: *International Trade in Services: an Overview and Blueprint for Negotiations*, Cambridge MA: Ballinger Publications, 1988.

[67] Fink, Carsten, Aaditya Mattoo and Ileana Cristina Neagu: "Trade in International Maritime Services: How Much Does Policy Matter?" *World Bank Economic Review*, Vol. 16, No. 1, 2002, pp. 81–108.

[68] Forslid, R., Ottaviano, G.I.P.: "An Analytically Solvable Core-Periphery Model", *Journal of Economic Geography*, Vol. 3, No. 3, 2003, pp. 229–240.

[69] Francois, Joseph F.: "Producer Services, Scale and the Division of Labor", *Oxford Economic Papers*, Vol. 42, No. 4, 1990, pp. 715–729.

[70] Francois, Joseph F.: "Trade in Producer Services and Returns Due to Specialization under Monopolistic Competition", *Canadian Journal of Economics*, Vol. 23, No. 1, 1990, pp. 109–124.

[71] Fujita, M., Mori, T.: "The Role of Ports in the Making of Major Cities: Self-Agglomeration and Hub-Effect", *Journal of Development Economics*, Vol. 49, No. 1, 1996, pp. 93–120.

[72] Haufler, A., Wooton, I.: "Competition for Firms in an Oligopolistic Industry: The Impact of Economic Integration", *Journal of International Economics*, Vol. 80, No. 2, 2010, pp. 239–248.

[73] Hindley, B., and Smith, A.: "Comparative Advantage and Trade in Services", *The World Economy*, Vol. 7, No. 4, 1984, pp. 369-389.

[74] Hoekman, Bernard: "Liberalizing Trade in Services: A Survey", *World Bank Policy Research Working Paper Series*, No. 4030, 2006.

[75] Hoekman, Bernard: "Assessing the General Agreement on Trade in Services", in Will Martin and L. Alan Winters (eds.), *The Uruguay Round and the Developing Countries*. Cambridge: Cambridge University Press, 1996, pp. 88-124.

[76] Hoekman, Bernard: "Competition Policy and the Global Trading System", *The World Economy*, Vol. 20, No. 4, July 1997, pp. 383-406.

[77] Hoekman, Bernard, and Carlos A. Primo Braga: "Protection and Trade in Services: A Survey", *Open Economics Review*, Vol. 8, No. 3, 1997, pp. 285-308.

[78] Hoekman, Bernard, and Pierre Sauvé: "Regional and Multilateral Liberalization of Trade in Services: Complements or Substitutes?" *Journal of Common Market Studies*, Vol. 32, No. 3, September 1994, pp. 283-317.

[79] Hoover, E.M.: *The Location of Economic Activity*. New York: McGraw-Hill, 1948.

[80] James R. Markusen: *Multinational Firms and the Theory of International Trade*, MIT Press, 2002.

[81] James R. Markusen: "Trade in Producer Services and in Other Specialized Intermediate Inputs", *American Economic Review*, Vol. 79, No. 1, 1989, pp. 85-95.

[82] Johnson, H. G.: "An Economic Theory of Protectionism, Tariff Bargaining and the Formation of Customs Union", *Journal of Political Economy*, Vol. 73, 1965, pp. 256-283.

[83] Joint Expert Group: "Towards an East Asia FTA: Modality and Road Map", A Report by Joint Expert Group for Feasibility Study on EAFTA, July 2006, p. 21.

[84] Kemp, Murray C.: *A Contribution to the General Equilibrium Theory of the Preferential Trading*, Amsterdam: North-Holland Publishing Company, 1969.

[85] Kemp, M., H. Wan: "An Elementary Proposition Concerning the Formation of Custom Unions", *Journal of International Economics*, Vol. 6, No. 1, 1976, pp. 95-97.

[86] Kindleberger, C. P.: "European Integration and the International Corporation", *Columbia Journal of World Business*, Vol. 1, 1966, pp. 65-73.

[87] Krugman, P., "Increasing Returns and Economic Geography", *Journal of Political*

Economy, Vol. 99, No. 3, 1991, pp. 483-499.

[88] Krugman, P., Venables, A.: "Integration, Specialization, and the Adjustment", *National Bureau of Economic Research*, No. 4559, 1993.

[89] Levy-Yeyati, E., Stein, E., Daude, C.: "Regional Integration and the Location of FDI", *IDB Working Papers*, WP-492, 2003.

[90] Lipsey, R. G.: "The Theory of Customs Unions: Trade Diversion and Welfare", *Economica*, Vol. 24, No. 93, 1957, pp. 40-46.

[91] Lloyd, Peter, J.: "3 × 3 Theory of Customs Unions", *Journal of International Economics*, Vol. 12, 1982, pp. 41-63.

[92] Marshall, A.: "Some Aspects of Competition", The Address of the President of Section F-Economic Science and Statistics-of the British Association, at the Sixtiet Meeting, held at Leeds, in September, 1890, *Journal of the Royal Statistical Society*, Vol. 53, No. 4, 1890, pp. 612-643.

[93] McMillan, John, and McCann, Ewen: "Welfare Effects in Customs", *Economic Journal*, Vol. 91, 1981, pp. 697-703.

[94] Meade, J.: *The Theory of Customs Union*, Amsterdam: North-Holland, 1955.

[95] Montout, S., H. Zitouna: "Does North-South Integration Affect Multinational Firms' Strategies?" *Review of International Economics*, Vol. 13, No. 3, 2005, pp. 485-500.

[96] Monfort, P., Nicolini, R.: "Regional Convergence and International Integration", *Journal of Urban Economics*, Vol. 48, No. 2, 2000, pp. 286-306.

[97] Motta, M., Norman, G.: "Does Economic Integration Cause Foreign Direct Investment?" *International Economic Review*, Vol. 37, No. 4, 1996, pp. 757-783.

[98] Myrdal, G.: *Rich Lands and Poor: The Road to World Prosperity*, New York: Harper, 1957.

[99] Nishikimi Koji: "Trade, Agglomeration and Growth under Economic Integration: A Survey of Spatial Economic Approaches", *Economics of East Asian Economic Integration*, Midterm Report, Institution of Developing Economies, 2008.

[100] Ottaviano, G.I.P., Van Ypersele, T.: "Market Size and Tax Competition", *Journal of International Economics*, Vol. 67, No. 1, 2005, pp. 25-46.

[101] Paluzie, E., Pons, J., Tirado, D. A.: "Regional Integration and Specialization

Patterns in Spain", *Regional Studies*, Vol. 35, No. 4, 2001, pp. 285-296.

[102] PECC, ABAC: *An APEC Trade Agenda? The Political Economy of a Free Trade Area of the Asia Pacific*, October 2006.

[103] Puga, D., Venables, A. J.: "Preferential Trading Arrangements and Industrial Location", *Journal of International Economics*, Vol. 43, No. 3-4, 1997, pp. 347-368.

[104] Richard E. Baldwin: "The Spoke Trap: Hub and Spoke Bilateralism in East Asia", Center for Northeast Asian Economic Cooperation-CNAEC Research Series, No. 51, 2004.

[105] Richard Baldwin, RikardForslid, Philippe Martin, Gianmarco Ottaviano, Frederic Robert-Nicoud: *Economic Geography and Public Policy*, Princeton University Press, 2003, p. 81.

[106] Richard E. Baldwin, Anthony J. Venables, "Regional Economic Integration", *Handbook of International Economics*, 1995, pp. 1597-1644.

[107] Riezman, Raymond: "A 3×3Model of Customs Unions", *Journal of International Economics*, Vol. 37, 1979, pp. 47-61.

[108] Rodriguez-Clare, A.: "Clusters and Comparative Advantage: Implications for Industrial Policy", *Journal of Development Economics*, Vol. 82, No. 1, 2007, pp. 43-57.

[109] Ron Kirk: "Address on Asia-Pacific Trade at APEC CEO Summit", November 2009, http://www. ustr. gov/about - us/press - office/blog/2009/november/ambassador - kirk-delivers-address-asia-pacific-trade-apec-ce.

[110] Sampson, G., and Snape, R.: "Identifying the Issues in Trade in Services", *The World Economy*, Vol. 8, No. 2, 1985, pp. 171-181.

[111] Sapir, A.: "North-South Issues in Trade in Services", *The World Economy*, Vol. 8, No. 1, 1985, pp. 27-42.

[112] Storper, M.: "Why Does a City Grow? Specialization, Human Capital or Institutions?" *Urban Studies*, Vol. 47, No. 10, 2010, pp. 2027-2050.

[113] Tekin-Koru, A., Waldkirch, A.: "North-South Integration and the Location of Foreign Direct Investment", *Review of International Economics*, Vol. 18, No. 4, 2010, pp. 696-713.

[114] Viner, J.: *The Customs Union Issue*. New York: Carnegie Endowment for

International Peace, 1950.

[115] Venables, A. J.: "Equilibrium Locations of Vertically Linked Industries", *International Economic Review*, Vol. 37, No. 2, 1996, pp. 341-359.

[116] W.M. Corden: *Trade Policy and Economic Welfare*, Oxford University Press, 1974.

[117] Wonnacott, Paul, and Wonnacott, Ronald: "Is Unilateral Tariff Reduction Preferable to a Customs Union? The Curious Case of the Missing Foreign Tariffs", *American Economic Review*, Vol. 71, No. 4, 1982, pp. 704-714.

[118] Wonnacott, Paul, and Wonnacott, Ronald: "How General is the Case for Unilateral Tariff Reduction?" *American Economic Review*, Vol. 74, No. 3, 1984, p. 491.

[119] Wonnacott, Paul, and Wonnacott, Ronald: "The Customs Union Issue Reopened", *The Manchester School*, Vol. 60, No. 2, 1992, pp. 119-135.

[120] Weber, A.: *Theory of the Location of Industries*, Friedrich, C. J. (Trans., 1929), University of Chicago Press, 1909.

[121] WTO: *Trade Facilitation Implementation of Pre-Arrival Examination*, *JAPAN*, www.wto.org, home>trade topics>trade facilitation>reports and case studies.

[122] WTO: *Trade Policy Review*, *Republic of Korea 2008*, www.wto.org.

[123] WTO: *Trade Policy Review*, *Japan*, Report by the Secretariat, WT/TPR/S/243, 11 January 2011, www.wto.org.

[124] WTO, *Trade Facilitation*: *Technical Assistance Activities of Japan*, TN/TF/W/52, 6 July 2005, www.wto.org.

[125] Yannopoulos, G. N.: "Foreign Direct Investment and European Integration: The Evidence from the Formative Years of the European Community", *Journal of Common Market Studies*, Vol. 28, No. 3, 1990, pp. 235-259.

[126] Young Ji Park, Kabsung Kim, James W. Harrington, Jr: "The Economic Effects of Economic Cooperation of Korea, China, and Japan", *Regional and Sectoral Economic Studies*, No. 1, 2011, pp. 25-26.

后　记

本书是教育部人文社会科学重点研究基地重大项目（项目批号：10JJDGJW001）、“985 工程”三期重点学科建设项目“经济全球化的新发展与中国经济发展新模式”的研究成果。课题组成员主要由武汉大学经济发展研究中心和南开大学 APEC 研究中心教师组成。本课题在课题组成员的共同努力下历时两年半，研究成果终于付梓了。全书由张彬教授负责提出写作提纲、组织协调、书稿的统稿及最后的定稿。本书共分六章，各章作者如下：第一章：刘晨阳；第二章：杨勇、张彬；第三章：余振、汪占熬；第四章：孟夏；第五章：于晓燕；第六章：刘晨阳。

中日韩自由贸易区问题研究是一项复杂而又艰巨的工作，它涉及历史、政治、经济、文化、安全等众多领域，而且 2013 年 3 月 26 日中日韩自由贸易区谈判正式启动，随着中日韩自由贸易区谈判进程的推进，还会有一系列新的问题值得我们去探究。限于作者的学识水平，很难将中日韩自由贸易区进展中的所有问题都囊括进来，尽管我们努力了，但本书中的错误和遗漏在所难免，敬请读者赐教。

人民出版社经济与管理编辑室副主任郑海燕为本书的出版给予了大力的支持和帮助，在此表示由衷的感谢。

编写组

2013 年 5 月于武昌珞珈山

策划编辑:郑海燕
封面设计:吴燕妮
版式设计:东昌文化
责任校对:吕　飞

图书在版编目(CIP)数据

中日韩自由贸易区问题研究/张彬,刘晨阳 等著.
-北京:人民出版社,2013.11
ISBN 978-7-01-012666-1

Ⅰ.①中… Ⅱ.①张…②刘… Ⅲ.①自由贸易区-研究-中国、日本、韩国 Ⅳ.①F752.731

中国版本图书馆 CIP 数据核字(2013)第 235583 号

中日韩自由贸易区问题研究
ZHONG RI HAN ZIYOU MAOYIQU WENTI YANJIU

张　彬　刘晨阳　等著

人民出版社 出版发行
(100706　北京朝阳门内大街 166 号)

环球印刷(北京)有限公司印刷　新华书店经销

2013 年 11 月第 1 版　2013 年 11 月北京第 1 次印刷
开本:710 毫米×1000 毫米 1/16　印张:22
字数:255 千字

ISBN 978-7-01-012666-1　定价:46.00 元

邮购地址 100706　北京朝阳门内大街 166 号
人民东方图书销售中心　电话 (010)65250042　65289539